本书系唐山市人才资助项目"唐山地区语文教学传承优秀传统文化的实践模式研究"（项目编号：A202110042）资助成果。

本书系河北省教育科学"十四五"规划 2022 年度一般资助课题"'双减'政策背景下构建初中语文'家校协同'阅读模式研究"（课题编号：2203097）资助成果。

核心素养视域下"和合"文化语文教学价值研究

—— 赵萍 著 ——

黑龙江大学出版社
HEILONGJIANG UNIVERSITY PRESS
哈尔滨

图书在版编目（CIP）数据

核心素养视域下"和合"文化语文教学价值研究 /
赵萍著 . -- 哈尔滨 ： 黑龙江大学出版社，2023.12（2025.4 重印）
　ISBN 978-7-5686-0980-7

　Ⅰ．①核… Ⅱ．①赵… Ⅲ．①语文教学－教学研究
Ⅳ．① H193

　中国国家版本馆 CIP 数据核字（2023）第 069147 号

核心素养视域下"和合"文化语文教学价值研究
HEXIN SUYANG SHIYU XIA "HEHE" WENHUA YUWEN JIAOXUE JIAZHI YANJIU
赵萍　著

责任编辑　高楠楠
出版发行　黑龙江大学出版社
地　　址　哈尔滨市南岗区学府三道街 36 号
印　　刷　三河市金兆印刷装订有限公司
开　　本　720 毫米 ×1000 毫米　1/16
印　　张　13
字　　数　249 千
版　　次　2023 年 12 月第 1 版
印　　次　2025 年 4 月第 2 次印刷
书　　号　ISBN 978-7-5686-0980-7
定　　价　64.80 元

目　　录

绪论:语文教学的困惑与叩问

早在 20 世纪 30 年代,叶圣陶就在《国文科之目的》中针对语文教学的价值发起提问:"在这里,颇有问一问国文科的目的到底是什么的必要。"[①]在之后的几十年中,关于语文课程与教学的思考,几乎都以这一理论致思方向为始为终、为本为根。九十多年过去了,这一发问依然必要,且随着时代发展、语文教学改革的推进,语文教学肩负的使命有所更新,面临的困惑也愈加明显。有困惑并非坏事,进步总是在发现问题与解决问题的过程中发生,语文自独立设科以来历经变革,凡突破之处均以困惑为始,而语文教学也一直在反思、叩问、解惑中不断进步。

一、关于"教什么"的困惑与叩问

困惑:语文教学是教哪些内容,上语文课要让学生学哪些内容?

"教什么"的困惑在语文教学中比较常见:翻开语文教材[②],似乎什么都当教,也可以省略不教,于是,一些教学实践便在课堂内容上表现出随意性,或一味按照既有的"背景—语言—中心思想—写作特色"的模式安排教学内容,这样一来,学生在语文课上总是似乎感觉学到了什么,又好像并没有学到什么。

那么,我们不禁要思考,为什么在语文学科中"教什么"能够成为一个问题?

20 世纪 30 年代,在《国文科的学力检验》中,夏丏尊这样回答这一问题——语文无疑是重要的课程,但也是最为笼统的科目,他说:"国文科原是本

---

① 叶圣陶.叶圣陶教育文集(第三卷)[M].北京:人民教育出版社,1994:33.
② 如无特别说明,本书中所指的语文教材均指统编版中学语文教材。统编教材,亦称部编教材、通用教材,是由国家教育行政部门统一组织编写、通用于全国各地学校的教材。

身并无内容,以一切的内容为内容的。所以教学上常不免有笼统的毛病,不若其他各科的有一定步骤可分。"①所谓"最为笼统的科目",道出了语文教学的一大特性,就是教学内容庞杂。而"本身并无内容""以一切的内容为内容",则道出了语文教学的另一特点,即教学内容丰富、微妙。

朱绍禹则对这种丰富与微妙做了进一步解读:"不仅要学生学习课本的内容,而且要学习它的形式。政史理科等也有内容和形式,但教学生理解和运用其内容是唯一的目的。"②朱绍禹的解读指出了语文教学的双重内容:语言内容与语言形式。可以这样理解,学生在学习其他学科的内容时,需更关注语言所传达的内容,比如定理是什么、公式是什么、思想是什么、史实是什么,而对于用词设句的语言形式,则不必过于留心。而在语文学科中,学生既要学习语言文字所表达的内容,比如课文《春》中充满诗情画意的春之画卷,又要学习语言文字本身,比如《春》中比喻、拟人、排比等修辞格。可见,兼顾内容与形式,是语文学科区别于其他学科的本质特点。

那么,在实际教学中,应该如何兼顾内容与形式?自语文这一学科命名以来,该问题始终是语文教育讨论的核心。我们曾过于关注语文知识,而使语文课偏重语言文字训练;为了纠偏,我们也曾走向另一个极端,过分强调人文熏陶,而忽视了语言文字本身,模糊了语文学科的根本属性。

由此可见,内容的丰富性、不确定性既可以是优点又可以是缺点。说它是优点,因为丰富的内容能给老师和学生提供自由发挥的空间;说它是缺点,因为丰富往往与复杂相伴而行,若语文教师缺乏对语文教学价值的必要审问,则将走向教学的无序或教条。可见,要想解决语文教学"教什么"的问题,需首先回答有关语文教学价值的问题。

叩问:在强调核心素养的今天,语文教学的价值取向是什么?在这一价值取向之下,语文教学应当教什么?

---

① 夏丏尊.国文科的学力检验[C]//张定远.中学语文教学论集(上册).天津:新蕾出版社,1985:142.

② 朱绍禹.语文教育学[M].北京:中央广播电视大学出版社,1987:28.

二、关于"如何教"的困惑与叩问

困惑:语文应当怎么教?

"如何教"是教学方法的问题,关乎语文教学效率与教学目标的达成。1978年,吕叔湘在《人民日报》上发表了《当前语文教学中两个迫切问题》,指出:"中小学语文课所用教学时间在各门课程中历来居首位。新近公布的《全日制十年制中小学教学计划试行草案》规定,十年上课总时数是 9160 课时,语文是 2749课时,恰好是 30%。十年的时间,2700 多课时,用来学本国语文,却是大多数不过关,岂非咄咄怪事!"①他呼吁:"是不是应该研究研究如何提高语文教学的效率,用较少的时间取得较好的成绩?"②用最多的课时"学本国语文"却"大多数不过关",无怪乎其当时用"咄咄怪事"来表达自己的遗憾。

如今,四十余年过去,语文教学在改革中不断前行,创新的教学方法层出不穷,教学效率显著提高,但新的问题也不断涌现。早在 20 世纪 30 年代,阮真就看到了学生学习过程的重要性,并对语文教学中过于重视教师的讲授而忽视学生学习过程的"先生讲,学生听"的现象提出质疑,他认为这样的讲授不能算是"教",这样的听讲也不能称为"学"。③ 历经多次课程改革,语文教学在纠偏中不断修正方向,但在具体实践中仍难免出现这样的矛盾:从过去的"满堂灌"到现在的"满堂问",课堂活动、合作探究、师生互动等体现着教学新理念的关键词,似乎被过于放大和看重,甚至有些刻意为之的成分,使一些学生在这一过程中很可能只是表面上活跃,而其认知、思维、审美能力并未在纷繁的活动中得到真正的发展,导致出现教师愈活跃、学生愈疲于应对的结果。如此,学生可能并无法真正理解一篇篇文质兼美的课文的核心内容,语文学习的兴趣也在"乱花渐欲迷人眼"的热闹中悄然丧失。

张秋玲在调研中记录了一位高二学生写下的关于语文学习的感受:"我重

---

① 吕叔湘.当前语文教学中两个迫切问题[C]//吕叔湘.吕叔湘全集(第十一卷).沈阳:辽宁教育出版社,2002:37.

② 吕叔湘.当前语文教学中两个迫切问题[C]//吕叔湘.吕叔湘全集(第十一卷).沈阳:辽宁教育出版社,2002:37.

③ 李杏保,顾黄初.中国现代语文教育史[M].成都:四川教育出版社,1997:188—202.

新反思我以前接受的语文教育。扪心自问,我感到很遗憾。我不知道鲁迅伟大在哪里？只记得他在桌子上刻的'早'字,初中时要倒背如流的写皂荚树和桑葚的段落,还有高中时知道有个唠叨没完的祥林嫂和《药》里的那个人血馒头。我不知道朱自清的《荷塘月色》写得好在哪里？我看了《边城》的节选,不知道在写什么？我读了舒婷的《致橡树》,不知道有什么意义？我有幸一瞥《等待戈多》,只见两个名字极长的人,絮叨半天,老师也一笔带过。"①多年的语文学习却使这位同学困惑如此,而或许在语文这门课上,许多人的阅读兴趣就是这样失去的。原因何在呢？如果语文教师缺乏对语文教学价值的判断,就可能会在教学中消磨学生的学习兴趣,语文课堂或枯燥无味或浮于热闹而学生无所得。可见,要回答"如何教"的问题也需要首先对语文教学价值进行判断。

叩问:语文教学要突出价值取向,语文应该如何教?

三、关于语文教学研究的困惑与叩问

困惑:为什么语文教学的理论争论旷日持久而难以形成共识?

自语文独立设科以来,有关其名称、教学内容与方法等问题在学界所引发的争论历时之久、争论之剧在其他学科中并不多见。一些问题,往往是一经提出便引发长达数十年的争论。比如新中国成立以后关于语文课程的"工具性"与"人文性"之争、语文教学的"文""道"关系之争、语文教材的选编之争等,这些问题都始于语文学科命名之时,而至今仍是学界讨论的焦点,各个学派各执己见而难分胜负,甚至一个问题尚未有定论又在其基础上引出新的争论。

1948年,教育心理学家龚启昌在其论文《中学国文教学问题之检讨》的开篇指出:国文一科在中等学校中无疑的应为一门最重要的科目,不过这一门科目的问题也特别多,数十年来虽是有多少专家和教师们,不断地把许多问题提出来讨论,但这些问题仍然都没有能解决。② 语文教学问题的解决之难、相关争论持续之久,由此可见一斑。而这些问题也并非通过争论即可得到解决的。其中,一些问题的解决是自然而然的,例如新中国成立以前的"文""白"之争,该

---

① 张秋玲.语文学科教学内容的基本特点[J].课程·教材·教法,2016(1):84—85.
② 龚启昌.中学国文教学问题之检讨[C]//顾黄初,李杏保.二十世纪前期中国语文教育论集.成都:四川教育出版社,1991:918.

争论随着社会的发展、教育思潮的更迭、政治形势的变化而失去其必要性，于是这类争论自然地消失。而另一些问题则是常在常新的，如"文""道"关系。迄今为止，文化在语文教学中应占据多大的比重依然是学界争论的核心问题。石中英认为教育问题是具有主观性的，其表现就是，人们对教育问题的探索并非逐步接近"教育之真"，而是在特定历史时期的价值引导下不断诠释教育问题及其意义，从而构建"教育之善"。他说："不同历史时期的教育问题不像不同历史时期的数学、物理学、天文学、生物学问题那样，有一个前后相承的逐渐深化的趋向，反而像不同历史时期的历史学、哲学、宗教学问题那样，是自古就有，但又经久弥新的。"①在语文教学的相关研究中，诸多争论亦是如此，它们并非寻找"教育之真"，而是不断构建"教育之善"。例如，有关语文教学目标、语文教学内容、语文教学原则、语文教学方法等问题，自语文独立设科以来就被广泛讨论，从表面上看都是老问题，争论长达百年之久，然而，在不同历史时期，时代又赋予其新的内涵。因此，在不同历史时期它们又都是新问题。正如"文""道"之争的问题，如今"文化自信"被写入语文课程标准，成为四项基本核心素养之一，这正是人们立足全球文化交融的新时代背景对"道"所做的新思考的必然之结果。我们不禁思考：语文自独立设科至今，其重要地位毋庸置疑，而一个世纪以来，关于教什么、如何教的争论始终不止不休，历次改革又不断引发新的议题，学术之思是否能够达成统一呢？

叩问：在今天的语文教学中，"道"究竟是怎样的存在？是融入语文教学，还是它本身就在语文教学之中？如果"道"就在语文教学之中，那么语文教学应当如何兼顾传道与授业？

本书的撰写正是基于上述困惑提出相应问题，并试图在对和合文化的探索中寻求答案。

---

① 石中英.略论教育问题的主观性[J].教育研究,1996(11):45.

第一章 概念界定与研究意义

新时代的语文教育对于文化非常重视,2022 年颁布的《义务教育语文课程标准(2022 年版)》(下文简称"课标")首次将"文化自信"列为语文学科核心素养之一,这为学生的语文学习指明了方向。首次将"中华优秀传统文化"列为语文课程内容的主题之一,并指出要"注重弘扬讲仁爱、重民本、守诚信、崇正义、尚和合、求大同等核心思想理念"①,这为教师的教学指出了重点。立足和合文化探讨其语文教学价值,既是尊重和合文化关联语言、思维、审美之事实,亦是注重语文学科素养交融互摄、一体四面之整体关系。本章主要回答和合文化是什么、为什么立足于此探索其语文教学价值、其主要价值是什么等根本问题。

第一节 概念界定

一、和合

(一)和

在中国,"和"作为一种观念由来已久。"和"字原指乐器,甲骨文写作"𪠡",是象形字,为人用嘴吹多管乐器之形。多管乐器由多个管子组合而成,

---

① 中华人民共和国教育部. 义务教育语文课程标准(2022 年版)[M]. 北京:北京师范大学出版社,2022:18.

各管发声大小与声色不一,不同的声音相和相生,交融在一起,听起来和谐美好。"和"最初即表示乐声的和谐流畅。因此郭沫若说,"龢之本义必当为乐器,由乐声之谐和始能引出调义,由乐声之共鸣始能引申出相应义"①。

"盉",表味道相生相和而形成调和的美味。《说文解字》将"龢""盉"两字分别解释为:"龢,调也。"②"盉,调味也。"③均有调和之义。段玉裁注:"调声曰龢。调味曰盉。今则和行而龢盉皆废矣。"④可见,"龢"指乐声上的调和,"盉"指味道上的调和,而"和"则结合两字之要义,泛指多方面事物的调和,因此具有了和谐、和睦之义。

于"和",《说文解字》如此解释:"和,相应也。"⑤独一不可称"相",亦无法"应",可理解为多方、多者之间的关系。《广雅》云"和,谐也",指多元素混合。由此,"和"之义水落石见,指多种要素相互调和之过程以及所达到的和谐共处之境界。

(二)合

"合",在甲骨文中写作"合",也是象形字,上面的"△"为容器的盖子,下面的"🛢"为容器,上与下结合起来,就是盖子与容器合拢,表吻合、会合、结合、联合之义。

张岱年认为,"合"表示符合或结合,例如"合一",在古在今均是同义,在《中国哲学中"天人合一"思想的剖析》一文中,他说:"合一并不否认区别。合一是指对立的两方彼此又有密切相联不可分离的关系。"⑥

"合"字在中国古代文献中占有举足轻重的地位。例如,《周易·系辞下传》记载:"乾,阳物也;坤,阴物也。阴阳合德,而刚柔有体。以体天地之撰,以通神明之德。"⑦这是说乾代表阳,坤代表阴,阳与阴相结合是符合事物本性的,人们做事也是如此,讲究阴阳、刚柔等相反事物的结合,这是合乎事物发展规律

<hr>

① 郭沫若.郭沫若全集(考古编　第一卷)[M].北京:科学出版社,1982:96.
② 许慎,段玉裁.说文解字注[M].上海:上海古籍出版社,1981:85.
③ 许慎,段玉裁.说文解字注[M].上海:上海古籍出版社,1981:212.
④ 许慎,段玉裁.说文解字注[M].上海:上海古籍出版社,1981:212.
⑤ 许慎,段玉裁.说文解字注[M].上海:上海古籍出版社,1981:57.
⑥ 张岱年.张岱年全集(第五卷)[M].石家庄:河北人民出版社,1996:611.
⑦ 周振甫.周易译注[M].北京:中华书局,2013:283.

的。在此,"合"指结合、相合。再如,《论语》记载:"桓公九合诸侯,不以兵车,管仲之力也。"①(《论语·宪问》)这是说齐桓公不用武力便将诸侯聚合在一起。在此,"合"是会合、聚合。再如,《诗经·小雅·常棣》中有"妻子好合,如鼓瑟琴"②。这里的"合"指匹配、般配,是说妻子儿女和睦相处,就如同琴瑟和谐的美妙音乐。通过对文献的梳理可知,所谓"合",指不同要素互相结合、融合、合作、匹配。如果说"和"强调的是和谐之过程与结果,那么"合"则更强调不同事物聚合的过程。

(三) 和合

中华民族尚"和"重"合"。陈秉公认为,"在汉语中单字的'和'与'合'涵义相近相通"③。早在春秋时期,《国语》便将"和""合"二字连用——"商契能和合五教,以保于百姓者也。"④这是说,商契能把父义、母慈、兄友、弟恭、子孝五种美德加以融合,教化百姓使之和谐相处。和合,既是融合多种思想的治国策略,也是追求和谐的价值取向,其基本理念是世界上的一切事物可以并且应当共生共荣,而共生共荣的基础是多元和合。

如果说"和合"概念的首次出现是在《国语》当中,那么对"和合"的首次阐释则出现在《管子》当中:

> 畜之以道,养之以德。畜之以道则民和,养之以德则民合。和合故能习,习故能偕,偕习以悉,莫之能伤也。⑤(《管子·幼官》)

> 畜之以道则民和,养之以德则民合。和合故能谐,谐故能辑,谐辑以悉,莫之能伤。⑥(《管子·兵法》)

《管子》在此表述的是养民、用兵之道。所谓"和合偕习",是说以道德凝聚人的力量,使人心和睦,从而形成合力,达到"莫之能伤"的效果。"和合"是凝聚力量、和谐人心的方法,也是一个过程,最终能实现国力强盛的理想。正因如此,自古以来家和则兴、邻和则睦、国和则强的理念便深入人心。

---

① 杨伯峻. 论语译注[M]. 北京:中华书局,1980:151.
② 程俊英. 诗经注析[M]. 上海:上海古籍出版社,1985:294.
③ 陈秉公. 论中华传统文化"和合"理念[J]. 社会科学研究,2019(1):1.
④ 上海师范大学古籍整理组. 国语[M]. 上海:上海古籍出版社,1978:511.
⑤ 戴望. 管子校正[M]//诸子集成(第6卷). 长沙:岳麓书社,1996:50.
⑥ 戴望. 管子校正[M]//诸子集成(第6卷). 长沙:岳麓书社,1996:114.

之后,《吕氏春秋》讲:"天地合和,生之大经也。"①这是说,天气与地气相交是万物生长之根本。可见,从天地到人事,莫不讲合作、交融、和谐。

张立文认为,"和合"所指范围十分广泛,包括自然、社会、人际、心灵等,这其中诸多形相、无形相的冲突与融合,以及在冲突、融合过程中诸多形相与无形相所产生的新结构方式、新事物、新生命的总和,都是和合。②金坚范认为,"和合"作为一个整体概念,其最为关键的前提是承认事物各不相同、彼此之间有差异与矛盾,将这些不同的事物统一于一个和合体之中,"并在不同事物的和合过程中,取长补短、存优去劣,使之达到最佳组合,由此促进新生事物的产生,推动事物的发展"③。可以这样总结,所谓"和合",是千差万别的事物在交融碰撞中产生新事物的过程与方法,也是一种尊重差异、容纳多样的理念。

二、和合文化

"和"字与"合"字连用,自先秦时期便成为一个概念,也构成一个文化范畴。汪守军认为,"和合文化就是中国传统优秀文化的核心和精髓"④。

"和合"作为一个文化范畴,其承认事物在客观上具有差异性,容许、尊重、欣赏事物的不同而不强求一致,并鼓励事物依照自己应有之特性继续发展。正如商金林、牟利锋所说:"承认事物矛盾的存在,并鼓励事物按照自身的逻辑自由选择生存取向,这才是'和合文化'的真义。"⑤和合文化的核心要义有二:一是承认不同;二是提倡不同的事物相互交融,在碰撞交流中产生新事物。显然,相较于一般意义上的对和谐、合作的提倡,和合文化在内涵上更为丰富。

当然,传统文化未必是优秀传统文化,因为传统文化当中既有精华也有糟粕,我们应当辩证地看待它。之所以说"和合文化就是中国传统优秀文化的核

①　张双棣,张万彬,殷国光,等.吕氏春秋译注(修订本)[M].北京:北京大学出版社,2000:335.
②　张立文.和合学与文化创新[M].北京:人民出版社,2020:244.
③　金坚范.和合文化之浅见[C]//中国叶圣陶研究会.和合文化传统与现代化:第三届海峡两岸中华传统文化与现代化研讨会论文集.北京:人民教育出版社,2006:18.
④　汪守军.中国和合文化的核心意涵及其时代价值[J].湖北省社会主义学院学报,2019(1):60.
⑤　商金林,牟利锋.和实生物 同则不继——兼论康有为的《大同书》[C]//中国叶圣陶研究会.和合文化传统与现代化:第三届海峡两岸中华传统文化与现代化研讨会论文集.北京:人民教育出版社,2006:344.

心和精髓"①，我们可以从如下两个方面理解：

一方面，"和""合"二字连用，代表了一种中华民族世代追求的理想境界，那就是人与自然、人与人、人与自我和谐共处。汤一介甚为看重和谐在中国文化中的分量，他说："由'自然的和谐'、'人与自然的和谐'、'人与人的和谐'、'人自我身心内外的和谐'构成了中国哲学的'普遍和谐'的观念。"②

另一方面，和合文化集中地体现出中国文化的典型特质——兼收并蓄、开放创新。先秦时期的百家争鸣，以及后世儒、释、道文化的交融便是证明。正如钱穆所说，"文化中发生冲突，只是'一时之变'；要求调和，乃是'万世之常'"③。

此外，和合文化能体现中华民族的民族精神——爱好和平、和衷共济、亲仁善邻。陈秉公认为，"和合"几乎遍布中华传统文化的各个领域，贯穿中华传统文化的发展历程，是中华传统文化的精髓，"是 21 世纪人类化解危机、走出生存困境的重要精神资源"④。

中华民族自古热爱和平，崇尚和谐。王永智讲，和合文化的根本在于和谐、和平、合一、大同。⑤ 笔者试从以下四维——宇宙观、国际观、社会观、道德观来观照和合文化。

(一)天人合一的宇宙观

中国先哲自古便用"天人合一"的观点审视宇宙、自然。天地孕育了人，所以人的生长、生活皆不能脱离自然，这就是儒家所谓"赞天地之化育"⑥，道家所谓"天地与我并生，而万物与我为一"⑦。天人合一，体现了中国文化在看待天人问题上的先进性。

(二)协和万邦的国际观

中国自古就崇尚和平，慎用武力。在儒家思想体系中，爱好和平的思想有着悠久的历史渊源，比较有代表性的表述是"协和万邦"。

---

① 汪守军.中国和合文化的核心意涵及其时代价值[J].湖北省社会主义学院学报,2019(1):60.
② 汤一介.汤一介学术文化随笔[M].北京:中国青年出版社,1996:147.
③ 钱穆.中国文化精神[M].北京:九州出版社,2012:50.
④ 陈秉公.论中华传统文化"和合"理念[J].社会科学研究,2019(1):1.
⑤ 王永智.和合:中华文化的独特品质[M].北京:中国大百科全书出版社,2020:2.
⑥ 杨天宇.礼记译注[M].上海:上海古籍出版社,2004:705.
⑦ 陈鼓应.庄子今注今译[M].北京:商务印书馆,2007:88.

"协和万邦"出自《尚书·虞夏书·尧典》，记载了帝尧以美好的人格修养亲和各族创造万邦和睦、人民和乐的盛况："克明俊德，以亲九族。九族既睦，平章百姓。百姓昭明，协和万邦……"①所谓"协"，即协调。"九族""百姓""万邦"，指生产生活、思想观念不同的各方。"不同"可能导致冲突，但也蕴藏着生机，"让'不同'发挥优势的唯一方案就是'协'"②。"协"的目的是让不同的各方发挥优势、互助合作，从而实现家族和睦、人民和乐、天下和平的"保合太和"之境。

正是基于"和"的理想，儒家提倡以德、仁、礼等柔和的方式处理各方关系。孔子讲："远人不服，则修文德以来之。"③孔子弟子子夏说："君子敬而无失，与人恭而有礼。四海之内，皆兄弟也……"④孟子主张"以德服人者，中心悦而诚服也"⑤。《大学》讲求修齐治平。就连讲兵法的孙子也继承老子"兵者不祥之器，非君子之器"⑥的思想，主张"不战而屈人之兵，善之善者也"⑦。因此，许嘉璐说："我们说中国人民热爱和平，这绝不是给自己脸上抹彩，这是我们老祖宗的遗教和著作，已经铭刻在中华民族的历史上了，铭刻在我们心里了。"⑧

(三)和而不同的社会观

中国文化尊重不同，以和为贵。"和而不同"可以看作是对社会和谐的表征与根源的阐释。君子以坦荡之心得"和"，以包容之心对待"异"，冯友兰说："'和'不但能容'异'，而且必须有'异'，才能称其为'和'。"⑨"两个对立面矛盾斗争，当然不是'同'，而是'异'；但却同处于一个统一体中，这又是'和'。"⑩故君子固守内心与人际的和谐，而社会充满正气与和气。因此，刘梦溪认为，中国

---

① 李民，王健.尚书译注[M].上海：上海古籍出版社，2016：1.
② 陈立旭.和合文化的内涵与时代价值[J].浙江社会科学，2018(2)：87.
③ 杨伯峻.论语译注[M].北京：中华书局，1980：172.
④ 杨伯峻.论语译注[M].北京：中华书局，1980：125.
⑤ 杨伯峻.孟子译注[M].北京：中华书局，1960：74.
⑥ 陈剑.老子译注[M].上海：上海古籍出版社，2016：117.
⑦ 中国人民解放军军事科学院战争理论研究部《孙子》注释小组.孙子兵法新注[M].北京：中华书局，1977：21.
⑧ 许嘉璐.历史的嘱托 现实的任务(代序)[C]//中国叶圣陶研究会.和合文化传统与现代化：第三届海峡两岸中华传统文化与现代化研讨会论文集.北京：人民教育出版社，2006：8.
⑨ 冯友兰.中国现代哲学史[M].广州：广东人民出版社，2019：270.
⑩ 冯友兰.中国现代哲学史[M].广州：广东人民出版社，2019：270.

人面对天下的基本原则是"和而不同",这是中国文化的智慧,也是对全人类的贡献。"和而不同"的关键在于"不同",因为如果都相同也就无所谓"和"了。"不同",却能处于一个共同体之中,这才是"和"。他说:"'不同'是'和'的条件。承认不同,容许不同,欣赏不同,才能走向和谐。"①

(四) 人心和善的道德观

《大学》讲:"大学之道,在明明德,在亲民,在止于至善。"②这是说,教育的最高境界在于"善"。孟子讲究"不忍之心",是说人都有同情心。《孟子》中讲:"今人乍见孺子将入于井,皆有怵惕恻隐之心——非所以内交于孺子之父母也,非所以要誉于乡党朋友也,非恶其声而然也。"③而所谓"恻隐之心",即人本性中的善良。可见,先哲们自古便知,不能把构建和谐的社会看成单一的社会问题,其实现还需以人心和善为基础。人们心存善意,互相帮助,邻里和睦,这便是人心和善的体现。

三、和合学

作为中华传统文化的重要内容之一,和合文化被学界高度重视。1996 年,张立文出版专著《和合学概论——21 世纪文化战略的构想》,标志着和合学理论体系的确立。所谓和合学,是指"研究在自然、社会、人际、人的心灵及不同文明中存在的和合现象,与以和合义理为依归,以及既涵摄又超越冲突、融合的学问"④。

1996 年,"中华和合文化弘扬工程"正式启动,学术界展开对和合文化的系统研究。2005 年,中国叶圣陶研究会举办了第三届海峡两岸中华传统文化与现代化研讨会,并于次年出版论文集《和合文化传统与现代化——第三届海峡两岸中华传统文化与现代化研讨会论文集》。至此,和合学理论研究建立了比较完备的理论体系。

---

① 刘梦溪. "和而不同"是中国文化的大智慧[J].北京观察,2015(3):73.
② 杨天宇.礼记译注[M].上海:上海古籍出版社,2004:800.
③ 杨伯峻.孟子译注[M].北京:中华书局,1960:79—80.
④ 张立文.国学与和合学[J].北京行政学院学报,2007(4):87.

和合学的构建是以 21 世纪人类所面临的"五大冲突与危机"为基础的,即人与自然的冲突所引发的生态危机,人与社会的冲突所引发的社会危机,人与人的冲突所引发的道德危机,人的心灵冲突所引发的精神危机,不同文明冲突所引发的价值危机。[①] 对此,和合学提出化解矛盾与危机的五大理则——和生理则、和处理则、和立理则、和达理则、和爱理则[②],揭示和合文化所体现的五种精神(人道精神、差分精神、包容精神、生生精神、和爱精神),明确和合的主旨是"生生"("生生是不息的流行,是新生命的化生,体现了对实存生命存在的关怀"[③]),并通过对"差分与和生""存相与式能""冲突与融合""自然与选择""烦恼与和乐"[④]的关系辨识,概括和合五义,即和合的"自性生生义""本性形式义""变化超越义""过程真切义""艺术美感义"[⑤],阐释和合的五大价值观,即生生、多元、贵和、日新、笃行[⑥],指出和合处理对立冲突的基本方法是接纳冲突并加以融合(人与自然的冲突融合、人与人的冲突融合、人与心灵的冲突融合、不同文明之间的冲突融合等),只有在冲突、融合的动态过程中,新事物、新生命才能生成[⑦]。

和合学的建立,使和合文化的研究具有了系统的理论基础,为我们对这一古老文化的深入探讨,特别是对其时代价值的彰显,提供了基本路径。

四、语文教学价值

(一)语文

探究语文教学价值,首先需要对什么是"语文"有一个清晰的认知。1949年,中央人民政府教育部根据原华北人民政府教育部教学改革的经验,接受叶圣陶等教育家的建议,决定取消"国语"和"国文"这两个名称,改称"语文"。

"三老"(叶圣陶、吕叔湘、张志公)曾不止一次解释语文学科的名称内涵。

---

① 张立文.和合学与文化创新[M].北京:人民出版社,2020:241.
② 张立文.和合学的思维特性与智能价值[J].中国哲学史,2018(1):28.
③ 张立文.和合学——21世纪文化战略的构想[M].北京:中国人民大学出版社,2016:60.
④ 张立文.和合学——21世纪文化战略的构想[M].北京:中国人民大学出版社,2016:50—59.
⑤ 张立文.和合学——21世纪文化战略的构想[M].北京:中国人民大学出版社,2016:50.
⑥ 张立文.和合学与文化创新[M].北京:人民出版社,2020:262—273.
⑦ 张立文.和合学与文化创新[M].北京:人民出版社,2020:240.

例如,1960 年,叶圣陶在《答孙文才》中写道:"'语文'一名,始用于一九四九年之中小学语文课本。当时想法,口头为语,笔下为文,合成一词,就称'语文'。自此推想,似以语言文章为较切。文谓文字,似指一个一个的字,不甚惬当。文谓文学,又不能包容文学以外之文章。"①

1964 年,叶圣陶在《答滕万林》中写道:"'语文'一名,始用于一九四九年华北人民政府教科书编审委员会选用中小学课本之时。前此中学称'国文',小学称'国语',至是乃统而一之。彼时同人之意,以为口头为'语',书面为'文',文本于语,不可偏指,故合言之。"②"其后有人释为'语言''文字',有人释为'语言''文学',皆非立此名之原意。第二种解释与原意为近,唯'文'字之含义较'文学'为广,缘书面之'文'不尽属于'文学'也。课本中有文学作品,有非文学之各体文章,可以证之。第一种解释之'文字',如理解为成篇之书面语,则亦与原意合矣。"③

之后,张志公就此继续做出说明,认为语文就是教会学生掌握生活中的口头语与书面语,他说:"根据这样的看法,按照叶圣陶先生的建议,不再用'国语''国文'两个名称,小学和中学一律称为'语文'。这就是这门功课叫作'语文'的来由。这个'语文'就是'语言'的意思,包括口头语言和书面语言,在口头谓之语,在书面谓之文,合起来称为'语文'。"④

通过上述梳理我们可以看出,叶圣陶对于"语文"的理解是:"语"代表着口头语言,"文"代表包括文学作品在内的书面语言,而"语文"既是口头之语与书面之文的合称,亦可理解为语言与文章相结合的学科。而张志公的阐释则更为集中地将"语文"定位在"语言"范畴内,认为两字分别指口头语言与书面语言。可见,在语言的范畴之内,"口头为语,书面为文,合称语文"是叶圣陶与张志公达成共识的观点。

(二)语文教学

现代教育学对于"教学"这一概念的界定主要有四种:"教学即学习","教

---

① 叶圣陶.叶圣陶教育文集(第三卷)[M].北京:人民教育出版社,1994:477.
② 叶圣陶.叶圣陶教育文集(第三卷)[M].北京:人民教育出版社,1994:506.
③ 叶圣陶.叶圣陶教育文集(第三卷)[M].北京:人民教育出版社,1994:506.
④ 张志公.张志公文集(3)语文教学论集[M].广州:广东教育出版社,1991:61.

学即教授","教学即教学生学","教学是教师的教和学生的学"①。其中第四种解释来自于凯洛夫的观点,他认为教学是教与学两方面互相作用的一个过程,这一观点被普遍接受。我们可以这样判断,语文教学是语文教师的教授与学生的学习两相统一的活动。

(三) 价值

所谓"价值",至少包含三个方面的含义,"一是指日常生活中人们使用的价值概念","二是指经济学、社会学、伦理学、美学、教育学等社会科学中广泛使用的价值概念","三是哲学意义上的一般价值概念"②。在哲学这个范畴中,学者们普遍认为价值是一种主体需要与客体满足的相互关系。

例如,袁贵仁认为:"所谓价值,就是指客体对于主体具有积极意义,它能够满足人、阶级和社会的某种需要,成为他们的兴趣、意向和目的。"③在这一定义之下,事物是否有价值,在于它是否对他人、他物有积极意义,能否满足他人、他物的需要,满足性强则价值高,满足性弱则价值低。黄海澄认为:"价值是事物满足一定主体(个体和各等次的群体)需要的属性。"④施一青认为,价值范畴是在人的主观需要与客观外物之间的关系中产生的:"所谓价值就是外界物对人的需要的满足。"⑤

由此可见,所谓"价值",是一种关系,是客体对主体需求的满足——客体能够满足主体的需要,这一客体才是有价值的。这就表明,价值首先应当是一种关系而非某种实体,此外,价值离不开人的需要以及客体对人的需要的满足。

既然价值是一种满足关系,所满足的是主体,也就是人的需要,那么,是否意味着"价值"是一个主观概念呢?黄海澄认为,价值具有主体性,因为它的界定包含着主体的需要,但"主体性"不能等同于"主观性",并且二者并不矛盾:

---

① 王文彦,蔡明. 语文课程与教学论[M]. 北京:高等教育出版社,2006:6.
② 王坤庆. 教育哲学——一种哲学价值论视角的研究[M]. 武汉:华中师范大学出版社,2006:170.
③ 袁贵仁. 价值与认识[J]. 北京师范大学学报(社会科学版),1985(3):47.
④ 黄海澄,王玉梁,郑国平,等. 在杭州召开的价值与认识问题讨论会部分发言(摘要)[J]. 哲学研究,1986(7):24.
⑤ 黄海澄,王玉梁,郑国平,等. 在杭州召开的价值与认识问题讨论会部分发言(摘要)[J]. 哲学研究,1986(7):30.

"主体是客观存在着的,其需要和控制论目的是客观的,因此,价值必定是客观的。"①也就是说,价值虽然包含着人的主观需要,但人的存在、需要的存在是客观的,所以价值是客观的。吴光进一步指出:"价值是价值主体与价值客体发生了反应关系的产物,是在价值关系中体现出来的,它同价值关系双方的固有性质有关,但又不属于任何一方。"②通过上述梳理我们可以发现,价值首先是一种关系,是一种客观的、客体对主体需要满足的关系。

(四)教学价值

将哲学范畴的价值概念引入教育领域,诞生了一个新概念,即"教学价值"。与价值的哲学概念相似,教学价值也是一种关系,强调客体对主体需求的满足。

尚凤祥认为,教学价值即教学活动与主体需要的关系。③ 由这一观点可知,教学价值是指教学活动对学生需求的满足。王汉澜、马平认为,"教育价值是指教育这一事物、现象对其他事物、现象所具有的某种意义"④。可见,教育的价值是指教育对社会与人的作用,也可以这样理解,教育价值就是教育对人的用处。而这种对教育价值的阐释,自然是将教学价值包括在内的。

通过上述梳理我们可以看出,所谓"教学价值",就是教学活动对教学主体需要的满足关系,也可以通俗地理解为教学对人的作用。

(五)语文教学价值

1. 探讨语文教学价值的必要性

武玉鹏等人指出,语文课程教学的所有问题,都包含着它的价值前提,人们对一切语文课程教学问题的叩问,都是从自己的价值立场出发的。⑤ 本书在教育领域内进行对语文教学的研究,放弃教学内容、方法、原则等更具实效性的问题,而单从价值入手,系出于以下两方面的考虑:

第一,哲学领域中的价值观念长久被忽视。

---

① 黄海澄,王玉梁,郑国平,等.在杭州召开的价值与认识问题讨论会部分发言(摘要)[J].哲学研究,1986(7):24.

② 黄海澄,王玉梁,郑国平,等.在杭州召开的价值与认识问题讨论会部分发言(摘要)[J].哲学研究,1986(7):41.

③ 尚凤祥.现代教学价值体系论[M].北京:教育科学出版社,1996:17.

④ 王汉澜,马平.浅谈教育的价值[J].华东师范大学学报(教育科学版),1991(1):28.

⑤ 武玉鹏,韩雪屏,等.语文课程教学问题史论[M].北京:中国社会科学出版社,2013:3.

在社会科学研究领域,哲学是一切概念的界定、方法的选择的母体。在哲学研究领域,一直受到关注的是以客观事实为研究重点的"事实问题",而对"价值问题"的研究不多。直到二十世纪中叶,随着人们日渐认识到价值观的重要性,"价值问题"才重新回到研究者的视野。"研究价值问题的目的是为了形成引导未来行为的可接受的、被称为是理性的(reasonable)价值判断。"①

可以看出,价值论是人们认识世界、理解人生的基础。二十世纪八十年代,结束过去相当长一段时间内哲学研究看重认识论而对价值观研究不多的状态后,价值论研究开始受到我国哲学研究领域的重视。黄海澄认为,哲学研究的理论与实践已对过去这种偏颇日渐重视起来,因为如果能将人生价值观与认识论并提,定能为青少年思想教育带来更多力量。他说:"审美价值、道德价值,归根结蒂都是人的价值。不讲价值论,真、善、美、益都不好理解,因为正是它们(所谓'第三物性')组成了价值关系网。"②

第二,在语文教学中,教学价值是航向标。

教学价值一直指引着语文课程、语文教学及语文学科的发展方向。

二十世纪四十年代末至七十年代末,政治思想影响到语文教学领域,语文教学价值偏重于革命思想与政治教育的工具性。在这一时期,语文教材,语文教学的目标、内容与方法等,都更偏重于思想教育。

二十世纪八十年代初到九十年代末,语文"工具说"因"三老"的提倡而重新受到重视(1961年"加强双基"的口号在语文教育界被明确提出,二十世纪语文教育思想发展的轨迹就是"工具说"形成和发展的过程,叶圣陶开其先,吕叔湘继其后,张志公集大成③)。这一时期的语文教材、语文教学内容与方法都体现出对语文知识的高度重视。字词知识的训练、标准化考试成为这一时期语文教学的特点。

二十一世纪以来,语文教学回归"人文性"的价值取向,在教学内容、课堂教学方法等方面都表现出对学生人文精神的重视,关注学生健全人格的形成。

纵观新中国成立以来语文教学价值追求的变化可以发现,其总是受到当时

①　冯平.哲学的价值论转向[J].哲学动态,2002(10):6.
②　黄海澄,王玉梁,郑国平,等.在杭州召开的价值与认识问题讨论会部分发言(摘要)[J].哲学研究,1986(7):24.
③　王文彦,蔡明.语文课程与教学论[M].北京:高等教育出版社,2006:47.

社会政治、经济因素的影响,价值取向一旦确定,便直接影响着语文教材的内容、语文学科的发展方向。因此,武玉鹏等人指出,语文课程与教学的发展过程就是价值选择的过程。语文课程与教学是客体,为何面对这一客体有人能够发现问题,有人却发现不了问题? 为何有人提出这一类问题,有人却提出另一类问题? 为什么在不同时期人们会发现不同的问题? 武玉鹏等人这样回答:决定这一切现象的主要原因,就在于每个人的价值观不同,不同时期也有不同时期的主流价值观,同样的语文课程教学,对于不同的时期、不同的人来说,就意味着不同的价值。①

可见,只有明确语文教学的价值追求,语文教育之整体才不会迷失发展方向,从语文教学价值入手进行研究,才能解决语文教学中长久存在的诸多困惑与矛盾。

2.语文教学价值的概念界定与内涵解读

语文教学价值是一个从属概念,它从属于教学价值。既然教学价值是一种满足需要的关系,那么与之相似,所谓"语文教学价值",是语文教学活动对教学主体需要的满足关系,即语文教学对人的作用。依据这一界定,我们需要从主体、客体、主体需要三个方面对语文教学价值做内涵的解读。

第一,语文教学主体的多元性。

语文教学的主体有显性与隐性两种。

显性主体在语文教学中是显而易见的,如学生与教师。学生显然是语文教学主体的主要部分,而教师亦是语文教学主体的重要组成部分。在语文教学中,二者既是对话的双方,又各自扮演不同角色。学生的任务是学习,教师的任务是引导,双方的角色又时常转换,这便是"教学相长"。

在语文教学中,隐性主体是不易被发觉又确实存在的主体,也可称之为社会主体②,如国家的教育方针政策、学校教育的培养方式、语文教育的根本理念、语文教材的基本理念、语文教学的主要目标。社会主体在语文教学中默默地发挥作用,同时其根本要求也需要得到满足。

第二,语文教学主体需要的多样化。

---

① 武玉鹏,韩雪屏,等.语文课程教学问题史论[M].北京:中国社会科学出版社,2013:3.
② 吕高超.语文阅读教学的文化价值研究[D].济南:山东师范大学,2017:23.

多元的语文教学主体决定了主体需要的多样化。"教育有两种基本价值:内在价值、根本价值是促进人的发展,外在价值、工具价值是承担社会所赋予的人才选拔功能。"①在语文教学中,主体的需要也表现出内在与外在两个方面。

学生主体的需要可分为内在需要与外在需要。内在需要包括语言、思维、审美、文化等方面知识的获得、能力的提升以及情感需求的满足。外在需要指功利目标的达成,如通过语文学习取得好成绩、得到升学的机会等。可以看出,学生主体的内在需要与外在需要是互为依托的,而内在需要是其中的主要方面。

教师主体的需要也可分为内在需要与外在需要。其内在需要一方面来自学生,即通过语文教学使自己的学生得到知识、提升能力、满足情感需求;另一方面来自教师本身,即通过语文教学使自己获得更多样的语文知识,同时积累更丰富的教学经验。也可以这样理解,即教师的内在需要是提升教师个人的语文水平,同时提升教师的教学水平。教师的外在需要包括对功利的追求,如通过语文教学获得他人的认可,也包括使自己的教学理念、方法与学校教育及语文教育主流理念、方法相一致。

社会主体的需要主要表现为社会主流意识形态得到彰显、民族文化得到认同与传承,从而使受教育者成为合格的社会成员。

第三,语文教学客体的多层次性。

语文教学客体包括语文教学内容、语文教师的教学方法与技能、学生的语文学习兴趣与习惯。其中,语文教学内容是非常复杂的。从纵向来看,有情感态度与价值观、知识与能力、过程与方法三个维度;从横向来看,有识字与写字、阅读、写作、口语交际及综合性学习五个领域;从语文学科核心素养的角度来看,有语言内容、思维内容、审美内容、文化内容四个方面。教师的教学方法与技能是非常重要的,它取决于语文教育的主流理念、教师的个人能力、学生的学习需要等。学生的语文学习兴趣与习惯,既取决于个人兴趣爱好,也受到语文教学内容与教师的教学方法、技能的影响。可见,语文教学客体所包含的三个层次并不是截然分开的三个部分,它们互相影响,甚至互为因果。其中,语文教学内容这一部分尤为重要。

---

① 王文彦,蔡明.语文课程与教学论[M].北京:高等教育出版社,2006:65.

由此可见，虽然说价值是客观的，但语文教学价值受到社会需要、主流教育观念、政治思想、教师与学生的认识、教师的能力等诸多因素影响，而这些影响因素又不完全是客观的，这就导致了不同年代的语文教学价值取向有所不同。

3.语文教学价值的基本内容与具体体现

(1)语文教学价值的基本内容

根据上述梳理结果，我们可以将语文教学价值的基本内容概括为如下三个方面：

第一，从教育宗旨来看，语文教学的价值表现为语文教学对个人需求与社会需求的满足：从个人角度看，是使学生获得必备的语文知识、能力，提升教师的学科素养及教学能力；从社会角度看，是将民族文化、社会伦理传承发展下去，使人的发展更符合社会要求。

第二，从语文教育的功能来看，语文教学价值表现为对学生语言、思维、审美等方面能力的提升。通过语文学习，学生养成良好的语文学习习惯，产生浓厚的语文学习兴趣，并在这一过程中树立正确的价值观，形成健全的人格，具备基本的应试能力，取得优秀的成绩。

第三，从语文课程的性质来看，语文教学的价值表现出工具价值与人文价值的双重属性，即兼具工具与人文的性质。正如卫倩平所写："学术界一般认为，语文教学的价值追求存在工具性和人文性两种观点。"[①]语文教学的工具价值体现，即如叶圣陶所说，语文是人与人交流和交际的必不可少的工具。在语文教学中，这一价值具体表现为学生通过语文学习获得较好的口头语言和书面语言表达能力，进而具备从事各类工作所需要的语言交际能力与思维能力。这也是语文教学的根本价值所在。而人文价值是指包含在汉语言文字中的民族文化，语文教学中的人文价值是"在教学实践中发挥民族文化的作用来发展学生的思想感情，培养健全的人格和完美的个性"[②]，即重视语文对人的教育作用。于漪认为："离开了'人'的培养去讲'文'的教学，就失去了教师工作的制高点，也就失去了教学的真正价值。"[③]在语文教学中，工具价值使语文教学有别于其他人文学科的教学（如历史教学、政治教学），人文价值使语文教学有别于

① 卫倩平.语文教学的价值追求对教学改革的启示[J].教学与管理,2011(30):103.
② 王文彦,蔡明.语文课程与教学论[M].北京:高等教育出版社,2006:62—63.
③ 于漪.于漪语文教育论集[M].北京:人民教育出版社,1996:82.

其他工具学科的教学(如数学教学、物理教学)。

(2)语文教学价值的具体体现

语文教学的主体是多元的,其中以学生主体为主。主体的需求是多样的,其中最为根本的是学生语文能力的提升,如在语言、思维、审美、文化等方面获得知识、提升能力、陶冶情操。语文教学的客体是多层次的,其中最具影响力的是教学内容。

2017年,语文学科领域首次在课标中使用"核心素养"的概念。《普通高中语文课程标准(2017年版)》指出:"语文学科核心素养是学生在积极的语言实践活动中积累与构建起来,并在真实的语言运用情境中表现出来的语言能力及其品质;是学生在语文学习中获得的语言知识与语言能力,思维方法与思维品质,情感、态度与价值观的综合体现。"[①]并且将"语言建构与运用""思维发展与提升""审美鉴赏与创造""文化传承与理解"[②]定为语文学科核心素养的四个方面。2022年,语文学科核心素养的概念与内涵又延伸至义务教育阶段。《义务教育语文课程标准(2022年版)》基本沿用了《普通高中语文课程标准(2017年版)》的表述,将语文学科核心素养的四个方面表述为"文化自信""语言运用""思维能力"及"审美创造"[③]。

通过以上梳理,我们可以确定语文教学价值的具体体现为:

第一,语言运用的价值。

在语文课程中,"语言运用"被视作语文学科的核心素养由来已久,甚至被看作是语文教学的根本价值。

《义务教育语文课程标准(2022年版)》将"语言运用"列为语文学科的核心素养之一,认为"语言运用"就是学生在语言实践中,在自主的积累、梳理、整合中获得语感,掌握祖国语言的规律,在此基础上积累自己的语言经验,从而"具有正确、规范运用语言文字的意识和能力,能在具体语言情境中有效交流沟通;

---

① 中华人民共和国教育部. 普通高中语文课程标准(2017年版)[M].北京:人民教育出版社, 2018:4.

② 中华人民共和国教育部. 普通高中语文课程标准(2017年版)[M].北京:人民教育出版社, 2018:4—5.

③ 中华人民共和国教育部. 义务教育语文课程标准(2022年版)[M].北京:北京师范大学出版社, 2022:4—5.

感受语言文字的丰富内涵,对国家通用语言文字具有深厚感情"①。

无论是高中语文课标,还是义务教育语文课标,都格外重视有关语言的素养,这是符合学科特点的。两部课标在介绍了"核心素养"之后,都有一段关于"核心素养的四个方面是一个整体"的说明,并将语言的运用放在四项核心素养最基础的位置。例如《义务教育语文课程标准(2022年版)》提出:发展学生的语言能力才能发展其思维能力,语言与思维不可分割,互相促进;学生在学习语言的同时,也对语言文学进行审美积累,从而提升审美能力;语言本就是文化的载体,学生学习语言的过程正是其认知文化的过程;"在语文课程中,学生的思维能力、审美创造、文化自信都以语言运用为基础,并在学生个体语言经验发展过程中得以实现"②。

通过对相关文件的梳理我们可以看出,语文教学的首要价值是落在"语言"之上的,且"语言之用"尤为重要。庚冰讲:"语言之用,所以发表人之意思,而文字之用,亦所以发表人之意思也。"③在语文教学当中,何为语言运用能力?它是指学生能够正确理解祖国的语言文字,并且能够正确使用语言文字来表达自己的思想。这就意味着,语言运用本就包含着认知、积累、实践等重要环节。学生从学习语言知识到获得语言运用能力,再到加深对母语的感情,这是一个渐进上升的过程。

在语文教学中,语言的教学价值包含多项复合内容,包括认知语言、积累语言、运用语言。这三项内容并非泾渭分明,在实践中也并不是截然分开的三个阶段。学生是在认知语言的过程中积累语言知识同时获得语言运用能力的,又在运用语言的实践过程中不断积累新的语言知识,进而对语言产生更深刻的认知。认知、积累、运用是浑然一体的。因此,在实际教学中,教师应本着"语文课程是一门学习国家通用语言文字运用的综合性、实践性课程"④的理念,引导学

---

① 中华人民共和国教育部.义务教育语文课程标准(2022年版)[M].北京:北京师范大学出版社,2022:5.

② 中华人民共和国教育部.义务教育语文课程标准(2022年版)[M].北京:北京师范大学出版社,2022:5.

③ 庚冰.言文教授论[C]//顾黄初,李杏保.二十世纪前期中国语文教育论集.成都:四川教育出版社,1991:13.

④ 中华人民共和国教育部.义务教育语文课程标准(2022年版)[M].北京:北京师范大学出版社,2022:1.

生在语言实践中积累语言经验,学习语言知识,掌握祖国语言文字的特点与运用规律,进而对祖国语言文字及其背后的文化产生认同与浓厚的感情。

关于语文教学的语言教学价值,学者们的声音保持了高度的一致。叶圣陶说:"学习国文就是学习本国的语言文字。"①夏丏尊说:"我主张学习国文该着眼在文字的形式方面。就是说,诸君学习国文的时候该在文字的形式方面去努力。"②那么,在实际的语文教学中,应该如何彰显语言的教学价值? 我们可以从以下两方面来理解。

一方面,语文教学应当始终将对学生语言能力的培养置于首位。童庆炳认为,可以从两个高度来看待语文教学。第一个高度是使学生能读会写,培养学生的语文能力;第二个高度是为培养德、智、体、美、劳全面发展的人,肉体与精神、感性和理性和谐发展的人,尽一份力量。③ 可见,语文教学最基础、最首要、最根本的目标是培养学生的语言能力,其次是人文感受力。

另一方面,语文教学价值表现为对口头语言与书面语言的兼顾与同等重视,叶圣陶说:这门"功课不叫'语言'而叫'语文',表明口头语言和书面语言都要在这门功课里学习的意思"④。对学生而言,无论是口头语言还是书面语言,都要学习如何输入与输出。就输入来说,可以叫作接受,一为听,一为读;就输出来说,可以叫作表达,一为说,一为写。可见,叶圣陶所说的正是听、说、读、写合而为口头语言能力与书面语言能力。夯实学生听、说、读、写之能力基础,是实现语文教学充分发挥语言教学价值的切实道路。

第二,思维涵养的价值。

语言与思维同时产生,语言可以看作是思维的外壳,思维可以看作是语言的灵魂,两者水乳交融、不可分割。美国心理学家华生说:"思维是无声的语言。"⑤我国语言学家高名凯说:"语言和思维既是存在于'语言·思维'这个统一体内的两个对立面,它们之间就既是不可分割地统一在一起,又各不相同……"⑥可见,在语文教学中涵养学生的思维能力,既是必然,亦应强调。

---

① 叶圣陶.叶圣陶教育文集(第三卷)[M].北京:人民教育出版社,1994:88.
② 夏丏尊.学习国文的着眼点[J].语文学习,1980(5):59.
③ 童庆炳.语文教学与审美教育[J].北京师范大学学报(社会科学版),1993(5):96.
④ 杜草甬.叶圣陶论语文教育[M].郑州:河南教育出版社,1986:192.
⑤ 邢福义.文化语言学[M].武汉:湖北教育出版社,1990:213.
⑥ 高名凯.语言论[M].北京:商务印书馆,1995:78.

事实上,在还未确立"语文"学科时,我国学者就意识到在语文教学中培养学生思维能力的重要性。早在二十世纪三十年代,叶圣陶在提出"颇有问一问国文科的目的到底是什么的必要"①时就讲,语文教学包括两项内容,"一项是阅读,又一项是写作"②,"文章写不通,主要由于没想通,半通不通的文章就反映半通不通的思想"③。在这段表述中,叶圣陶虽然没有直接使用"思维"而是用"思想"进行表述,但已经明显表达出对于学生"思维能力"的初步思考。阅读与写作都离不开语言,而语言又根源于思想(思维),这就点出了语文教学与思想(思维)的必然联系——"训练思想,就学校课程方面说,是各科共同的任务;可是把思想语言文字三项一贯训练,却是国文的专责。"④

在九十多年前,叶圣陶就对"思维能力"有所思考,并指出语言与思维之交融关系,提出思维的培养是"国文的专责",这是极具前瞻性的。之后,张志公在强调语文学科的工具性时指出,"语文是个工具,进行思维和交流思想的工具"⑤。至此,思维能力培养在语文教学中的重要意义便明晰了。

进入二十一世纪以来,"思维能力"备受学界重视,历次语文课程标准的修订都将思维能力的培养归为语文教学的本职。例如,《义务教育语文课程标准(2011年版)》在"课程目标与内容"的"总体目标与内容"中指出,要"在发展语言能力的同时,发展思维能力"⑥。《义务教育语文课程标准(2022年版)》在"课程性质"中指出,语文课程应当"发展思维能力,提升思维品质"⑦,并将"思维能力"列为语文学科核心素养,明确界定思维能力的概念,指出思维能力的具体表现,提出发展学生直觉思维、形象思维、逻辑思维、辩证思维和创造思维的目标,认为语文教学正是要让学生"有好奇心、求知欲,崇尚真知,勇于探索创

---

① 叶圣陶.叶圣陶教育文集(第三卷)[M].北京:人民教育出版社,1994:33.
② 叶圣陶.叶圣陶教育文集(第三卷)[M].北京:人民教育出版社,1994:89.
③ 叶圣陶.叶圣陶语文教育论集[M].北京:教育科学出版社,2021:103.
④ 叶圣陶.叶圣陶语文教育论集[M].北京:教育科学出版社,2021:56.
⑤ 张志公.张志公文集(3)语文教学论集[M].广州:广东教育出版社,1991:50.
⑥ 中华人民共和国教育部.义务教育语文课程标准(2011年版)[M].北京:北京师范大学出版社,2012:6.
⑦ 中华人民共和国教育部.义务教育语文课程标准(2022年版)[M].北京:北京师范大学出版社,2022:1.

新,养成积极思考的习惯"①。

通过对上述文件的梳理可知,学生在学习语文的过程中可形成具有张力的思维,培养思维能力,这也是语文教学本身的需要。在四项语文学科的核心素养中,思维是贯穿始终的:思维以语言为载体,又制约着审美,决定着文化的基本范式,可以这样说,"离开了思维,语文就成了一堆孤立的词句和文化碎片"②。

第三,审美培育的价值。

审美是语文教学的源头活水。语文与生活密不可分,语文之美本就源自生活之美、人之美、人生之价值。在语文教学中,借助语言、文学等载体探求美之根源具有举足轻重的意义:一方面,汉语言本身就是富有独特魅力的艺术品,从审美角度展开学习,学生更容易认知汉语言的特点与规律;另一方面,在阅读课文的过程中,学生能够欣赏作品所传递的自然美、社会美、人格美、情感美、艺术表达美,从而增强审美感受力以及阅读理解力,进而形成审美创造力。此外,审美也是语文教学的突破口,在美的感召之下,学生更容易产生浓厚的语文学习兴趣。

语文教学之所以具有培育学生审美能力的天然优势,是因为语文教材本身就是由优秀语言、文学作品所组成的审美画卷,那里有自然风光、人生百态、艺术魅力。此外,语文教学本身具有以文化人、以美动人、润物无声的特性。事实上,不仅语文是美的,语文教学过程本身也是美的,师生优美的朗读、教师富有诗意的课堂语言都是灵动的审美资源。

《义务教育语文课程标准(2022年版)》非常重视学生审美能力的培养,例如首次在语文课程性质中提出通过语文学习"形成自觉的审美意识,培养高雅的审美情趣"③,并在总目标中明确提出"感受语言文字的美,感悟作品的思想内涵和艺术价值,能结合自己的经验,理解、欣赏和初步评价语言文字作品,丰

---

①　中华人民共和国教育部.义务教育语文课程标准(2022年版)[M].北京:北京师范大学出版社,2022:5.

②　吴格明.离开了思维,语文就成了一堆孤立的词句和文化碎片[J].中学语文教学,2017(8):4.

③　中华人民共和国教育部.义务教育语文课程标准(2022年版)[M].北京:北京师范大学出版社,2022:1.

富自己的情感体验和精神世界"①。又将"审美创造"列为语文学科核心素养之一。一方面界定了审美创造的概念:"审美创造是指学生通过感受、理解、欣赏、评价语言文字及作品,获得较为丰富的审美经验,具有初步的感受美、发现美和运用语言文字表现美、创造美的能力……"②另一方面提出"涵养高雅情趣,具备健康的审美意识和正确的审美观念"③的目标。

通过梳理相关文件我们可以看出,语文教学为学生构筑了一个审美的意义世界,使学生透过语言文字感受到美,理解作家丰富的精神世界,并丰富自己的精神世界,从而成为善于感受美、能够创造美的人,同时也就具备了高雅的审美情趣。

第四,文化传承的价值。

语文的内容与形式天然包含着丰富的文化内容,语文教学也是传承文化的过程。韩愈说:"师者,所以传道、受业、解惑也。"可见,自古以来人们就将"传道"视为语文教育的价值之一。"传道"是语文教师的职责。什么是"传道"?"传道"既是传承道理、道德,又是传承文化、理念。而"受业""解惑",即对学科知识的传授、疑难问题的解答,在先人看来是在"传道"之后的。先人所说的"文以载道""文以明道",都是其对"传道"重视的证明。语文教学一旦忽视"传道"而只顾传授知识,语文课程就将异化为记忆之学、训练之课,"从根本上背离了人的精神发展而变成了精神发展的桎梏"④。

前文已经论及,价值虽为客观存在,语文教学价值却是主观的,它至少受到时代主流思想的影响。在全球文化多元碰撞的今天,我们的语文教学是否能够充分利用学科优势彰显文化价值?是否能够使学生在语文学习中认知、理解、认同优秀的民族文化?这是当今的时代背景为语文教学提出的新问题。

二十世纪后期,随着世界各国文化的碰撞交融,不少国家对本国母语课程传承民族文化的功能愈加重视,例如英国语文教育十分重视学生对经典名著的

---

① 中华人民共和国教育部.义务教育语文课程标准(2022年版)[M].北京:北京师范大学出版社,2022:6—7.

② 中华人民共和国教育部.义务教育语文课程标准(2022年版)[M].北京:北京师范大学出版社,2022:5.

③ 中华人民共和国教育部.义务教育语文课程标准(2022年版)[M].北京:北京师范大学出版社,2022:5.

④ 潘庆玉.语文教育哲学导论:语言哲学视阈中的语文教育[M].北京:教育科学出版社,2009:95.

阅读，"7 至 11 年级的阅读内容大多是名家名篇，向学生介绍前几个世纪英国文学遗产中的主要作品。例如，要求学生阅读两部莎士比亚的戏剧、1900 年以前两部重要作家的小说和四位重要诗人的作品"①。二十一世纪以来，各国母语课程在注重规范化的同时，也都向民族化的方向发展。在我国，语文独立设科虽然较晚，但语文教育的实践可追溯到千年以前，传承本土文化成为全球文化交融的今天语文课程与教学的必然选择。

郑国民认为，面对国际形势，我们的语文教育应当帮助学生打造坚实的文化基础，使他们拥有足够的自信，"在文化扩张或冲击中得以创造性地发展，这是重新建构语文课程价值的重要任务"②。张江元认为，统编语文教材的首要价值导向是"凸显多元文化背景下的民族文化自信"③。可以看出，统编语文教材为民族文化的传承提供了沃土，语文课程担负着传承文化的使命已成为学界共识。语文教学是以语文教材为核心的教学实践，是传承民族文化的重要渠道。

在语文教学中，人们一直在探寻更为科学的教学内容与方法的道路上前行，也曾经走过一些弯路。如对语文知识与技能过于看重而忽略了人文性，为了纠偏，又曾经对人文性内容过于看重，导致语文课上成了政治课或品德课。之后，学界一直在努力寻找语文工具性与人文性之间的一个平衡，使语文教学更符合其学科特点及学习规律。如今，学界已达成共识，语文学科的工具性与人文性必须统一，且二者不可偏废，这些在语文课堂中已得到初步实践。

然而，文化在其中到底应当处在怎样的位置？占据多少分量？一直没有得到答案。例如，很多教师认为文化含量最高的当数文言文，那么似乎讲解文言文就是传承文化了。但这样不仅会对现代文的文化内容有所忽视，对文言文的文化内容理解其实也有偏差。再如，在语文课上，一些教师对传承文化的理解是教授语文知识之外的内容，如果课堂时间足够则加进来，如果时间不够则可删掉，这样一来，文化的传承就成了"额外"之责，这势必导致教学内容的不完整。

郑国民提出，语文教学中有两个错误倾向是需要注意的："一个是忽视语文教育中的文化教育，另一个是过于关注思想内容并将其等同于文化。这对于语

---

① 郑国民.语文课程价值取向之思考[J].语文建设,2003(4):4.
② 郑国民.语文课程价值取向之思考[J].语文建设,2003(4):4.
③ 张江元.语文教育价值导向新变化——基于统编本语文教材的分析[J].语文建设,2018(3):4.

文教育的发展都产生了严重影响。"①长久以来,在语文教学中,文化一直存在,也一直受到注意,但其在定位上并不清晰,在分量上恐怕也是不够的。为了使文化内容充分发挥其在语文教学中的应有价值,新修订的语文课标将文化置于重要地位:在"课程性质"中指出,语文课程应引导学生"积淀丰厚的文化底蕴,继承和弘扬中华优秀传统文化、革命文化、社会主义先进文化"②;将语文学科最为根本和重要的核心素养定位为"文化自信",提出"通过语文学习,热爱国家通用语言文字,热爱中华文化,继承和弘扬中华优秀传统文化、革命文化、社会主义先进文化,关注和参与当代文化生活,初步了解和借鉴人类文明优秀成果,具有比较开阔的文化视野和一定的文化底蕴"③的课程目标。

我们可以看出,"文化"是新修订的语文课标中的高频词,这就意味着它已经成为语文教学的一项重要内容,不仅融入语文教学的内容与形式,而且贯穿语文教学的始与终。课标首次将语文课程内容的主题之一确定为"中华优秀传统文化",指出中华优秀传统文化的主要载体是"汉字、书法,成语、格言警句,神话传说、寓言故事、历史故事、民间故事、中华民族团结一家亲的故事,古代诗词、古代散文、古典小说,古代文化常识、传统节日、风俗习惯等"④,并指出这一主题的内容与意义:"注重弘扬讲仁爱、重民本、守诚信、崇正义、尚和合、求大同等核心思想理念;弘扬有利于促进社会和谐、鼓励人们向上向善的中华人文精神;弘扬自强不息、敬业乐群、扶危济困、见义勇为、孝老爱亲等中华传统美德。"⑤由此可见,文化的传承既在语文中也在生活中,既在课堂里也在课堂外,可以说是无处不有的。

---

①　郑国民.语文课程价值取向之思考[J].语文建设,2003(4):5.

②　中华人民共和国教育部.义务教育语文课程标准(2022年版)[M].北京:北京师范大学出版社,2022:1.

③　中华人民共和国教育部.义务教育语文课程标准(2022年版)[M].北京:北京师范大学出版社,2022:4.

④　中华人民共和国教育部.义务教育语文课程标准(2022年版)[M].北京:北京师范大学出版社,2022:18.

⑤　中华人民共和国教育部.义务教育语文课程标准(2022年版)[M].北京:北京师范大学出版社,2022:18.

第二节 研究意义

　　语文教学关涉中华民族的母语教学,它既肩负着传承文化的使命,本身(包括内容与形式)也是重要的文化现象。曹明海认为,语文教学的价值是使学生领悟民族精神,在探究与反思中建构属于自己的精神家园,"并使自身在新的历史情境下全面完成生活世界和精神领域意义的创造,充分体现语文教育对人进行'完整性建构'的终极价值追求"[①]。这也指明,在语文教学中,学生提升语文素养的出发点和归宿均是领悟民族文化之精髓。

　　楼宇烈认为,"中国传统农耕文化中的'仁爱、民本、诚信、正义、和合、大同'等价值观使人类与自然及人类自身产生了和谐"[②]。"仁爱、民本、诚信、正义、和合、大同"正是中华优秀传统文化的要义。

　　"和合"是中华优秀传统文化的精髓之一,随着和合学的发展,其文化理路愈加清晰——"和实生物"之本体论,"多元互济"之方法论,"以和为贵"之价值观,儒家"和而不同"之道德观,道家"万物负阴而抱阳,冲气以为和"[③]及"与天和者,谓之天乐"之自然观,奠定了中国文化追求多元、崇尚和谐的思想基础。这一理念代代相传,已完全融入中国人的生活,成为人人皆知的和合之美、和合之道、和合之德。同时,它也充分体现在语文教材当中:"和实生物"本体论孕育了汉语言的独特质性,其表现为汉语言在内容、形式上追求差异与平衡;"多元互济"方法论影响了中国文人的思维方式,体现为文学作品选篇中的人与人、人与物的和谐共处;"以和为贵"价值观塑造着中国文人的审美旨趣,一篇篇课文在内容与表达方式上都显露出这一追求;"兼包并蓄"发展观决定了中华文化接纳多方、开放创新的宏大格局,在语文教材中表现为对多种文化的接纳与融合。语文教材是和合文化的微缩景观,也是语文教学的媒介,这就决定了在语文教学中彰显和合文化具有重要意义。

[①] 曹明海.语文教学本体论[M].济南:山东人民出版社,2007:147.
[②] 王永智.和合:中华文化的独特品质[M].北京:中国大百科全书出版社,2020:5.
[③] 陈剑.老子译注[M].上海:上海古籍出版社,2016:161.

一、理论意义

(一)推动优秀传统文化长足发展

我国实施文化强国战略已有多年,倪文锦讲:"民族文化是一种取之不尽的宝贵资源,越是民族的就越是世界的。""在我国百年语文教材的建设中民族文化始终是主流。"①立足和合文化探寻语文教学的价值,既是尊重语文教材中固有和合文化之事实,亦能彰显语文教学固有的传播文化之功能。在语文教学中推动和合文化的长足发展,主要表现在以下两个方面:

第一,语文教学是对文化选择和整理的过程。

深入挖掘语文教材中所蕴含的和合语言价值、思维价值、审美价值、文化价值,能够梳理出和合文化的体系与发展脉络。

第二,语文教学又是文化更新的过程。

学生来自于不同的家庭,他们的思维方式、创造能力、价值取向等各不相同。在语文学习的过程中,他们会重新建构自己所理解的和合文化,从而不断丰富其内容,使这一文化永远保持生命力。学生在学习语文的过程中阅读一篇篇课文,与作者、编者、教师、同学对话,认知和合文化,结合自己的价值判断吸纳和合文化之精华,从而形成自己对和合文化的独特的理解。如此所形成的和合文化理念,既根源于民族传统,又具有了鲜明个性,生成了和合文化的新内涵,使中华文脉在赓续传承中彰显强大的生命力。

在语文教学中,文化的生成是没有尽头的,就如同人类对知识的探索、对生命意义的找寻,也总是伴随着时代的进步、人的生活阅历的丰富而不断有新的发展。在这个过程中,学生对于语文的理解是越来越深刻的。

(二)发挥和合学的理论价值

和合学自二十世纪九十年代正式提出至今,业已成为哲学、历史学、文化学研究领域的一门显学,其理论价值在不同领域得到了彰显。然而,教育学特别是语文教学对其借鉴与使用还不够充分。基于和合文化与语文学科的高度契

---

① 倪文锦.中国百年语文教材的文化选择[J].中学语文教学,2008(8):74.

合,本书将和合学引入语文教学研究领域,具有以下两方面意义:

第一,拓展和合学的理论维度。

现有的研究成果更多聚焦于和合文化在哲学、思想等方面的价值,近年的研究多以其时代价值为核心,集中于政治价值、思想价值方面。语文学科教学内容中的和合文化丰富多彩,既有内容又有分量。本书立足和合学的基本理论维度,在此基础上又有所补充——梳理"和实生物"本体论与汉语语言文字特点之关系,以"多元互济"方法论原理观照语文教材选篇所折射的中国传统思维方式,梳理"以和为贵"的传统审美与语文审美教学的关系,探究语文教学对儒道文化兼容兼顾的渊源,即"兼包并蓄"的文化观。如此,将和合学引入语文教学领域,观照教育发展的同时,又丰富和合学自身。

第二,发挥和合文化培根铸魂、启智增慧的育人价值。

《义务教育语文课程标准(2022 年版)》在"教学建议"中提出四项语文教学建议,第一项便是"立足核心素养,彰显教学目标以文化人的育人导向"①,认为教师应当首先理解什么是核心素养,全面把握语文教学传道之己任,认清"立德树人"②这一根本任务,同时应当"引导学生在学习语言文字运用的过程中,逐步树立正确的世界观、人生观、价值观,体认和传承中华优秀传统文化、革命文化、社会主义先进文化,积淀深厚的文化底蕴,增强文化自信"③。

可见,语文教学的首要任务便是育人,教师在课堂上应当充分利用语文学科"润物无声"的优势以文化人,更要注重民族文化精神的指引作用,使学生在学习语言、文学作品的过程中领会民族精神,在学习语文的同时学会做人,增强对民族文化的认同感。

本书从"立德树人"的高度把握语文教学内容,以彰显语文教学对人的精神指引功能。

---

① 中华人民共和国教育部. 义务教育语文课程标准(2022 年版)[M]. 北京:北京师范大学出版社,2022:44.

② 中华人民共和国教育部. 义务教育语文课程标准(2022 年版)[M]. 北京:北京师范大学出版社,2022:44.

③ 中华人民共和国教育部. 义务教育语文课程标准(2022 年版)[M]. 北京:北京师范大学出版社,2022:44.

二、应用意义

(一)弥合语文教学中工具性与人文性的分歧

在语文教学研究领域,对于文化的探讨一直更偏重人文性,容易在"度"上引发人们的质疑。

事实上,和合文化不仅属于人文范畴,同时它也兼具工具性意义。本书将深入挖掘汉语言知识所体现的和合理念,揭示和合文化所天然蕴含的语文知识、语文规律、语文特点,阐明和合文化在语文教学中的价值——通过学习,学生不仅能亲近"母文化"、强化"根"意识,更能理解"什么是语文"以及"为什么学习语文"的根本问题。明乎此,语文教学才算拥有了自己的"灵魂"。

因此,课标在"教学建议"中强调,"教师应充分认识语文课程工具性与人文性是统一的"[①]。在语文教学当中把握和合文化,也就扣准了语文学科工具性与人文性相统一的本质,这样一来,语文教学既能抓住语言这一教学要点,又能避免陷入枯燥训练的处境。

(二)为教师在语文教学中灵活组元提供参照

新一轮的教材改革之后,无论是初中还是高中的语文课本都采取以宽泛的人文主题组元的方式,也就是强化选文之间的发散性联系而弱化单元主题。这种编排思路极具创新性,但也给教学提出新的挑战。教师在上课时不必拘泥于单元主题,而可以主动建立整个教材(非同单元的)的篇与篇的联系。本书将以家国情怀、社会关爱、人格修养的和合文化内涵提炼总结单篇课文主题,为语文教师做可近可远、可深可浅的灵活组元提供参照。

(三)为语文教学把握核心素养一体四面之整体关系提供路径

《义务教育语文课程标准(2022年版)》在提出核心素养的四项内容时,特别强调了四者之间的整体关系,在"核心素养内涵"中指出:"核心素养的四个方

---

① 中华人民共和国教育部. 义务教育语文课程标准(2022年版)[M]. 北京:北京师范大学出版社,2022:44.

面是一个整体。"①在"教学建议"中指出,教师应当注意四项核心素养相互交融的特点,在设定教学目标时有所侧重又融为一体,在识字与写字、阅读与鉴赏、表达与交流、梳理与探究等领域整体提升学生的核心素养,"注意教学目标之间的关联,避免将核心素养四个方面简单罗列"②。

和合文化的价值不仅表现在文化层面,更在于它贯穿语言、思维、审美等多个方面。立足和合文化进行教学,既是将核心素养四个方面加以统筹的教学思路,亦是将知识能力、过程方法、情感态度价值观加以整合安排的具体方法与路径。

(四) 丰富语文教学建设的维度

在语文教学的研究领域,"教什么""怎么教""为什么这么教"始终是关键问题,其中"教什么"与"为什么这么教"是核心内容。从语文课程的定义来看,"语文课程是一门学习国家通用语言文字运用的综合性、实践性课程"③。韩雪屏认为,在语文课程教学实践和教材编制领域,认识并研讨汉语和汉字的文化样态、文化价值,是十分必要和首要的任务。④ 可见,立足文化探讨语文教学内容是语文教学研究的出发点。本书以和合文化为切入点研究语文教学之内容,主要是因为:

第一,语文教材的选篇、综合性学习等内容,承载着丰富的和合理念。

例如,在主题方面,教材中的选文在呈现自然风光时,多以柔和的笔法描写山川草木,少有咄咄逼人之态,更少有狂烈突变的景色,如《济南的冬天》中秀气的小山、温和的阳光。在描写社会时,很少凸显或放大矛盾,多呈现舒缓、中和之基调,如《赤壁赋》中乐观豁达的人生观。在描写人与人的关系时少见激烈之辞,而多表现以和善之心关怀他人,如《老王》中互相关爱的陌生人。在描写心灵时,即便在不安、孤独、烦恼的处境中,也能在宣泄或梦幻中获得心灵的和谐,

① 中华人民共和国教育部. 义务教育语文课程标准(2022 年版)[M]. 北京:北京师范大学出版社,2022:5.

② 中华人民共和国教育部. 义务教育语文课程标准(2022 年版)[M]. 北京:北京师范大学出版社,2022:44.

③ 中华人民共和国教育部. 义务教育语文课程标准(2022 年版)[M]. 北京:北京师范大学出版社,2022:1.

④ 韩雪屏. 发掘语文课程的传统文化教育因素——兼谈语文教材中的传统文化建构[J]. 语文建设,2015(16):10.

如《记承天寺夜游》中,纵使在人生失意之时,作者也愿意月夜游览,不乏闲情逸致。

再如,课文在表达方式方面多呈现出温柔敦厚的风格,在情感表达上十分克制。表达热爱时是恰到好处,例如《济南的冬天》,全文并无"我爱济南的冬天"这类赤裸的表白,通篇娓娓描述着济南的温晴,最后以一句"这就是冬天的济南"表达热爱。表达哀伤时是情以婉而愈深,例如《湖心亭看雪》,在看似不经意中委婉地表达着故国之思。表达愤怒时是理性克制,例如《狼》中对"禽兽"的愤恨与讥讽不露痕迹。表达愉悦时是志气和平,例如《陋室铭》在描写陋室的恬静之时,隐约流露出作者安贫乐道的情致。即使是表达人生的大起大落或情感的大喜大悲,作者也尽量避免歇斯底里、过度宣泄,充分体现了《中庸》所讲的"喜怒哀乐之未发谓之中,发而皆中节谓之和"①的节制精神。可以说,语文教材呈现了和合文化的生动景观。

八年级语文教材(下册)将"以和为贵"列为综合性学习内容,开篇便讲:"中国文化崇尚'和',有关'和'的思想源远流长,丰富多彩。"②并且进一步深入地解释,在中国古代文化中,"和"是万物生成的本源,久而久之,也成为评判道德境界高低的标尺,还是人与人之间交往的准绳。祖国的名胜中也是有"和"的,例如故宫有三大殿,分别是太和殿、中和殿、保和殿。人们的日常语言中也不乏"和",例如商人常说"和气生财",祝贺新婚则会说"和和美美"等。这些都既体现"和"的丰富内涵,又体现"和"在语言、思维、审美、文化多个方面的教学价值。

第二,汉语的语言文字本身体现着和合文化原理。

例如,同异相承的语音体系、整齐和谐的词汇构成、参差或匀整的句法、方正和谐的汉字构造、同异交得的修辞原理等。在文化知识与民族文化精神之间,韩雪屏认为语文教学应当更重视民族文化精神,因为语言的所有要素,包括语音、语汇、语法、文字,都是民族精神的凝结:"语言又是一种特殊的文化现象,其中保存着一个民族的集体记忆,凝聚着一个民族历代文化的结晶,反映着一

---

① 杨天宇.礼记译注[M].上海:上海古籍出版社,2004:691.
② 教育部.语文(八年级 下册)[M].北京:人民教育出版社,2017:129.

个民族独特的心理特征和思维方式。"①

第三节　前人研究综述

目前,学界对和合文化的研究已臻于成熟,对语文教学文化价值的研究也日趋丰富,这为本书提供了宝贵资料。

一、语文教学价值的研究

(一)语文课程价值

21世纪以来,学者们愈加重视对语文课程价值的重新思考。

2003年,郑国民发表论文《语文课程价值取向之思考》②,提出语文课程是文化的载体,必须在全球文化交融的今天对语文教育的价值进行重新定位,将"体会认识中华文化"确定为语文教育的首要价值,这也是语文课程改革的选择。文章同时指出,语文教育与文化之间的关系应该得到重视,尤其应当看到语文教育在文化传承方面的价值。

2015年,郑桂华发表论文《20年来语文教材文化研究的路径及突破空间》③,提出20世纪末以来国内语文教材的文化研究有两条路径:一是从课程论的角度探讨语文教材文化的整体建构,二是考察语文教材文化的价值取向。同时,文章还指出这两条路径之间的矛盾以及对应的解决之道,提出应根据新的文化理念重新评估教材的文化价值。

2018年,张秋玲发表论文《语文课程核心价值的审辨》④,提出语文课程的核心价值是言语思维,应深入挖掘语言背后的思维价值,如此,更有利于当代语文课程理论体系的重构和价值重塑。

---

① 韩雪屏.发掘语文课程的传统文化教育因素——兼谈语文教材中的传统文化建构[J].语文建设,2015(16):9.
② 郑国民.语文课程价值取向之思考[J].语文建设,2003(4):4—5,33.
③ 郑桂华.20年来语文教材文化研究的路径及突破空间[J].全球教育展望,2015(1):92—99.
④ 张秋玲.语文课程核心价值的审辨[J].课程·教材·教法,2018(1):67—72.

2018年,张江元发表论文《语文教育价值导向新变化——基于统编本语文教材的分析》[①],将统编语文教材所呈现的语文教学价值概括为以下四个方面:凸显多元文化背景下的民族文化自信、强调人格修养的社会普遍性价值、重视非连续性文本的综合育人效应、回归语文素养的基础性要求。张江元将民族文化自信列为首要价值,同时特别强调,在语文教学中应充分体现语文教材的价值取向。

2019年,顾之川发表论文《初中语文统编教材的价值追求与语文品格》[②],将语文教材的价值追求定位在坚持立德树人、尊重语文教育规律、提升学生的核心素养、坚持文质兼美的选文标准四个方面。他认为立德树人是语文教材的首要价值追求,应将语文教材作为贯彻落实社会主义核心价值观的重要载体。

自最新的语文课程标准出版,学界对其非常重视,也出现了大量关于新课标的解读,对语文课程、教材、教学价值的探讨步入新的阶段,其"新"主要表现在立足时代特点对语文这一学科的优势、责任、价值进行重估。2022年,郑桂华发表论文《2022年版语文课程标准中课程目标的价值追求》[③],指出新的语文课程标准是以对人的培养为出发点的,在解读时要把握好国家育人理念与学生发展需要的关系、语文课程的继承性和发展性、语文课程标准的概括性和操作性三种关系。

(二)语文教学价值

对语文教学的价值审视,自语文独立设科便已展开。

早在20世纪40年代,叶圣陶、吕叔湘、张志公三位先生就指出了语文学科的工具性价值。1956年7月1日,叶圣陶以教育部副部长的身份在全国语文教学会议上做了题为《改进语文教学,提高语文教学的质量》的报告,指出了语文学科"指导学生学习语言""培养学生运用语言(包括口头语言和书面语言)表达思想的能力"等任务,并提出语言是人在工作与学习中的必要工具。

---

① 张江元.语文教育价值导向新变化——基于统编本语文教材的分析[J].语文建设,2018(3):4—8.
② 顾之川.初中语文统编教材的价值追求与语文品格[J].课程·教材·教法,2019(7):94—98,105.
③ 郑桂华.2022年版语文课程标准中课程目标的价值追求[J].中学语文教学,2022(5):8—13.

1996 年,于漪出版《于漪语文教育论集》①,提出语文学科的人文性是培养人,这是语文教学必须坚守的价值。

1993 年,韩军发表论文《限制科学主义 张扬人文精神——关于中国现代语文教学的思考》②,旗帜鲜明地支持语文教学的人文主义立场,认为语文学科是社会科学,凸显人文精神是语文教学的本职。

2010 年,庄文中发表论文《论"三老"语文工具观》③,梳理了叶圣陶、吕叔湘、张志公三位先生的语文教育理念,总结了"三老"对现代语文学科的价值追求——语文应以学习、运用语言和言语作品为自己的主要学科价值,并特别指出叶圣陶作为一位一贯的语文学科工具论者,主张语文学科应担负起"了解固有文化"的使命。

课程改革以来,学者们在重视语文教学价值嬗变的同时,也重新审视语文教学的工具价值和人文价值,并引入核心素养这一新的概念。

2011 年,卫倩平发表论文《语文教学的价值追求对教学改革的启示》④,提出语文学科的重要价值在于维护民族文化这一观点,对学界关于语文教学的两种价值追求——工具价值和人文价值——进行了系统的梳理和总结。

2011 年,张涛、赵丽发表论文《中学语文教学应重视挖掘文本的教学价值》⑤,对语文学科的文本价值、课程价值、教学价值进行了区分与界定,认为语文教师应根据自己对教学内容的理解,结合学生实际情况,确定教学重点与难点。

2012 年,龚晓林发表论文《建国以来语文教学价值取向变迁的回顾与思考》⑥,对 1949 年以来语文教学的发展历程进行了梳理,总结出 20 世纪 40 年代末至 70 年代末偏重革命思想政治教育的价值取向、20 世纪 80 年代初到 90 年代末凸显工具理性的价值取向、21 世纪以来回归生活和人文情愫的价值取向,

---

① 于漪. 于漪语文教育论集[M]. 北京:人民教育出版社,1996.

② 韩军. 限制科学主义 张扬人文精神——关于中国现代语文教学的思考[J]. 语文学习,1993(1):12—15.

③ 庄文中. 论"三老"语文工具观[J]. 课程·教材·教法,2010(11):3—9,48.

④ 卫倩平. 语文教学的价值追求对教学改革的启示[J]. 教学与管理,2011(30):103—104.

⑤ 张涛,赵丽. 中学语文教学应重视挖掘文本的教学价值[J]. 现代教育科学·普教研究,2011(3):107,26.

⑥ 龚晓林. 建国以来语文教学价值取向变迁的回顾与思考[J]. 教学与管理,2012(7):47—50.

以及不同时期语文教学价值取向变化的原因,得出由于政治、经济和教育意识的变化,不同时期语文教学价值取向往往会发生变化的结论。

2012年,胡立根出版了从情意价值、信息价值、智能价值三个方面探讨语文教学价值的专著《语文教育价值的叩问与追求》①,提出智能价值是教学价值中隐藏最深、最值得深入探究的语言信息处理价值。

2013年,武玉鹏、韩雪屏等出版专著《语文课程教学问题史论》②,认为从语文教学的核心即培养什么样的"语文人"的根本问题出发,语文教学的所有问题都直接或间接带有价值选择性。这一观点至少为本书带来两点启发:语文教学价值是与时代价值相联系的,所以语文教学价值的内涵应该是主观的,在不同的时代背景、不同的教育目的下,会产生不同的立场;研究教育的问题,教学价值的选择是一个开始。

2017年,王本华发表论文《构建以核心素养为基础的阅读教学体系——谈统编语文教材的阅读教学理念和设计思路》③,提出语文的独特价值主要体现为与阅读教学相关的四大理念:语文即生活,阅读即分享,兴趣与能力是并蒂莲花,语文核心素养是归宿。文章还指出语文教学价值的几个关键词,即生活、分享、兴趣与能力、核心素养。这就点明了语文教学价值的内在逻辑关系:语文教学在生活与分享中进行,从而培养学生的语文兴趣与学习能力,最终实现其语文学科核心素养的提升,这也是语文教学价值的体现。

二、语文教学中文化价值的研究

对语文教学中文化价值的探讨由来已久。2007年,曹明海出版专著《语文教学本体论》④,提出语文教学的价值在于促使学生理解民族情感和民族精神,学生在汲取文化精华的同时,能够不断反思和建构自己的认知,从而获得审美、思维等能力。曹明海认为,这便是语文教学的终极价值追求,即通过语文教学

---

① 胡立根.语文教育价值的叩问与追求[M].广州:广东教育出版社,2012.

② 武玉鹏,韩雪屏,等.语文课程教学问题史论[M].北京:中国社会科学出版社,2013.

③ 王本华.构建以核心素养为基础的阅读教学体系——谈统编语文教材的阅读教学理念和设计思路[J].课程·教材·教法,2017(10):35—42.

④ 曹明海.语文教学本体论[M].济南:山东人民出版社,2007.

对人进行"完整性建构"。

在全球文化碰撞交融的今天,语文教学与中华优秀传统文化的关系在学界备受重视。

2015 年,倪文锦出版专著《文化强国与语文教材改革》①,认为探讨语文教育首先要审视中小学开设语文课程的目的,即引导学生学习我们根植于民族文化的民族语言。民族语言是民族精神与文化的载体,同时也是民族精神与文化的重要组成部分,因此弘扬中华优秀传统文化是语文教育,特别是语文教材建设的必然使命。尤其在当今的时代背景下,在语文教学中弘扬中华优秀传统文化,既是培育学生文化自信的重要条件,也是语文教育传承文化功能的本质回归。

2015 年,韩雪屏发表论文《发掘语文课程的传统文化教育因素——兼谈语文教材中的传统文化建构》②,指出语文课程的文化教育内容主要体现在教材选文承载的文化知识以及汉语言文字本身所蕴含的民族文化精神上。韩雪屏从语音、词汇、句法结构、文字等方面分析了汉语言所呈现出的追求整齐和谐的民族文化特点。

2015 年,王尚文发表论文《语文与传统文化:从课程说到教材》③,提出应加大语文教材传承优秀传统文化的力度,并建议从文言篇目的编选、文言诗文的合理分布、适量增加有关传统文化的选修课和课外活动三个方面着手推进。

2017 年,吕高超完成博士论文《语文阅读教学的文化价值研究》④。他在论文中明确了文化价值的概念,认为语文教育最主要的内容是阅读教学,又从历史生成的角度反思阅读教学的文化导向,研究阅读教学的本体价值,提出通过阅读教学实现文化价值的策略,并指出阅读教学的核心价值在于文化价值。

---

① 倪文锦.文化强国与语文教材改革[M].北京:语文出版社,2015.
② 韩雪屏.发掘语文课程的传统文化教育因素——兼谈语文教材中的传统文化建构[J].语文建设,2015(16):8—11.
③ 王尚文.语文与传统文化:从课程说到教材[J].语文建设,2015(7):5—7.
④ 吕高超.语文阅读教学的文化价值研究[D].济南:山东师范大学,2017.

三、和合文化的研究

中国人民大学教授张立文多年来从事和合文化研究,他在 1996 年出版的《和合学概论——21 世纪文化战略的构想》①标志着"和合学"理论体系的确立。此后,又相继发表《中国文化的精髓——和合学源流的考察》②《中国伦理学的和合精神价值》③《和合方法的诠释》④《和合艺术哲学论纲》⑤等论文,从历史和语言的角度对和合文化的源流做了深入的考察,对和合与和合学的关系做了明确的界定,并基于哲学和文化学的高度,建构了一套完整的和合学三界、五义、八维的体系。

1993 年,季羡林发表了对和合文化"天人合一"命题进行深入研究并做出新解读的论文《"天人合一"新解》⑥。

1997 年,张岱年发表论文《漫谈和合》⑦,对和与同进行辨析。1998 年,张岱年发表论文《理论价值和超前预见——推荐〈和合学概论——21 世纪文化战略构想〉》⑧,对和合学的价值做了深入的论述。

1998 年,汤一介发表论文《略论儒学的和谐观念》⑨,指出自然的和谐、人与自然的和谐、人与人之间的和谐、人自我身心内外的和谐,构成了中国哲学中"普遍和谐"的观念。

1996 年,我国启动"中华和合文化弘扬工程",对和合学展开系统研究。1998 年,"中华和合文化弘扬工程"组委会主任程思远发表论文《二论世代弘扬中华和合文化精神》⑩,指出把"和""合"两个概念连用起来,是中华民族的创

---

① 张立文.和合学概论——21 世纪文化战略的构想[M].北京:首都师范大学出版社,1996.
② 张立文.中国文化的精髓——和合学源流的考察[J].中国哲学史,1996(1-2):43—57.
③ 张立文.中国伦理学的和合精神价值[J].浙江大学学报(人文社会科学版),1999(1):96—100.
④ 张立文.和合方法的诠释[J].中国人民大学学报,2002(3):22—27.
⑤ 张立文.和合艺术哲学论纲[J].文史哲,2002(6):39—46.
⑥ 季羡林."天人合一"新解[J].传统文化与现代化,1993(1):9—16.
⑦ 张岱年.漫谈和合[J].社会科学研究,1997(5):55.
⑧ 张岱年.理论价值和超前预见——推荐《和合学概论——21 世纪文化战略构想》[J].中国图书评论,1998(6):12.
⑨ 汤一介.略论儒学的和谐观念[J].社会科学研究,1998(3):78—81.
⑩ 程思远.二论世代弘扬中华和合文化精神[J].中华文化论坛,1998(1):29—35.

造,和合不是抹杀矛盾、抹杀斗争,和合的过程是一种矛盾的融通过程。2005年,中国叶圣陶研究会举办了第三届海峡两岸中华传统文化与现代化研讨会,大会的一个重要议题便是和合文化的现代意义,次年论文集《和合文化传统与现代化——第三届海峡两岸中华传统文化与现代化研讨会论文集》①正式出版。

此后,学术论文则如雨后春笋般涌现。2009年,王育平、吴志杰发表论文《中国传统"和合"文化探源》②;2019年,陈秉公从传统文化与历史视角梳理和合文化脉络,发表论文《论中华传统文化"和合"理念》③。2015年,王战戈发表论文《论儒家"和为贵"思想的现代意蕴及其价值》④;2018年,陈立旭发表论文《和合文化的内涵与时代价值》⑤;2019年,汪守军以阐发和合文化的时代价值为着眼点,发表论文《中国和合文化的核心意涵及其时代价值》⑥。2019年,罗安宪从中西方哲学的差异出发,探讨了"多元并立、多元共在"的和合哲学观,并发表论文《多元和合是中国哲学的根本》⑦。

四、和合文化与语文教学的研究

(一)和合文化与语文课程

2012年,李学出版了对和合思想做出系统性研究的专著《和合语文课程研究》⑧,指出"和合思想对语文课程的适切性"表现为:第一,汉语文本身具有和合的属性;第二,人的和谐全面的发展需要和合的语文课程;第三,和合思想可以消解语文课程的"二元对立"观念。该书结合中国传统哲学思想展开研究,体现了理论工具与研究对象的契合性,为本书提供了一个样本。

---

① 中国叶圣陶研究会.和合文化传统与现代化:第三届海峡两岸中华传统文化与现代化研讨会论文集[C].北京:人民教育出版社,2006.

② 王育平,吴志杰.中国传统"和合"文化探源[J].南京理工大学学报(社会科学版),2009(1):86—91.

③ 陈秉公.论中华传统文化"和合"理念[J].社会科学研究,2019(1):1—7.

④ 王战戈.论儒家"和为贵"思想的现代意蕴及其价值[J].齐鲁学刊,2015(5):20—24.

⑤ 陈立旭.和合文化的内涵与时代价值[J].浙江社会科学,2018(2):83—92.

⑥ 汪守军.中国和合文化的核心意涵及其时代价值[J].湖北省社会主义学院学报,2019(1):58—63.

⑦ 罗安宪.多元和合是中国哲学的根本[J].中国人民大学学报,2019(3):9—15.

⑧ 李学.和合语文课程研究[M].武汉:华中科技大学出版社,2012.

(二)和合文化的语言教学价值

在学界,汉语言特点与和合文化之间的关系一直是人们关注的重点。

1998年,马志强发表论文《论汉语语言的和谐美》①,认为追求整齐和谐是汉语言最突出的特征,再进一步追问,就会发现这种审美追求是从汉字产生之初就有的,其根源就是中华民族崇尚"和"。

2001年,高美红发表论文《从汉民族的审美意向看汉语的对称与和谐之美》②,从语音、文字、词汇、句法等方面深入剖析汉语和谐对称之美背后的文化根源,强调汉语言是一个文化承载和传播功能极其强大的庞大文化体系的子系统。由此可以判断,语文课程定义中所说的指导学生学习国家通用语言文字,包括指导学生学习汉语言所承载的文化,而教学的过程也就是一个文化传播的过程。

2010年,李永发表论文《元语言理论视野下的汉语语文教学》③,提出语言文字承载着民族文化,教师需要首先认识到两者之间的关系,在语文教学过程中,建立起语言与民族文化的联系。

(三)和合文化的思维教学价值

对语文教学价值的探讨,离不开思维能力的培养问题。进入21世纪以来,学者们愈加看重思维能力在语文教学中的地位,而思维与语言同时产生,都受到民族文化的影响。中华优秀传统文化与其所蕴含的思维价值,越来越为学界所重视。

2009年,张学松发表论文《论中国古典诗词的和谐意蕴及其现代意义》④,从诗人心灵的和谐、人与自然的和谐、人与人的和谐、人与社会的和谐角度,对古代文学中的和谐思维方式进行了解读。

2017年,吴格明发表论文《离开了思维,语文就成了一堆孤立的词句和文化

---

① 马志强.论汉语语言的和谐美[J].中州学刊,1998(3):112—114.

② 高美红.从汉民族的审美意向看汉语的对称与和谐之美[J].武警工程学院学报,2001(3):41—43.

③ 李永.元语言理论视野下的汉语语文教学[J].河北师范大学学报(教育科学版),2010(10):85—89.

④ 张学松.论中国古典诗词的和谐意蕴及其现代意义[J].中州学刊,2009(3):212—217.

碎片》①,提出语文学习能够在语言、审美、文化等方面提升学生的思维能力。

2021 年,郭方园发表了探讨文化与思维关系的论文《中华优秀传统文化中的和谐辩证思维方法意蕴探析》②,提出中华优秀传统文化是中国人民的文化基因,人们的日常工作和生活中处处体现着对和谐辩证的思维方法的运用。

(四)和合文化的审美教学价值

语文教学离不开审美培育。中国传统文化以和为美,这就决定了学习语文离不开对和合之美的探索。

1994 年,邓嗣明发表论文《传统审美文化与语文的情感教育》③,提出基于对中国传统审美文化的解构与认同,语文教育需要深入研究情感教育的规律,语文课是一门塑造学生健全人格的重要课程。

1999 年,《中国美学史:先秦两汉编》④出版,这一著作为和合文化做出美学探源,阐明了中国古代美学以"和"为美的思想,指出这一审美理想主导了中国艺术发展的漫长时期,尤其对中国语言文学影响深远。

2007 年,童庆炳发表了从文学作品"情感表达"的角度肯定和合之美价值的论文《寻找艺术情感的快适度——"乐而不淫,哀而不伤"新解》⑤。

2009 年,徐晓华发表论文《从语文教材管窥古代士人的人格境界》⑥,对语文教材选文所呈现的"骨正风高"的人格境界进行了深入分析,提出语文教学要注重从经典中汲取养分,塑造学生健全的人格。

2015 年,徐倩发表论文《价值取向·思维方式·审美趣味——论中学语文教学面向中国传统文化取材的三个标准》⑦,从中国传统文化的内涵出发,提出语文教学要从传统文化入手,以培养学生的价值观、思维方式和审美情趣为

---

① 吴格明.离开了思维,语文就成了一堆孤立的词句和文化碎片[J].中学语文教学,2017(8):4—8.

② 郭方园.中华优秀传统文化中的和谐辩证思维方法意蕴探析[J].福建省社会主义学院学报,2021(4):42—50.

③ 邓嗣明.传统审美文化与语文的情感教育[J].湖北教育学院学报(哲社版),1994(3):88—95.

④ 李泽厚,刘纲纪.中国美学史:先秦两汉编[M].合肥:安徽文艺出版社,1999.

⑤ 童庆炳.寻找艺术情感的快适度——"乐而不淫,哀而不伤"新解[J].中华活页文选(教师版),2007(7):16—18.

⑥ 徐晓华.从语文教材管窥古代士人的人格境界[J].文学教育,2009(2):18—19.

⑦ 徐倩.价值取向·思维方式·审美趣味——论中学语文教学面向中国传统文化取材的三个标准[J].湖北函授大学学报,2015(6):130—131.

要点。

2016 年,杨黎出版《和合之美:先秦儒家理想人格的美学研究》①,从和合之美入手,做儒家人格美学研究。

2021 年,乐爱国发表论文《历代对〈论语〉"君子和而不同,小人同而不和"的解读——以朱熹的诠释为中心》②,对汉唐、宋、明清三个时期学者所阐释的"和而异"进行梳理,突破和谐论,在道德领域对"和而不同"进行界定。

(五)和合文化的文化教学价值

和合作为中华传统文化的重要内涵,其本身就有重要的文化教学价值,学界也明确了语言、思维与文化之间的关系。例如,2009 年,王璐发表论文《论语言、思维、文化的关系——自历史生成论视角》③,提出人的思维总是受到历史、风俗等文化因素的影响,而思维又以语言为承载,体现在人的实践活动之中。

以和合为追求的中华文化,最大的特点是能够对不同的文化加以包容,例如儒道文化的交融互摄充分体现在语文教材之中,具有丰富的教学价值。

一方面,优秀的名师留下了珍贵的课堂实录。徐江、高思远等名师的经典课例呈现了儒家经典选篇中的爱国重义精神。钱梦龙、郭初阳、肖培东等名师执教的《愚公移山》,注意到"子子孙孙无穷匮也"呈现出的道家"生生不息"的精神。

另一方面,学界前辈充分解读经典文本。许享厚(1986)、王君(2009)、孙绍振(2013)、肖培东(2018)等都曾解读儒家经典篇目中的儒家精神。肖培东在对《〈论语〉十二章》的教学思考中指出:探索孔子的为学之道、求学之乐与精神家园建设密切相关。④ 郑小九(2015)、孙绍振(2019)、孙衍明(2020)、李煜晖(2022)等在道家思想的内涵上达成共识。如孙绍振在解析《庖丁解牛》时指出:人生正道,乃是自然之道,因其然也。⑤

此外,《中学语文教材中儒道经典选篇现状与教学研究——以人教版新课

---

① 杨黎. 和合之美:先秦儒家理想人格的美学研究[M]. 武汉:湖北人民出版社,2016.
② 乐爱国. 历代对《论语》"君子和而不同,小人同而不和"的解读——以朱熹的诠释为中心[J]. 社会科学研究,2021(6):138—143.
③ 王璐. 论语言、思维、文化的关系——自历史生成论视角[J]. 东岳论丛,2009(11):42—44.
④ 肖培东. 教读也是为自读——《〈论语〉十二章》教学思考[J]. 语文建设,2018(25):29—33.
⑤ 孙绍振. 从宰牛之举重若轻到养生之顺道无为——读《养生主·庖丁解牛》[J]. 语文建设,2019(7):51—55.

标中学语文教材为例》①（2014）、《人教版中学语文教材中儒道经典选文的研究》②（2016）、《人教版中学语文教材中涉道作品的教学研究》③（2018）三篇硕士论文，对语文教材中儒道经典选篇的分布、比例、内涵等进行了较为详细的梳理。

五、研究综述

统观上述研究成果，我们可以发现：

在语文课程研究领域，学者们一致的观点是，语文课程的首要价值在于以文化育人，文化传承既是语文课程的价值，也是语文课程的必然使命。

在语文教学研究领域，学术界经历了半个多世纪的工具价值与人文价值之争，初步达成共识：工具价值与人文价值在语文教学中相互交融，在实际教学中不可割裂。随着时代的发展，语文教学价值内涵不断嬗变，新时代的语文教学价值无疑要落脚在文化上。课标中提到的语文学科核心素养的价值，也为学界所认同。

在语文教学的文化价值研究领域，学者们一再强调中华优秀传统文化在语文教学中的重要地位，同时明确了语文知识与传统文化之间的关系。

在和合文化研究领域，学者们从哲学、语言学、历史学、文化学角度梳理了和合的文化理路，从共时角度梳理诞于先秦时期的和合文化的渊源及思想体系，从历时角度考察不同历史阶段和合文化的内涵，不断丰富其意涵、拓展其维度，这对哲学社会科学的所有领域的研究都有启发意义。

此外，学界已就语文课程与和合文化的关联初步形成共识，虽然尚未在语文教学领域建立起语文教学与和合文化直接的联系，但就语文学科核心素养的四个方面而言，目前对和合文化的思考已经比较深入。比如童庆炳所讲的"乐而不淫，哀而不伤"的中和之美，马志强所讲的汉语言追求和谐的特点，张学松所说的诗词在内容上追求和谐的思维方式，等等。学者们对于和合文化的思

---

①　张世颖.中学语文教材中儒道经典选篇现状与教学研究——以人教版新课标中学语文教材为例[D].四平:吉林师范大学,2014.

②　余青霞.人教版中学语文教材中儒道经典选文的研究[D].广州:广州大学,2016.

③　张瑞.人教版中学语文教材中涉道作品的教学研究[D].重庆:重庆师范大学,2018.

考,为本书提供了大量资料。

如何从价值角度出发建立语文教学与和合文化的联系,是接下来需要思考的问题:

第一,现有的语文课程、教材、教学的文化研究,大多从中华优秀传统文化的宏观视角展开论述,缺乏微观的文化要素提取,而本书从宏大的中华优秀传统文化中提取"和合文化"这一要素,并以此观照语文课程、教材、教学的研究,使语文教学价值研究具有一个更微观、更易把握的视角。

第二,现有的和合文化研究更多停留在哲学、文化学领域,作为一种能够应用于全部哲学社会科学领域的理论,其向教育学特别是语文教学研究领域的延伸还不够。本书借鉴和合学相关研究成果,将其本体论、价值观、方法论引入语文教育领域,以更深入地挖掘语文教学内容的文化之根。

第三,关于语文学科核心素养与和合文化的联系,学界现有的研究虽然丰富但缺少必要的体系。本书以和合文化为主线,探讨其语言价值、思维价值、审美价值、语文文化价值,既尊重语文学科核心素养四位一体之整体关系,又有所侧重,力求使和合文化的价值在语文教学中得到全面的发挥。

第四节　研究内容与思路

本书立足于和合文化研究语文教学价值,通过揭示语文教学中和合文化所包含的语言价值、思维价值、审美价值、文化价值,确定语文教学的主要任务,明确"语文"应有之义,使中学生文化自信的建立有所依据。

一、研究目标

本书就和合文化的本体论、方法论、价值观在统编中学语文教材中的呈现方式与内容进行分析,以实现微观、中观、宏观三个层次的研究目标。

(1)微观目标:认识、理解语文教学。

通过对语文教学内容中两条主线——语文元素和人文元素——的梳理,对语文教材选文中的和合文化元素进行细化呈现,使传统文化教育内容在教研员和语文教师心中有一个相对明确的体系。

（2）中观目标：用足、用好语文教材。

通过考察统编语文教材的选文，结合教材编写理念，归纳和合文化的内在机理，为优秀传统文化有效进入学生内心提供方法借鉴。

（3）宏观目标：树立文化自信。

通过对和合文化产生、发展的脉络的纵向梳理，横向呈现和合文化的时代价值，彰显中华民族崇尚和合的精神，推动学生形成对民族文化的认同，培育爱国精神，铸牢中华民族共同体意识。

二、研究内容

和合学从哲学的角度提出了本体论、方法论和价值观三条和合文化研究的思路。语文学科的核心素养包括文化、语言、思维、审美四个方面。本书融合上述视角，力图呈现语文教学在三个层面所体现的四种价值，凸显语文教学以文载道的价值与功能。本书主要研究内容如下：

第一章，概念界定与研究意义。对和合、和合文化、和合学、语文、语文教学、语文教学价值等概念进行界定，阐释这一研究的理论意义与应用意义。

第二章，和合文化的汉语言教学价值。在本体论上，和合文化认为"和实生物"，即世间万物都是从相互包容、相互借重的多种不同元素开始的，由此发展出一种万物共生共育的和合态势。本书将深入研究这一原理在语音、词汇、句法、文字等各个层面的体现，以期实现语文应当真正姓"语"的理论构想。

第三章，和合文化的审美教学价值。在价值观上，和合文化崇尚"以和为贵"，这也是语文审美教学的源头活水。深入挖掘语言美的"和实生物"原理、人格美的"和而不同"原理、情感抒发美的"中和"原理，能使学生在了解语言美的根源及发展的同时，形成审美自觉，提升审美情趣。

第四章，和合文化的思维教学价值。和合文化在方法论上讲究"多元互济"，追求"允执厥中"，这也滋养了中华民族崇尚多元、强调创新、注重中和的思维方式。本章通过深入挖掘和合文化本源，对其在语文教学中的内容进行分析，阐释其价值，以期使学生在语文教学中真正了解中华传统文化的根脉和发展，从而形成强大的思维能力和较高的思维品质。

第五章,和合文化的文化教学价值。和合的思想滋养了中华文化兼包并蓄、吐故纳新、开放创新的特点,这一宏大格局浓缩在语文教材的一篇篇经典选文之中,体现为中华文化的变与常、儒道贵和的殊途与同归。中华优秀传统文化鼓舞年轻人积极向上,在滚滚历史洪流中滋润着一代代人的心灵,认知这些具有持久生命力的传统文化精华,对于学生树立文化自信很有裨益。

第六章,语文教材选文的和合文化解读——以儒道经典为例。儒家文化提倡和谐精神,希望通过"仁"的道德修养与"礼"的约束,达到人与自然和谐、人与社会和谐、人与自身和谐的和谐之境,其终极理想在于社会的和合,即天下大同。道家文化尊重生命,追求万物在自由中与天、与心的和谐。本书就语文课本中所呈现的相关内容,对其教学价值进行深入的剖析。

三、研究思路

本书的研究围绕以下五个方面展开:

(1)以"和实生物"本体论原理解读汉语言的教学价值;

(2)以"多元互济"方法论解读语文的思维教学价值;

(3)以"以和为贵"价值观阐释语文的审美教学价值;

(4)以"兼包并蓄"文化观解读语文的文化教学价值;

(5)为语文教学设计提供思路,呈现语文教材选文中的和合文化。

四、研究方法

本书主要使用文献分析法探析和合文化的哲学内涵,使用文本分析法呈现语文教材选文中的和合文化内容,使用归纳法呈现语文教学的和合文化价值,使用统计法对汉语言知识及选文主题内容进行归类分析。

(一)文献分析法

根据和合文化的发展脉络,对《国语》《左传》《周易》《老子》《论语》《孟子》《管子》《春秋繁露》等经典文献中的"和合"文化内涵进行分析,并对其中的要义进行提炼,从而确定基本的研究框架。

(二)文本分析法

对语文教材选文进行由表及里的分析,透过选文所展现的思维方式、审美观念、情感表达方式、主题思想等深挖文化根源。

(三)归纳法

对和合文化的时代价值进行提炼,对语文教学的价值导向进行呈现。

(四)统计法

对语文教材中的汉语言知识及选文主题内容进行统计,为和合文化与语文教学研究的契合提供数据支持。

第二章　和合文化的汉语言教学价值

汉语言在语文教学中居于核心地位,这一点从课标"语文课程是一门学习国家通用语言文字运用的综合性、实践性课程"①的课程性质表述中就可以看得出来,而汉语言与民族文化之关系亦如水乳之交融。德国语言学家洪堡特曾指出,"民族的语言即民族的精神,民族的精神即民族的语言"②。学习和合文化,不仅有助于学生认知汉语言的"和实生物"哲学原理,更有利于学生理解一字一词的和合文化内涵,从而自觉捍卫汉语言的纯洁性。

第一节　充分认知汉语言的"和实生物"本体论原理

所谓本体论,即关于事物由何而来的思考。先秦是一个多思的时代,古人会在仰望星空的时候问这样一个根本性的问题:万物从何而来？早在西周时期,史伯首次将"和"与万物化育相结合,提出了"和实生物,同则不继"③的论断。刘长林称"和实生物"是"中国文化的灵魂"④。这一思想的光芒照亮了一片精神的天空,这片天空属中国传统文化所特有,它反映了中国语言追求和谐的本质特征。

《国语·郑语》记载,史伯与郑桓公论及国家兴亡之理时曾说:"夫和实生

---

① 中华人民共和国教育部.义务教育语文课程标准(2022年版)[M].北京:北京师范大学出版社,2022:1.

② 洪堡特.论人类语言结构的差异及其对人类精神发展的影响[M].姚小平,译.北京:商务印书馆,1997:50.

③ 上海师范大学古籍整理组.国语[M].上海:上海古籍出版社,1978:515.

④ 刘长林."和实生物"与中国文化的未来[J].孔子研究,1996(3):92.

物,同则不继。以他平他谓之和,故能丰长而物归之;若以同裨同,尽乃弃矣。"①这是从思维源头上讲,万物由多种要素相和而得以催生。

"和实生物"是说万物是由"和"而生,"和"的过程是"以他平他",即在我之外有与我不同的他,在他之外也有不同之他,这就意味着"事物不是由单一元素构成的,也不是由两个对立的方面或因素构成的,而是由多种元素和合而成的"②,所以万物"丰长而物归"。为了说清"和"的道理,史伯又提出了一个与之相对的概念——"同"。"同"是相同事物的简单相加,"以同裨同"便是毁弃多样,事物将不能继续繁衍,最后将走向衰亡。在中国古代哲学思想体系中,"和"是世界本然与万物本源,故讲求从宇宙到政治、生活,皆当以和为贵。这一思想渊源至少包含以下三层含义。

一、"和"乃多元、异质的共生共育

中华文化承认万物是多样互异且共生共育的。

(一) 和实生物

史伯以五行举例说:"先王以土与金木水火杂,以成百物。"③这是说世间万物始于土、金、木、水、火五种不同元素之相互包容、借重,从而有百物共生共育的和谐局面。

按照董仲舒的观点,五行之间并不是一种静态的关系,而是有着严格的次序:"一曰木,二曰火,三曰土,四曰金,五曰水。木,五行之始也;水,五行之终也;土,五行之中也。"④这就是"天次之序"⑤,由此呈现出五行相生相胜的关系。木生火,火生土,土生金,金生水,水生木,这是"比相生",比邻之间前者生后者。木胜土,土胜水,水胜火,火胜金,金胜木,这是"间相胜"。水与火本来是对立冲突的,但木在中间就不一样了,因为水生木而木生火。"物与物之间的关系由原

---

① 上海师范大学古籍整理组.国语[M].上海:上海古籍出版社,1978:515.
② 罗安宪.多元和合是中国哲学的根本[J].中国人民大学学报,2019(3):10.
③ 徐元诰.国语集解[M].北京:中华书局,2002:470.
④ 董仲舒.春秋繁露·天人三策[M].长沙:岳麓书社,1997:185.
⑤ 董仲舒.春秋繁露·天人三策[M].长沙:岳麓书社,1997:185.

来对立的关系而成为相生相成以至于相互依赖的关系"①,这就是"以他平他"②。

可见,"和"是多元、异质共生共育的起因,也是多元、异质共生共育的过程和结果。

(二) 同则不继

"同",则没有繁衍的能力。"声一无听,色一无文,味一无果,物一不讲"③,无论怎样叠加,相同的元素也不可能产生出新的物质。因此,冯友兰认为,"同"与"和"最大的区别在于"同"是不接受"异"的,而"和"不仅接受"异","和"中也一定要有"异",他说:"譬如一道好菜,必须把许多不同的味道调和起来,成为一种统一的、新的味道;一首好乐章,必须把许多不同的声音综合起来,成为一个新的统一体。"④

当然,百物只是开始,史伯口中的万物生成呈现出这样的状态:"出千品,具万方,计亿事,材兆物,收经入,行姟极。"⑤"极"为无数,这句话指的是事物从无到有,从少到多,从百物到无数,直至生生不息的过程。

中国的文化之所以伟大,之所以生生不息,正在于其能够认清世界多元共生的本来面貌,并鼓励事物保持各自的本来样貌自由生长。

二、"和"乃互济互泄、相交相通

"和"不仅仅是承认事物的多元性与差异性,更多的是追求多元与不同的事物之间能够相互理解,在碰撞和交融中激发出新的生命,正如乐黛云所说:"只承认'差别'远远不够,重要的不是各自孤立的、不同的个体,而是通过相互理解和尊重联结起来的,同时又保存着原有差异的不同个体所组成的群体。"⑥张立文称这一过程为"融突",即对立冲突之融和,古人称其为"济"与"泄"、"交"与

---

① 罗安宪.多元和合是中国哲学的根本[J].中国人民大学学报,2019(3):10.
② 上海师范大学古籍整理组.国语[M].上海:上海古籍出版社,1978:515.
③ 徐元诰.国语集解[M].北京:中华书局,2002:472.
④ 冯友兰.中国现代哲学史[M].广州:广东人民出版社,2019:270.
⑤ 徐元诰.国语集解[M].北京:中华书局,2002:471.
⑥ 乐黛云."和实生物,同则不继"与文学研究[J].解放军艺术学院学报,2003(4):19.

"通"。

(一) 和如羹焉,声亦如味

"和"如何生发新物?春秋时期的晏子接续史伯的观点指出:"和如羹焉,水、火、醯、醢、盐、梅,以烹鱼肉,燀之以薪,宰夫和之,齐之以味,济其不及,以泄其过。君子食之,以平其心。"①意思是欲将肉羹做得鲜美,就要以水、火、醋、酱、盐、梅等佐料烹鱼烹肉,味不足,则以盐、梅等相"济",过咸过酸,则以水"泄"之,在不同物质、不同味道的济泄中生成新的物质——"和羹",君子食之心平气和。所以古人祭祀时要用"和羹",以一片诚心进献,人人肃敬,寂然无争。②《诗经·商颂》有载:"亦有和羹,既戒既平。鬷假无言,时靡有争。"③

晏子认为"声亦如味":"一气,二体,三类,四物,五声,六律,七音,八风,九歌,以相成也;清浊、小大、短长、疾徐、哀乐、刚柔、迟速、高下、出入、周疏,以相济也。君子听之,以平其心。心平,德和。"④声音也像味道一样,清浊相和的声响中形成了动听的乐曲,大小快慢,刚柔相济。而孔子主张从政应当"宽以济猛,猛以济宽"⑤,以达到"政和"的境界。

(二) 阴阳交感,上下互通

为什么"和"会生发变易?古人的解释是,一切变化都孕育在阴与阳的冲突融合中。

《周易》以乾、坤两卦为首,乾卦全阳,坤卦全阴,八八六十四卦都是相互对立的,天地、山泽、水火、风雷在八卦中都是相反相成的,融合于上下的交流和交感之中。如泰卦,由坤上和乾下组成,坤为地在上,为阴,乾为天在下,为阳,卦辞曰:"天地交而万物通也,上下交而其志同也。内阳而外阴,内健而外顺……"即阴阳交感,上下往来,是使万物生机勃勃,被《周易》所称道。反观否卦,由乾上和坤下组成,乾为天在上,极高,坤为地在下,极低,阴与阳不能互通,故卦辞曰:"天地不交而万物不通也,上下不交而天下无邦也……"⑥此似天远地远,阴

---

① 杨伯峻.春秋左传注[M].北京:中华书局,1981:1419.
② 张立文.和合学与文化创新[M].北京:人民出版社,2020:267—268.
③ 程俊英.诗经译注[M].上海:上海古籍出版社,1985:676.
④ 杨伯峻.春秋左传注[M].北京:中华书局,1981:1420.
⑤ 杨伯峻.春秋左传注[M].北京:中华书局,1981:1421.
⑥ 周振甫.周易译注[M].北京:中华书局,2013:53.

阳不交,故诸事不通。

《周易》"八八六十四卦皆由乾坤而出,三百八十四爻亦处处可见刚柔交感之理"①。阴阳交感的变化引发万物的生生灭灭,这就是"生生之谓易"②。所以太极图中白为阳、黑为阴,黑白相对,却不能截然分明,一定是阳中有阴,阴中有阳。所以老子说,"万物负阴而抱阳"③;庄子讲,"至阴肃肃,至阳赫赫;肃肃出乎天,赫赫发乎地;两者交通成和而物生焉"④。

三、"和"乃生生不息

"和实生物"说的是万物依照"和"的方式从对立走向融合,达到生生不息。这一发展又离不开自然演进过程中的制约与调节,而这便是"以他平他"。恰如《周易》所论,天地之道,阴阳转换,顺逆否泰,均为瞬间,否卦由泰卦延衍而来,提示的是盛极而衰的自然法则。也就是说,盛衰都是一个过程。身处顺境,需要懂得居安思危;身处逆境,恰如泥潭深陷,不可胡乱挣扎,要保持内心的坚定平和,逐渐调整步伐,通过谨慎的不懈努力,逐渐步入"泰"之境界。

故《周易》讲"乾道变化,各正性命。保合大和,乃利贞"⑤,这里所说的"大和"即大的和,是指宇宙间万物包括人与人保持高度和谐。张立文指出:在大和的"天道"内蕴含着浮沉、升降、动静、相感的性质,因而产生屈伸、胜负的变化,变化有一定的规则。⑥ 万物在互相制约与调节中得到了生命的保养,从而达到和谐之境。

这一思想在很大程度上指引着中国古代科学与文化的发展方向,古代的造纸术、方剂学等都是在"和实生物"思想的指导下产生的,"'境生象外'的美学理论、以少胜多的用兵之学,也与'和实生物'有着不可分割的联系"⑦。可以

---

① 刘君祖.万国咸宁:《易经》和合思想述评[C]//中国叶圣陶研究会.和合文化传统与现代化:第三届海峡两岸中华传统文化与现代化研讨会论文集.北京:人民教育出版社,2006:271.
② 周振甫.周易译注[M].北京:中华书局,2013:248.
③ 陈剑.老子译注[M].上海:上海古籍出版社,2016:161.
④ 陈鼓应.庄子今注今译[M].北京:商务印书馆,2007:623.
⑤ 周振甫.周易译注[M].北京:中华书局,2013:3.
⑥ 张立文.和合学与文化创新[M].北京:人民出版社,2020:105.
⑦ 刘长林."和实生物"与中国文化的未来[J].孔子研究,1996(3):93—94.

说,和合是中国人重要的价值理念,也是中国文化的源头活水。

第二节 理解汉语言文字的"和合"文化内涵

古人以"和"为天地之本、万物之源,而汉语的语音、文字、词汇、文法、修辞也体现出这样的思想:"只有参差不齐、各不相同的东西,才能取长补短,产生新事物,而完全相同的东西聚在一起,则只能踏步不前,永远停留于原有的状态。"①对中学生而言,对这一原理的认知越充分,对汉语言的理解就越深刻、越理性,从而也更能理解"何谓语文"及"何以学语文"的根本问题。使学生通过对汉语言的学习亲近"母文化",强化"根"意识,这是语文教学得以获得自己"灵魂"的关键所在。

与其他语言相比,汉语言富有和合文化的特质。语文课本中一篇篇文质兼美的选文,体现了作者在运用语言过程中所追求的和合之美,更在语文学科中充分显示了汉语言所蕴含的和合文化内涵。在语文教学中充分讲解汉语言背后的和合文化,既是为了实现语文教学发展学生语言能力的根本目标,也是为了让学生在学用语言的过程中理解汉语言的文化内涵,提升对民族文化的认同感,二者相互渗透,不可割裂,所以刘大为讲:"语言课程中文化熏陶感染的过程同时就应该是语言能力得以发挥和发展的过程。"②

一、同异相承的语音体系

最早谈论声音之和的是晏子,论"和如羹焉"之后,他又讲"声亦如味":

"一气,二体,三类,四物,五声,六律,七音,八风,九歌,以相成也;清浊、小大、短长、疾徐、哀乐、刚柔、迟速、高下、出入、周疏,以相济也。君子听之,以平其心。心平,德和。"③

---

① 金坚范.和合文化之浅见[C]//中国叶圣陶研究会.和合文化传统与现代化:第三届海峡两岸中华传统文化与现代化研讨会论文集.北京:人民教育出版社,2006:23.

② 刘大为.语言知识、语言能力与语文教学[J].全球教育展望,2003(9):18.

③ 杨伯峻.春秋左传注[M].北京:中华书局,1981:1420.

　　这段话讲明了音乐和谐的原理:音乐的道理也像味道一样,由一气(指空气,声音要用气来发动)、二体(指文舞和武舞)、三类(指风、雅、颂)、四物(指杂用四方之物以成乐器)、五声(指宫、商、角、徵、羽)、六律(指用来确定声音高低、清浊的六个阳声)、七音(指宫、商、角、徵、羽、变宫、变徵七种音阶)、八风(八方之风)、九歌(可以歌唱的九功之德)各方面相配合而成。在这一过程中,声音的高与低、清与浊、大与小、短与长等相反要素得以融合,互济互泄,从而产生了美妙的音乐。君子常常欣赏这样和谐的乐声,则内心平和,德行美好。这段话非常详细地解释了美好乐声产生的过程与原理,即多种不同的声音相济相成才能产生和谐的音乐。晏子所论虽为音乐,却也揭示了汉语语音产生的原理。

　　语音是语言的物质外壳。汉语的音节由声、韵、调构成。汉语的声母一般是由辅音构成的,韵母一般由一个或几个元音构成,也有由元音和辅音结合而成的。辅音是气流通过声道时受到阻碍、气流突破阻碍而发出的音,一般来说声带不振动,声音不洪亮。而元音是气流没有受到任何阻碍、顺利通过声道而发出的音,发声时声带振动,声音洪亮。正是因为辅音与元音发音位置、功能相异,两者交融才能使声音和谐,再加上不同声调的配合,使汉语发音有明显的高低起伏变化之感,通过相成与相济产生和谐的效果。古人能够以诗为歌,其根本原因就在于汉语的单位语音具有天然的音乐美。

　　汉语语音的和谐特点在古代诗文中体现明显。古诗讲究押韵、平仄、对偶,使语音在平衡、整齐中富有变化。如"无边落木萧萧下(平平仄仄平平仄),不尽长江滚滚来(仄仄平平仄仄平)"(《登高》),这一经典的对仗名句,体现出同韵之下、平仄相异,读起来抑扬顿挫、朗朗上口,充分体现了"和实生物"的过程。

　　这一特点与过程在现代文中也有所体现。例如:"我将深味这非人间的浓黑的悲凉;以我的最大哀痛显示于非人间,使它们快意于我的苦痛,就将这作为后死者的菲薄的祭品,奉献于逝者的灵前。"①(《记念刘和珍君》)此句平声字较多,尤其是第一和第二个分句,平声连用,使语句在声音上产生如音乐上的滑声效果,悲凉之情尽显。而后半句出现多个仄声,尤其是第三、第四分句,连续出现仄声字。在语音中,平为缓、仄为促,当平仄交替出现时,就会造成语音上"嘈

---

① 教育部.语文(选择性必修 中册)[M].北京:人民教育出版社,2020:39.

嘈切切错杂弹,大珠小珠落玉盘"的声音效果,悲愤之情溢于言表。此外,句子中"浓黑的悲凉""最大哀痛""我的苦痛""菲薄的祭品""逝者的灵前"这几个语音相近、结构相同的词组,在句子之中交错出现,使句子在声音上呈现出往复回环、幽怨痛苦的感觉。

"和实生物"所产生的声音效果不仅出现在古诗文中,在现代文中同样有所体现,理解这种语音特点及其背后的和合文化,是理解课文的关键所在。

二、方正和谐的汉字构造

文字与文化在一定程度上具有相似性①,汉字作为书面语言的载体,是语文教学的重要内容,其本身就是文化的组成部分,具有文化属性。汉字与其他文字明显不同,它在字形上横平竖直,棱角分明,每一个字都是方正的。汉字的结构单位包括笔画和部件,笔画以"和"的方式构成部件,部件构成汉字的过程也以"和"为旨。

所谓笔画,就是组成汉字且不间断的各种形状的点和线,如横(一)、竖(丨)、撇(丿)、点(丶)等。不同的笔画通过离、交、接的方式组成部件或文字,这个过程体现了"和实生物"的过程,例如:"八"是笔画的相离,"十"体现出笔画的相交,"人"表现为笔画的相接。不同笔画在大小、方向、曲直、长短等方面有所不同,按照"以他平他"的原则组合成上下左右相和谐的部件,表达出相应的意思。如果笔画的形状都一样,就无法辨识。如果笔画的组合没有章法,就不能表现字义,也无法体现美感。

所谓部件,是由笔画组成的构成汉字的构字单位。与笔画组成部件的原理相似,不同部件以上下结合、左右相望、整体和谐的规则组成汉字。例如汉字"扣",左边表义,右边表音,左右各有各的形态和功能,组合在一起,就是一个富有美感的汉字,形、声、义兼备。此外,汉字中有大量上下、左右对称的结构,如"圭""炎""吕"等为上下对称,"林""从""双"等为左右对称,"噩"则上下左右皆对称。还有一些上下结构的合体字、独体字在字形上也是左右对称的,如"雷""菲""曼"、"目""田""日"等。

---

① 张公瑾,丁石庆.文化语言学教程[M].北京:教育科学出版社,2004:106.

此外,中国人在书写汉字时,又特别注意各个部件在宽窄、虚实上的差别,以细微之变赋予汉字书写浓厚的艺术气息,充分体现"和实生物"的过程。高本汉在对中西文字进行细致对比后,不无深情地写道:"好像苍凉荒旷的古境中,巍然耸峙着一座庄严的华表,那倒影普映着东亚全部的文化……这便是中国文字与书籍上所表现着的中国的精神。"①语言研究领域学者所做的关于汉字的文化思考,为语文教学带来很大启发。

三、同中有异的词汇构成

词汇是语言的基础材料。现代汉语以双音节词为主,成语以四音节词为主,双数组合体现出语音的整齐。且一词之内,既有同义如"伟大"、反义如"安危",又有大量偏义如"荷塘""月色",使得汉语表达言简义丰。一句话之中交错出现这些词语,使语音错落有致,语义丰富传神。例如,在"惨象,已使我目不忍视了;流言,尤使我耳不忍闻"②(《记念刘和珍君》)中,"惨象"与"目不忍视"、"流言"与"耳不忍闻",是双音节词与四音节词的交叉运用,表达出对画面与声音皆不堪忍受的心情,读起来极富感染力。

四、参差、匀整的语句

汉语语句常用对偶来追求整齐划一,例如"居庙堂之高则忧其民,处江湖之远则忧其君""先天下之忧而忧,后天下之乐而乐"③(《岳阳楼记》),是古代文言语句对称匀整的经典之例。而对语句和谐的追求并没有止步于此,文人墨客还经常将长句与短句、常式句与变式句、文言句与白话句、书面语句与口头语句、普通话语句与方言语句交叉运用,它们虽有所不同却能相互交融,从而使表达更加丰富。

又如:"山不在高,有仙则名。水不在深,有龙则灵。斯是陋室,惟吾德馨。

① 高本汉.中国语言学研究[M].贺昌群,译.北京:商务印书馆,1934:157.
② 教育部.语文(选择性必修 中册)[M].北京:人民教育出版社,2020:40.
③ 教育部.语文(九年级 上册)[M].北京:人民教育出版社,2018:46.

苔痕上阶绿,草色入帘青。谈笑有鸿儒,往来无白丁。"①(《陋室铭》)四字、五字句交错出现,是古代文言语句参差而匀整的经典例子。

汉语最为突出的特点就是语句表达流畅却不依赖于严苛的句法,甚至常以突破规则取胜。例如"枯藤老树昏鸦,小桥流水人家,古道西风瘦马。夕阳西下,断肠人在天涯"②(《天净沙·秋思》),前三句完全由名词和形容词构成,这一突破正好营造出苍凉伤感的意境,可以收获"以他平他"的效果。故洪堡特在研究汉语后指出:"在汉语的句子里,每个词排在那儿,要你斟酌,要你从各种不同的关系去考虑,然后才能往下读。由于思想的联系是由这些关系产生的,因此这一纯粹的默想就代替了一部分语法。"③

张岱年讲:"'和'的观念是中华民族团结、融合的精神基础。"④对于年轻的中学生来说,体认汉语言的和合文化内涵,有助于其加深对汉语言内在规律的认识,理解语言文字与民族精神的关系。

第三节　具备正确使用汉语言的意识与能力

《义务教育语文课程标准(2022 年版)》开宗明义地指出:"语文课程应引导学生热爱国家通用语言文字,在真实的语言运用情境中,通过积极的语言实践,积累语言经验,体会语言文字的特点和运用规律,培养语言文字运用能力⋯⋯"⑤探析汉语言中的和合文化,正体现出我们对语文生活、教学实践及未来发展的密切关注。

一、汉语言的纯洁性需要捍卫

本书对和合文化与语文教学的关注缘于汉语言在复杂的语文生活中所经

---

①　教育部.语文(七年级 下册)[M].北京:人民教育出版社,2016:101.
②　教育部.语文(七年级 上册)[M].北京:人民教育出版社,2016:16.
③　转引自申小龙.中国语言学:反思与前瞻[M].郑州:河南人民出版社,1993:209.
④　张岱年.中国人的人文精神[M].哈尔滨:哈尔滨出版社,2021:17.
⑤　中华人民共和国教育部.义务教育语文课程标准(2022 年版)[M].北京:北京师范大学出版社,2022:1.

受的冲击:

一方面,在学校的语文教学中,教师更注重对汉字读音和字形的教学,而对汉字文化的重视不足。因此,许多学生在书写时意识不足,时有笔顺错误、写错别字等问题,久而久之,对汉字的学习和使用便成了知其然而不知其所以然。

另一方面,也是更为严峻的一个方面,汉语言受到新兴网络语言的影响。例如,"幸福 ing"、"稀饭"(喜欢)、"9494"(就是就是)、"喜大普奔"等网络语言正在悄然地影响着青少年的汉语言使用习惯。广大青少年作为网络的使用者,于网络语言既是接受者又是使用者、创造者,在还未清楚了解本民族语言的深层文化内涵时,就草率地将汉语言浅薄化、游戏化、嬉笑化地使用,将影响其对母语纯洁性的认知,甚至使其与汉语言规范使用渐行渐远。

苏霍姆林斯基说:对语言美的敏感性,是促使孩子精神世界丰富、人格高尚的一股巨大力量。汉语言使用的意义不止于语用层面,它还涉及青少年的价值取向等。面对这种情势,语文教育有责任挖掘汉语言背后的和合文化原理,向学生阐明一笔一画所蕴含的中国人的和合思维方式,使其明白一字一词皆与中华民族生生不息的文明脉络及宽厚包容的民族性格相关,从而在学生心中厚植汉语言和合文化根系,养成其选词用字、调整句式的文化自觉,使其在纷繁复杂的语言环境中具备捍卫汉语言纯洁性的意识、勇气和能力。唯有如此,才能使语文教学守住根脉与元气,完成"引导学生热爱国家通用语言文字"的光荣使命。

二、理解和合文化以具备正确使用汉语言的意识

《义务教育语文课程标准(2022 年版)》在"课程性质"中指出:"语言文字是人类社会最重要的交际工具和信息载体,是人类文化的重要组成部分。"①在"语言运用"之目标说明中提出:"了解国家通用语言文字的特点和运用规律,形成个体语言经验;具有正确、规范运用语言文字的意识和能力……"②这就明确

---

① 中华人民共和国教育部. 义务教育语文课程标准(2022 年版)[M]. 北京:北京师范大学出版社,2022:1.

② 中华人民共和国教育部. 义务教育语文课程标准(2022 年版)[M]. 北京:北京师范大学出版社,2022:5.

了汉语言与文化之间的密切关系,且指明语文教学肩负着培养学生正确运用语言文字的意识和能力的任务。

在识字教学中,教师讲明汉字的"和实生物"原理,使学生明白语音的构成、汉字的形成、词汇的组成、句法的原理都有所依据,既可以帮助学生理解和合文化所创生的汉语言原理,也能使学生体会到中华和合文化的博大精深。当学生理解了汉语言的和合文化原理,在面对网络语言的冲击时自能有所坚守。例如,学生在看到"9494""酱紫"这类网络语言时,就会发现这类语言违背了汉语的语音、词汇原理,不具美感,缺乏文化根基,是没有生命力与发展前景的,它们的出现对汉语言的纯洁性有所损害。

再看语文教材中精美的语言文字,如:"岐王宅里寻常见,崔九堂前几度闻。正是江南好风景,落花时节又逢君。"①(《江南逢李龟年》)"江山如此多娇,引无数英雄竞折腰。"②(《沁园春·雪》)"就是下小雪吧,济南是受不住大雪的,那些小山太秀气!"③(《济南的冬天》)"'吹面不寒杨柳风',不错的,像母亲的手抚摸着你。"④(《春》)"我征引儒门、佛门这两段话,不外证明人人都要有正当职业,人人都要不断地劳作。"⑤(《敬业与乐业》)在这些优美的语句中,"正是""如此""就是""不错的""不外",都能表达"就是"或"是这样"的意思,体现出汉语言语音对称、词义丰富、形式优雅的特点。语文教学能培养学生对语言的敏感度,使其能够感受到不同词语、不同句子之间的差异,对美与丑、好与坏有自己的判断,能够欣赏美、批判丑,而这些都以"正确的意识"为始。

三、理解和合文化以提升正确使用汉语言的能力

1923 年颁发的《新学制课程标准纲要》就曾将语言运用写入中小学语文课程纲要,确定了语文教学由读经转向语言应用的发展重点,此后多个语文课程纲要及课程标准都沿用了这一说法。1956 年 7 月 1 日,叶圣陶在全国语文教学

---

① 教育部.语文(七年级 上册)[M].北京:人民教育出版社,2016:63.
② 教育部.语文(九年级 上册)[M].北京:人民教育出版社,2018:3.
③ 教育部.语文(七年级 上册)[M].北京:人民教育出版社,2016:7.
④ 教育部.语文(七年级 上册)[M].北京:人民教育出版社,2016:3.
⑤ 教育部.语文(九年级 上册)[M].北京:人民教育出版社,2018:21.

会议上,以教育部副部长的身份做了题为《改进语文教学,提高语文教学的质量》的报告,对语言运用再次进行了强调:"培养学生运用语言——包括口头语言和书面语言——表达思想的能力,也就是培养学生作文的能力。"①可见,语文教学自始便以语言运用为重要目标。

《义务教育语文课程标准(2022年版)》在"课程性质"中指出:"语文课程应引导学生热爱国家通用语言文字,在真实的语言运用情境中,通过积极的语言实践,积累语言经验,体会语言文字的特点和运用规律,培养语言文字运用能力……"②在"语言运用"之目标说明中提出:"了解国家通用语言文字的特点和运用规律,形成个体语言经验;具有正确、规范运用语言文字的意识和能力,能在具体语言情境中有效交流沟通;感受语言文字的丰富内涵,对国家通用语言文字具有深厚感情。"③这就明确了语文教学的任务——引导学生热爱国家通用语言文字,使其能够正确、规范使用国家通用语言文字。这里所强调的有两个关键词,一个是情感,一个是运用能力。

人们对于一种语言的感情多是源于其背后所代表的文化,有了这种情感基础则更有利于培养正确运用语言的能力。对于许多中学生来说,其对"和合"理念的意识往往是在学习语言的过程中觉醒的,而其语言能力也是在理解"和"的过程中不断发展的。

一方面学生会发现"和"是中国人生活中的常见词,如:和煦、和暖指天气;和蔼、和善指人;和谐、和睦指关系。这些词语所表达之意往往是正面而温暖的。另一方面,"君子和而不同"④,"协和万邦"⑤,"和也者,天下之达道也"⑥,"礼之用,和为贵"⑦,则表现了"和"的多种内涵,既可指和谐的方法,又可指和谐的境界,既可用作形容词,又可作为名词、动词。

此外,学生通过查阅资料,还可以了解到中华文化中关于阴阳、五行、五味

---

① 何东昌.中华人民共和国重要教育文献(1949年~1997年)[M].海口:海南出版社,1998:648.

② 中华人民共和国教育部.义务教育语文课程标准(2022年版)[M].北京:北京师范大学出版社,2022:1.

③ 中华人民共和国教育部.义务教育语文课程标准(2022年版)[M].北京:北京师范大学出版社,2022:5.

④ 杨伯峻.论语译注[M].北京:中华书局,1980:141.

⑤ 李民,王健.尚书译注[M].上海:上海古籍出版社,2016:1.

⑥ 杨天宇.礼记译注[M].上海:上海古籍出版社,2004:691.

⑦ 杨伯峻.论语译注[M].北京:中华书局,1980:8.

多元融合理念的经典语句,如"和实生物""和如羹焉""保合大和"等。这一理念也体现在我们的语言当中。例如北京故宫三大殿,一为"太和殿",二为"中和殿",三为"保和殿",显然,"太和殿"与"保和殿"系出自《周易》的"保合大和"①,那么为什么中间有个"中和殿"呢?所谓"中",有中和之意,意味着和谐;所谓"和",即阴阳相应,也是和谐之意。因此,"中和"代表着阴阳和顺、君臣和谐,所以在太和殿与保和殿之中有个中和殿。三大殿后面还有后三宫,即"乾清宫""交泰殿""坤宁宫":乾清宫是皇帝处理政务的场所,坤宁宫为皇后、太后活动的场所,中间为交泰殿。在《周易》中,"交泰"是"天地交泰"之意。从这里,学生便能了解到故宫三大殿及后三宫的名称均源于《周易》,取天地、阴阳相和之意。由此,"和和美美""琴瑟和鸣""和气生财"等词义便不难理解了。

---

① 周振甫.周易译注[M].北京:中华书局,2013:3.

第三章　和合文化的审美教学价值

对语文审美教学做和合文化的探源,既是尊重中国传统文化孳乳中国美学之事实,亦符合语文教学以美化人、以文育人之特点,也是对语文学科核心素养"一体四面"之整体关系的强调。和合文化所孕育的以和为美的美学思想,是语文审美教学的源头活水。认知和合之美,是学生形成自觉的审美意识的必要条件。唯有如此,才能使语文教学真正肩负起引导学生热爱祖国语言文字、传承民族文化的伟大使命。深入挖掘语言美的"和实生物"原理、人格美的"和而不同"原理、情感表达美的"中和"原理,使学生在了解语言美的根源和发展历程的同时,形成审美自觉,提高审美情趣。

第一节　和合、审美、语文教学的逻辑关系证成

审美教学是语文教学的重要组成部分,其因见效缓慢而在语文教学中常处于十分尴尬的境地。究其原因,似乎是我们对民族审美的文化寻根还不够重视。

一、和合与审美

(一)和合文化孕育和合之美

和合,既是古代融合多种思想的治国策略,也是一种追求和谐的价值取向,其基本理念是世间万物可以并且应当共生共荣。共生共荣的基础是多元和合,

所以史伯讲"和实生物"①,晏子讲"和如羹焉"②,《周易》讲阴阳和合,都强调把多元异质的事物融合在一起,从而产生新的事物。这一理念孕育了中国人以和为贵、以和为美的审美理想。之所以说和合文化塑造了中国人的审美理想,有以下两方面原因。

1."和"是中国传统美学的重要范畴

在先秦时期,美学并不是独立的一支,而是融合在以哲学为代表的文化范畴当中。和合之美也不例外,它的产生和发展都是在和合文化这一母体中进行的。因此有学者提出,我国的美学是在先秦时期产生的,"'和'在中国美学中是一个极为重要的范畴"③。

2."和"符合自然规律及人的生活要求

古人在生产活动中,对自然与人的多样统一有了朴素的认识,即事物发展的最佳境界是合规律与合目的的统一。

所谓合规律,是指大自然的风雨晦明皆按一定规律变化,即孔子所说的"四时行焉,百物生焉"④,庄子所说的"天地固有常矣,日月固有明矣"⑤,所合的是自然规律。所谓合目的,是指靠天吃饭的人们能够实现风调雨顺、万物繁荣、安居乐业的生活理想,所合的是人的目的。

如果客观现实与人的目的达到统一,即如《国语·周语》所讲,"阴阳序次,风雨时至,嘉生繁祉,人民和利,物备而乐成"⑥。"阴阳序次,风雨时至"是合规律,"嘉生繁祉,人民和利"是合目的。自然规律完全符合人的理想,这就是"和",也就是"美"。

显然,如果事物的发生只符合人的目的而不符合自然规律,那么这个世界就会走向混沌,这不是"和"。反之,如果自然的运行不符合人的目的,如发生地震、洪涝,这也不是"和",更谈不上"美"。因此有学者提出:"美只能存在于事物的多样性的统一之中,这种多样性的统一就叫做'和'。所以,美同'和'是分

---

① 上海师范大学古籍整理组.国语[M].上海:上海古籍出版社,1978:515.
② 杨伯峻.春秋左传注[M].北京:中华书局,1981:1419.
③ 李泽厚,刘纲纪.中国美学史:先秦两汉编[M].合肥:安徽文艺出版社,1999:81.
④ 杨伯峻.论语译注[M].北京:中华书局,1980:188.
⑤ 陈鼓应.庄子今注今译[M].北京:商务印书馆,2007:404.
⑥ 上海师范大学古籍整理组.国语[M].上海:上海古籍出版社,1978:128.

不开的。"①

(二)"和为贵"是和合之美的凝练表达

和合之美奠定了中国美学在对立统一的"和"之境界寻找"美"的基本理念，影响着中国人对美的判断标准。既合规律又合目的，并要求两者的统一达到一种既不太过又非不及的理想状态，这便是美。儒家将这一标准极为凝练地表述为"和为贵"。"和为贵"语出《论语·学而》，肇始便与"美"密切相关。孔子的学生有子曰："礼之用，和为贵。先王之道，斯为美；小大由之。有所不行，知和而和，不以礼节之，亦不可行也。"②显然，有子依照孔子重礼的思路，概括了"礼"与"和"之关系：礼须以和为辅，和须以礼为节，礼与和表面看似对立——代表社会规范的"礼"严而敬，代表人的理想的"和"宽而泰——但实为相互补充，达到和谐之境。先王如此，故为"贵"、为"美"。历史上对"和为贵"的解读不尽相同，但落脚点都在"美"上：在皇侃为"迹检心和，故风化乃美"③，在邢昺为"乐至则无怨，礼至则不争，揖让而治天下……"④，在朱熹为"礼中自有和……到和处方为美"⑤。至此，我们可以看出古圣先贤对于美的态度：无论是严苛的礼法还是宽厚的人情，都要互为节制达到和谐，这便是美。

二、和合之美与语文教学

语文因其艺术本质而与审美密不可分。古人所说的"书中自有颜如玉"，就很好地诠释了阅读、审美与价值观之间的关系，宗白华认为："艺术不只是具有美的价值，且富有对人生的意义深入心灵的影响。"⑥中学生正处于树立正确价值观的关键时期。审美教育根植于民族文化，语文教材的经典选篇在语言文字、人物塑造、情感表达上，无不深深烙印着和合之美，具有深厚的审美意蕴。

---

① 李泽厚，刘纲纪.中国美学史：先秦两汉编[M].合肥：安徽文艺出版社，1999：88.

② 杨伯峻.论语译注[M].北京：中华书局，1980：8.

③ 皇侃.论语义疏[M].北京：中华书局，2013：17.

④ 何晏，邢昺.论语注疏[M]//《十三经注疏》整理委员会.十三经注疏.北京：北京大学出版社，1999：10.

⑤ 朱熹，黎靖德.朱子语类：全八册[M].武汉：崇文书局，2018：388.

⑥ 宗白华.美学的散步[M].合肥：安徽教育出版社，2006：94.

审美在语文教学中的重要性,在《义务教育语文课程标准(2022年版)》中可窥见一斑:

第一,通过语文学习"形成自觉的审美意识,培养高雅的审美情趣"①,这一表述在语文课程的性质说明中是首次出现。

第二,首次在课标中明确核心素养的概念及四项内容,将"审美创造"列为其一:一方面,界定了何为审美创造——"审美创造是指学生通过感受、理解、欣赏、评价语言文字及作品,获得较为丰富的审美经验,具有初步的感受美、发现美和运用语言文字表现美、创造美的能力……"②另一方面,提出"涵养高雅情趣,具备健康的审美意识和正确的审美观念"③的目标。可以看出,语文审美教学的主要目标是感受、理解、欣赏美,培养审美情趣、审美意识、审美观念,这也是审美创造的基础。和合之美承载着中国传统的审美理念,这种理念在中国文学发展的漫长历程中占据重要地位。因此,从和合之美入手开展语文审美教学,无疑对学生感受、欣赏、理解美有重要意义。

第三,首次将"中华优秀传统文化"定为语文课程内容的主题之一,并指出要"注重弘扬讲仁爱、重民本、守诚信、崇正义、尚和合、求大同等核心思想理念"④。可见,审美与文化亦不可分,引导学生理解传统文化中的和合之美,能够启发学生从更具雅趣的角度理解语文。

第二节　"以和为贵"的审美原理

语文课本中的古今文学作品体现着深深的和合文化烙印。中华民族"尚和合"的文化传统,塑造了中国人以和为美的审美观与以和为贵的价值观。理解

---

① 中华人民共和国教育部. 义务教育语文课程标准(2022年版)[M]. 北京:北京师范大学出版社,2022:1.

② 中华人民共和国教育部. 义务教育语文课程标准(2022年版)[M]. 北京:北京师范大学出版社,2022:5.

③ 中华人民共和国教育部. 义务教育语文课程标准(2022年版)[M]. 北京:北京师范大学出版社,2022:5.

④ 中华人民共和国教育部. 义务教育语文课程标准(2022年版)[M]. 北京:北京师范大学出版社,2022:18.

和合文化,了解语文之美的根源与发展,才能实现"涵养高雅情趣,具备健康的审美意识和正确的审美观念"①这一课标所指出的目标。对语文教学来说,要把握审美培育有必要追问"和为贵"的语出及要义。

一、语出及释义

"和为贵"语出《论语·学而》。孔子的学生有子说:"礼之用,和为贵。先王之道,斯为美;小大由之。有所不行,知和而和,不以礼节之,亦不可行也。"②有子依照孔子重礼的思路,指出"礼"与"和"之关系:

"礼"是节制,是等级,是约束。无论是孔子所说的"克己复礼"③(《论语·颜渊》),还是自"志于学"始,至"七十而从心所欲,不逾矩"④(《论语·为政》),都可以看出孔子对"礼"的重视态度。而从"非礼勿视,非礼勿听,非礼勿言,非礼勿动"⑤(《论语·颜渊》),可以看出孔子对"礼"审慎而敬畏的力行。

在中国,"和"作为一种理念,其历史相当悠久。"和"在古代也写作"龢"或"盉",《说文解字》分别解释为:"龢,调也。"⑥"盉,调味也。"⑦均有和合之意。段玉裁注:"调声曰龢。调味曰盉。今则和行而龢盉皆废矣。"⑧于"和",《说文解字》解释为:"和,相应也。"⑨独一则不可称"相",亦无法"应",故可理解为多方、多者之间的关系。《广雅》云"和,谐也",指多元素混合。至此,"和"之义水落石现——指多种要素相互调和之过程及达到的和谐共处之境界。

纵观有子之言,可知其观点。礼须以和为辅,和须以礼为节,礼严而敬,和宽而泰,先王就是这样行事,故为贵、为美。以上是从正面论"礼"与"和"之关系,其后又从反面明确尺度:事无巨细一概讲"和",是行不通的;为了达成"和"

① 中华人民共和国教育部.义务教育语文课程标准(2022年版)[M].北京:北京师范大学出版社,2022:5.

② 杨伯峻.论语译注[M].北京:中华书局,1980:8.

③ 杨伯峻.论语译注[M].北京:中华书局,1980:123.

④ 杨伯峻.论语译注[M].北京:中华书局,1980:12.

⑤ 杨伯峻.论语译注[M].北京:中华书局,1980:123.

⑥ 许慎,段玉裁.说文解字注[M].上海:上海古籍出版社,1981:85.

⑦ 许慎,段玉裁.说文解字注[M].上海:上海古籍出版社,1981:212.

⑧ 许慎,段玉裁.说文解字注[M].上海:上海古籍出版社,1981:212.

⑨ 许慎,段玉裁.说文解字注[M].上海:上海古籍出版社,1981:57.

而突破"礼"的节制,亦是不行的。

二、三种解读

对"礼之用,和为贵"的解读历代不一,大致可归纳为以下三种:

(一) 礼乐相须,和言乐功

礼乐是中国传统文化的重要概念,它起于西周,至春秋战国而衰。孔子面对"礼崩乐坏"的社会现实,主张恢复周礼,以重现西周盛世。儒家一直以追求礼与乐之和谐为理想,而礼、乐分具不同功能:"礼主序而人我有别,乐本和而忘人我。"①南朝的皇侃提出以"和"为"乐"的观点,并将"礼之用,和为贵"解读为"礼乐相须"。

皇侃《论语义疏》曰:"此以下明人君行化,必礼乐相须。用乐和民心,以礼检民迹。迹检心和,故风化乃美。故云'礼之用,和为贵'。和即乐也。"②也就是说,君王当以礼乐治国——用礼教约束人的行为,用乐教和谐人的心灵,民迹检而心和,就实现了"礼乐治国"的理想。

在这里需要解释的是,为何把"乐"叫作"和"呢?皇侃对此做了特别说明:"变乐言和,见乐功也。乐既言和,则礼宜云敬。但乐用在内为隐,故言其功也。"③意思是:将"乐"称为"和"是为了突显"乐"的功用,由于"乐"发于人心,其功用隐晦,所以便直接用"和"说明。也就是说,皇侃认为"和"即为"乐","和"是用来强调"乐"和谐人心的功用的。

(二) 礼为体,和为用

北宋的邢昺接受皇侃"和为乐"的观点,又结合《礼记·乐记》"乐胜则流,礼胜则离"④的说法,进一步说明了礼乐的关系。《论语注疏》有载:"'礼之用,和为贵'者,和,谓乐也。乐主和同,故谓乐为和。夫礼胜则离,谓所居不和也,

---

① 柳宏,张强.《论语》"礼之用和为贵"章歧解辨析及教学策略[J].孔子研究,2019(4):23.
② 皇侃.论语义疏[M].北京:中华书局,2013:17.
③ 皇侃.论语义疏[M].北京:中华书局,2013:17.
④ 杨天宇.礼记译注[M].上海:上海古籍出版社,2004:473.

故礼贵用和,使不至于离也。"①也就是说,乐教可至和谐,但过了就会变流俗,礼教可约束行为,但过了就会人心疏离。

为进一步阐明道理,邢昺说:显然,礼乐作为先王治民之道各有其分工,礼节民心,乐和民声,天下平顺,这便是先王之道的贵与美。

程颢、程颐接续邢昺的观点,根据《礼记·乐记》"乐胜则流,礼胜则离"的说法,提出礼乐相和、忌离或流的观点:"礼胜则离,故'礼之用和为贵,先王之道斯为美,小大由之'。乐胜则流,故'有所不行,知和而和,不以礼节之,亦不可行'。礼以和为贵,故先王之道以此为美……"②

范祖禹依照邢、程观点解读此句,明确地提出"礼为体、和为用"的观点:"凡礼之体,主于敬;及其用,则以和为贵。"③即"礼"为体,主敬,用时以"和"为基本原则和最高理想。同时范祖禹参照《礼记·乐记》的观点指出:"有敬而无和,则礼胜;有和而无礼,则乐胜。乐胜则流,礼胜则离矣。"④因此对于君子来说,"礼乐不可斯须去身。动而有节则礼也,行而有和则乐也"⑤。

(三) 礼严和泰,和乃从容

南宋朱熹最早推翻"和为乐"的说法,把"礼"解释为"天理之节文,人事之仪则",把"和"解释为"从容不迫",但同时他也赞同"礼体和用"的观点:"礼者,天理之节文,人事之仪则也。和者,从容不迫之意。盖礼之为体虽严,而皆出于自然之理,故其为用,必从容而不迫,乃为可贵。"⑥显然,朱熹是立足宋代理学,本着"天人合一"的理念批注此段,他提出:礼,上合天理、下契人情,是为体;在使用时必无乖戾勉强之杂念、有从容和顺之心,乃为可贵。

其中的原理是什么呢? 朱熹解释:"愚谓严而泰,和而节,此理之自然,礼之全体也。毫厘有差,则失其中正,而各倚于一偏,其不可行均矣。"⑦可知,"礼"

① 何晏,邢昺.论语注疏[M]//《十三经注疏》整理委员会.十三经注疏.北京:北京大学出版社,1999:10.

② 程颢,程颐.二程集[M].北京:中华书局,1981:257.

③ 朱熹.朱子全书(第七册)[M].上海:上海古籍出版社,合肥:安徽教育出版社,2002:52.

④ 朱熹.朱子全书(第七册)[M].上海:上海古籍出版社,合肥:安徽教育出版社,2002:52.

⑤ 乐爱国.历代对《论语》"礼之用,和为贵"的解读——以朱熹的诠释为中心[J].东南学术,2020(6):206.

⑥ 朱熹.四书章句集注[M].杭州:浙江古籍出版社,2013:44.

⑦ 朱熹.四书章句集注[M].杭州:浙江古籍出版社,2013:44.

严而"和"泰,两者相随,不可有毫厘偏废。

朱熹又进一步解释这种体用关系,强调"礼"中自有"和",依"礼"行事就"和",到"和"处就是美:"礼如此之严,分明是分毫不可犯,却何处有个和?须知道吾心安处便是和。如'入公门,鞠躬如也',须是如此,吾心方安。不如此,便不安;才不安,便是不和也。"①也就是说,礼之体在于严,唯有严,心能安,心安处便能达到从容不迫的"和"之美境。②

三、四层要义

综上可知,诸说既可存异也可求同,无论是皇侃的"礼乐相须"说、邢昺的"礼体和用"说,还是朱熹的"从容不迫"说,都赞同"和"是与"礼"齐平的治国之策,它或为功(皇侃),或为用(邢昺、二程、范祖禹),或为从容之态(朱熹),皆以和谐民心为贵为美。汤一介指出,儒家以"礼之用,和为贵"来调节人与人之间的关系,"使人们之间的关系得到和谐"③。概括"和为贵"之要义,无非如下四层:

(一)"和"是行"礼"之目的

在孔子的思想中,礼是维持社会稳定的基本规范。那么,行礼是为了什么?在皇侃那里,是为了美化民风——"迹检心和,故风化乃美"④;在邢昺那里,是为了治理国家——"揖让而治天下"⑤;在二程那里,是为了达到"和"——"礼以和为贵"⑥;在朱熹那里,是为了实现"美"——"礼中自有和……到和处方为美"⑦。如此,礼乐与人情的关系便非常微妙地解释出来了:礼乐总要有亲和力,这样才能得到老百姓的普遍认同。所以张立文说:"礼"的作用及其所要达成的

---

① 朱熹,黎靖德. 朱子语类:全八册[M]. 武汉:崇文书局,2018:388.

② 乐爱国. 历代对《论语》"礼之用,和为贵"的解读——以朱熹的诠释为中心[J]. 东南学术,2020(6):203—211.

③ 汤一介. 昔不至今[M]. 上海:上海文艺出版社,1999:268.

④ 皇侃. 论语义疏[M]. 北京:中华书局,2013:17.

⑤ 何晏,邢昺. 论语注疏[M]//《十三经注疏》整理委员会. 十三经注疏. 北京:北京大学出版社,1999:10.

⑥ 程颢,程颐. 二程集[M]. 北京:中华书局,1981:257.

⑦ 朱熹,黎靖德. 朱子语类:全八册[M]. 武汉:崇文书局,2018:388.

目标,就是"和"。①

(二)"和"是达"礼"之方法

邢昺讲的是"礼贵用和"②,范祖禹讲的是"凡礼之体,主于敬;及其用,则以和为贵"③。可见,"和"乃实现礼的上乘之法。若无"和",则儒家的整个道德范式皆若僵化之结构,而诸礼之规范,一旦与"和"之用脱节,便成了无理之戒。楼宇烈认为这正是中西方文化的差异所在:在西方文化中,对心之研究为宗教,对物之认识则为自然科学,体用相分,道德与制度被分别看待;而"和为贵"的思想,首先强调人与人之间和谐的关系,刚性的"礼"要在柔性的"和"之下运行,所以制定和执行一切礼法,都不能超出人的承受能力。④

(三)"和"非乡愿

以和为贵,须以礼为节,正如朱熹所讲"严而泰,和而节"⑤,不可有毫厘偏差,否则就会流俗,成为孔子最厌恶的"乡愿"⑥——事事顺从讨好他人,毫无原则。倘若如此,便失去"和"之面貌了。

(四)"和"之内隐性与巨大张力

"和"的本字为"龢",其主体部分是口与龠,"口是嘴、是孔,龠是笛类的乐器"⑦,所以"和"最初的意思是声音和谐,这也是"和为乐"说的一种依据。邢昺讲"乐主和同,故谓乐为和"⑧,皇侃讲"乐用在内为隐"⑨。可见,作为治国之策的"礼"是外显的,而作为功用的"和"是内隐的。儒家之所以如此重视"和",正因为它具有不易被察觉却张力极大的特点,小至心灵安顿、家庭和睦,大至社会和谐、民族凝聚、天人合一。张岱年概括说:"儒家以和为贵的思想在历史上曾

---

① 张立文. 和合学与文化创新[M]. 北京:人民出版社,2020:277.

② 何晏,邢昺. 论语注疏[M]//《十三经注疏》整理委员会. 十三经注疏. 北京:北京大学出版社,1999:10.

③ 朱熹. 朱子全书(第七册)[M]. 上海:上海古籍出版社,合肥:安徽教育出版社,2002:52.

④ 王永智. 和合:中华文化的独特品质[M]. 北京:中国大百科全书出版社,2020:9.

⑤ 朱熹. 四书章句集注[M]. 杭州:浙江古籍出版社,2013:44.

⑥ 杨伯峻. 论语译注[M]. 北京:中华书局,1980:186.

⑦ 罗安宪. 多元和合是中国哲学的根本[J]. 中国人民大学学报,2019(3):10.

⑧ 何晏,邢昺. 论语注疏[M]//《十三经注疏》整理委员会. 十三经注疏. 北京:北京大学出版社,1999:10.

⑨ 皇侃. 论语义疏[M]. 北京:中华书局,2013:17.

经起了促进民族团结、加强民族凝聚力、促进民族融和、加强民族文化的同化力的积极作用。"①

四、影响与发展

"以和为贵"的理念代代相传,早已融入中国人的衣食住行等方方面面,成为众人皆知的美。

中式烹饪讲究"调和鼎鼐",菜肴要有主料,要有配料,还要有调料,要相交相济,要水乳交融,如此才称得上是美味。在宴席上,中国人习惯围着圆桌而坐,共同享用,讲究的是团团圆圆、其乐融融,这是和美。

京剧讲究唱念做打,唱指歌唱,念指具有音乐性的念白,做指舞蹈化的形体动作,打指武打和翻跌的技艺。蕴含着动静、歌咏、文武之相和相生的京剧,体现着舞台艺术之美。

中国画除图画本身外,常配以书法极精的相应题诗,并加盖印章,美在相得益彰。

对联又称对子、楹联,是一种独特的文学艺术形式,讲究左右各一,形式对应,内容既相对又不同,如"风声雨声读书声,声声入耳;家事国事天下事,事事关心"。

老北京城有一条中轴线,以故宫为中心,东西南北对称。比如:有"天安门",就有"地安门"相对;有"东四",就相应地有"西四"。

在中国的文化中,"和"是一个正面而温暖的词,《周易》有"鸣鹤在阴,其子和之"②的佳境,《诗经》中蕴含着"和乐、和鸾、和旨、和奏、和鸣、和羹等美好理念"③,费孝通所讲的"各美其美,美人之美,美美与共,天下大同"④则是对世界多元之和的展望。这些都是我们生活中的"和"之美。

①　张岱年.中国文化的基本精神[J].党的文献,2006(1):95.
②　周振甫.周易译注[M].北京:中华书局,2013:229.
③　陈立旭.和合文化的内涵与时代价值[J].浙江社会科学,2018(2):84.
④　费孝通.文化与文化自觉[M].北京:群言出版社,2010:208.

第三节 欣赏"和而不同"的人格美

以语文教材选篇为对象赏析"和而不同"的人格美,既是尊重中国传统美学将人格美置于重要地位之事实,亦契合语文学科提升学生审美素养的目标,同时可以澄清学界长久以来将"和而不同"作为"普遍和谐"的误读,为语文所传承的"和而不同"人格美寻找到恰切的解读。孔子所提出的和而不同,虽然是以史伯、晏子的和同之辨为基础,但在所指领域与内涵上都与之有着较大差异。和而不同包含着刚健守正的固本精神、博大的包容精神、恰当的尺度感,成为代表君子人格的一面旗帜。

一、语文教学探索"和而不同"人格美的必要

"人格"一词(源于拉丁文的词根 Persona)原指面具,这种面具"由戏剧舞台的演员所佩戴,而显示其角色的身份与地位",强调舞台上的角色,也就是"角色举手投足之间的声色本性"①。

联系到生存于社会的人,这一原初定义对社会及所固有文化的观照显然是不够的,由于人生活于社会之中,受社会文化的浸润,人格必然包含着社会与文化的规定性。朱义禄从文化、社会与人的交互关系的角度定义人格:"人格,是指人在一定社会制度与传统文化中所形成的、旨在调节人与自然、人与社会、人与人(包括自身)关系的行为准则,以及在实际行为中所凸现出来的精神素质。"②

张岱年认为"人格是近代的名词,古代称之为人品"③,同时指出"儒家最重视人格,强调人之为人"④,即孔子所说"鸟兽不可与同群"⑤,强调人与动物不

---

① 杨黎.和合之美:先秦儒家理想人格的美学研究[M].武汉:湖北人民出版社,2016:26.
② 朱义禄.儒家理想人格与中国文化[M].沈阳:辽宁教育出版社,1991:7.
③ 张岱年.中国人的人文精神[M].哈尔滨:哈尔滨出版社,2021:11.
④ 张岱年.中国人的人文精神[M].哈尔滨:哈尔滨出版社,2021:11.
⑤ 杨伯峻.论语译注[M].北京:中华书局,1980:194.

同,"要努力做一个人,同时也承认别人也是人"①,即自尊亦尊重他人。可以说,儒家思想中的理想人格,虽名人格却并不受制于规矩之格,虽为理想也并非玄空而不可切近。

中国传统文化始终将人格美置于审美的重要位置,唐君毅讲:"宇宙最大美,莫如人格美。"②中国传统美学也是从鉴赏人格美开始的,宗白华说:"中国美学竟是出发于'人物品藻'之美学。美的概念、范畴、形容词,发源于人格美的评赏。"③先秦作为中国美学思想的开端,对于美的思考源于对"和"的追求。杨黎认为,儒家"理想人格的真正内涵就是以'和'为终境"④,孔子所讲的"君子和而不同"是儒家对理想人格美的凝练表达。王国维认为孔子的教育"始于美育,终于美育"⑤。这就将孔子的人格教育引入审美的境界。

杨黎认为,儒家所指的理想人格包含着对礼乐精神的实践,也容纳着入世的热忱与出世的超脱,她指出:"将万物的情理,涵容于人之身心,这便是珰合身心的和合大美。"⑥《义务教育语文课程标准(2022年版)》在"课程性质"中指出,语文课程正是要"为学生形成正确的世界观、人生观、价值观,形成良好个性和健全人格打下基础"⑦。对此,学界有着普遍一致的看法。张广录认为,如果语文教学只传授知识而忽视人格培养,学生所获得的就只是文学知识而不是智慧,他说:"如果从这个角度来看,语文学习的过程,在很大程度上就是学生'成人'——在思想精神上'成人'的过程。"⑧同时,《义务教育语文课程标准(2022年版)》在"课程内容"中指出,弘扬中华优秀传统文化要"注重弘扬讲仁爱、重民本、守诚信、崇正义、尚和合、求大同等核心思想理念"⑨。由此可见,在语文教

---

① 张岱年.中国人的人文精神[M].哈尔滨:哈尔滨出版社,2021:11.
② 唐君毅.心物与人生[M].北京:九州出版社,2020:246.
③ 宗白华.宗白华散文[M].北京:人民文学出版社,2022:166.
④ 杨黎.和合之美:先秦儒家理想人格的美学研究[M].武汉:湖北人民出版社,2016:170.
⑤ 王国维.美在境界——王国维美学文选[M].济南:山东文艺出版社,2020:62.
⑥ 杨黎.和合之美:先秦儒家理想人格的美学研究[M].武汉:湖北人民出版社,2016:29.
⑦ 中华人民共和国教育部.义务教育语文课程标准(2022年版)[M].北京:北京师范大学出版社,2022:1.
⑧ 程红兵,郑桂华,孙宗良,等.实施人格教育:语文教育实现自身价值的必然[J].中学语文教学,2008(1):73.
⑨ 中华人民共和国教育部.义务教育语文课程标准(2022年版)[M].北京:北京师范大学出版社,2022:18.

学中,从审美角度探索理想人格的和合之美是必要的,也是必然的。刘梦溪认为:"'和而不同'是中国人面对这个世界的总原则,也是中国文化贡献给人类的大智慧。"①认知"和而不同"人格美,感受古今文人的人格境界,学生才能更好地理解美的根脉与发展。

在学界,儒家人格美学研究已日趋成熟,且初步涉及语文研究领域(前文已论)。现在需要追问的是,如何将现有解读成果引入语文教学领域,使"和而不同"人格美的鉴赏更具深度。

二、"和而不同"人格美探源

在中国哲学中,"和"在肇始便与"同"相伴。正如史伯所论:"夫和实生物,同则不继。"②"和"是容纳万物,"同"是相同事物的简单相加。"以同裨同"③是毁弃多样,事物将无法继续繁衍,最终将走向衰亡。如何对待与己相异的事物关乎"和""同"之区分。冯友兰说:"'同'不能容'异';'和'不但能容'异',而且必须有'异',才能称其为'和'。"④春秋时期的晏子接续史伯的观点,从如何相和的角度指出"和如羹焉"⑤,五味在互济互泄中产生美味,"声亦如味"⑥。

后来,道家和儒家继续分别从自然与社会的角度进行和同之辨。儒家继承史伯"和实生物"的思想,并在政治上提出"礼之用,和为贵"⑦的主张,在道德上把"和"的内涵发展为君子人格,即"君子和而不同,小人同而不和"⑧。之所以称发展,是因为儒家把"和"从政治领域引至道德领域,为君子与小人的区分提供了一把标尺,使"和""同"在内涵上更为丰富,从而使和同之辨从史伯、晏子所说的为君之道、为臣之道延伸至为人之道。

① 刘梦溪."和而不同"是中国文化的大智慧[J].北京观察,2015(3):71.
② 上海师范大学古籍整理组.国语[M].上海:上海古籍出版社,1978:515.
③ 上海师范大学古籍整理组.国语[M].上海:上海古籍出版社,1978:515.
④ 冯友兰.中国现代哲学史[M].广州:广东人民出版社,2019:270.
⑤ 杨伯峻.春秋左传注[M].北京:中华书局,1981:1419.
⑥ 杨伯峻.春秋左传注[M].北京:中华书局,1981:1420.
⑦ 杨伯峻.论语译注[M].北京:中华书局,1980:8.
⑧ 杨伯峻.论语译注[M].北京:中华书局,1980:141.

三、"和而不同"的历代解读

学者们普遍以史伯、晏子的和同之辨来解读孔子的"和而不同",把"和"理解为"谐",认为君子在与人交往时,内心能容纳不同的意见,对不同的意见予以尊重,从而在与人交往、与物交往、与己交往的过程中获得一种普遍和谐。

例如,张立文认为:君子能够接受不同的意见,从而获得和谐;小人只认同与自己相同的观点,而不能接受不同意见,因此难以获得和谐。[①] 而刘梦溪解"和而不同"为"承认不同,容许不同,欣赏不同,才能走向和谐"[②]。

这样一来,我们便不得不面对概念悖论与命题矛盾:第一,既然"和"为和谐,那么小人之"同"是否意味着"和"?第二,君子既然能够包容不同,那么是否能够与在道德上与其对立的小人和谐共处?第三,如何区分道德意义的"同"与"不同"?为回答这三个问题,我们需要对"和而不同"的历代解读做必要的梳理。

(一) 汉唐"和谐""心和"的两种解读

汉唐学者在解读孔子的"和而不同"时,以史伯的"和实生物"与晏子的"和如羹焉"为根据,以"和"为"和谐"。

例如东汉荀悦有云:"孔子曰:'君子和而不同。'晏子亦云:'以水济水,谁能食之?琴瑟一声,谁能听之?'《诗》云:'亦有和羹,既戒且平。奏假无言,时靡有争。'此之谓也。"[③]此处以晏子五味相和类比君子之和而不同,认为君子能接受众说,故能圆融。

这样一来,其实极易混淆君子之和与小人之同。小人求同,貌似更乐于接纳多方意见,会使人认为似乎小人更易于获得人际关系的和谐。这其实是忽略了君子与小人在人格上的对立。究其原因,是这种观点模糊了君王与君子的身份区别,曲解了和而不同作为君子人格的应有之义。对此乐爱国指出,孔子所

---

① 张立文.和合学与文化创新[M].北京:人民出版社,2020:269—270.

② 刘梦溪."和而不同"是中国文化的大智慧[J].北京观察,2015(3):73.

③ 荀悦.申鉴[M].沈阳:辽宁教育出版社,2001:18.

论"明显是就道德上相互对立的'君子'与'小人'而言"①,"无论是史伯讲'和而不同',还是晏婴讲'和如羹',都是就先王而言,要求君王讲'和谐',并不涉及君子与小人的道德对立"②。

三国时期的何晏首次回到人格领域解读此句,注曰:"君子心和,然其所见各异,故曰不同。小人所嗜好者同,然各争利,故曰不和。"③对此,南北朝梁代的皇侃疏曰:"和,谓心不争也。不同,谓立志各异也。君子之人千万,千万其心和如一,而所习立之志业不同也……小人为恶如一,故云'同'也。好斗争,故云'不和'也。"④北宋的邢昺疏曰:"此章别君子小人志行不同之事也。君子心和,然其所见各异,故曰不同。小人所嗜好者则同,然各争利,故曰不和。"⑤

可以看出,何晏、皇侃、邢昺三人将君子之"和"定义为"心和""心不争",凸显了君子与小人道德的对立,更符合《论语》的意旨,也进一步阐释了孔子所提出的"和而不同",开辟了一条不同于"和实生物"的新道路——将"和"作为一种人格理想,开启了"和"文化的新维度。

三人最大之贡献在于将"和而不同"引入道德领域,但在界定"和"与"同"的概念时,却存在一些无法自洽之处。例如,何晏将君子之"和"理解为心和、将君子之"不同"理解为所见不同,将小人之"不和"理解为争利、将小人之"同"理解为嗜好相同。显然他并没有使用同一标准来判断君子之异与小人之异,从行为上很难把君子与小人区别开来。皇侃谓君子之"和"为心不争、谓君子之"不同"为立志各异,谓小人之"不和"为好斗争、谓小人之"同"为为恶如一。与何晏相似,皇侃从内心的角度来界定"和",但立志各异、为恶如一又属行为,依然存在双重标准的问题。

由此可见,三人对于君子人格的概念界定与内涵解读尚存无法统一

① 乐爱国.历代对《论语》"君子和而不同,小人同而不和"的解读——以朱熹的诠释为中心[J].社会科学研究,2021(6):138.

② 乐爱国.历代对《论语》"君子和而不同,小人同而不和"的解读——以朱熹的诠释为中心[J].社会科学研究,2021(6):139.

③ 何晏,邢昺.论语注疏[M]//《十三经注疏》整理委员会.十三经注疏.北京:北京大学出版社,1999:179.

④ 皇侃.论语义疏[M].北京:中华书局,2013:344.

⑤ 何晏,邢昺.论语注疏[M]//《十三经注疏》整理委员会.十三经注疏.北京:北京大学出版社,1999:179.

之处。

(二)南宋朱熹的"心性"解读

首次从心性角度解读此句的是南宋朱熹,他在书中写道:"和者,无乖戾之心。同者,有阿比之意。尹氏曰:'君子尚义,故有不同。小人尚利,安得而和?'"①至此,"和""同"在概念与内涵上得到了清晰的区分:君子尚义,心无乖戾,故从不会有阿比之行,是为"和而不同";小人正相反,小人尚利,意在阿比,故常常取悦他人,是为"同而不和"。朱熹的判断较前代的解读明显具有如下三大特点:

1.概念明确

何晏等人没能对"和"与"同"在概念上做出统一标准的界定,而朱熹明确从心性角度出发,利用有无乖戾之心、阿比之意区分"和""同",这就给出了判断君子小人的统一标准,明确地回答了"和而不同"的君子人格是什么的问题。

2.逻辑关系明确

何晏等人尚未理清"和"与"不同"之间的关系,即为什么心和则所见各异或立志各异?朱熹则给出答案——君子尚义故不同、小人尚利故不和,且强调义与利背后的公私之心:"大抵君子小人只在公私之间……和是公底同,同是私底和。"②"盖君子之心,是大家只理会这一个公当底道理,故常和而不可以苟同。小人是做个私意,故虽相与阿比,然两人相聚也便分个彼己了;故有些小利害,便至纷争而不和也。"③

可见,君子心中有义,讲究的是一个公理,不盲目也不屑于苟同他人,君子的"和"与"不同"互为因果,因"和"而"不同",因"不同"而在人格上愈加"和"。小人则相反。明确这一逻辑关系,也就能推翻"和"为"和谐"之假设,回答前文所提出的三个问题。

第一,"和"若为"和谐",则消解了君子小人在人格上的对立。因为从表面看,两者似都表现为与人和谐相处。朱熹讲君子、小人"外虽相似,而内实相反"④。可见,内在人格才是区分二者的关键。朱熹云:"君子之和者,乃以其同

---

① 朱熹.四书章句集注[M].杭州:浙江古籍出版社,2013:115.
② 黎靖德.朱子语类[M].北京:中华书局,1986:1111.
③ 黎靖德.朱子语类[M].北京:中华书局,1986:1111.
④ 朱熹.朱子全书(第六册)[M].上海:上海古籍出版社,合肥:安徽教育出版社,2002:819.

寅协恭,而无乖争忌克之意;其不同者,乃以其守正循理,而无阿谀党比之风。若小人则反是焉。"①君子与人相处不争不克、不阿谀不结党,皆因心中有正义公理。而小人藏有私心,毫无原则,做事则追求得利,做人则追求做"老好人",所以处处苟同讨好,是儒家学者最厌恶的"乡愿"。孔子曰:"乡愿,德之贼也。"②孟子进一步解释乡愿的行径:"阉然媚于世也者,是乡原也。"③"同乎流俗,合乎污世,居之似忠信,行之似廉洁,众皆悦之,自以为是,而不可与入尧舜之道,故曰'德之贼'也。"④可知,小人之"同"看似和谐、众人皆悦,实为取悦、苟同、阿谀、结党、附和、巴结,是自以为高明的处世之道。君子与小人在人格上之差别犹如霄壤。

第二,君子的"不同"出于公与义,其中包含着对私与利的鄙视。因此,君子所包容的不同,不包括小人的邪恶行为。孔子曰:"道不同,不相为谋。"⑤朱熹注:"不同,如善恶邪正之异。"⑥并且指出,"君子小人决无一事之可相为谋者也"⑦。

第三,从道德意义上讲,君子之"不同"与小人之"同"有云泥之别。杨国荣认为孔子的理想人格具有"内在的稳定性"和"绵延的统一性",即"主体在各种情境之下都能保持道德的操守"⑧。这就说明,君子人格,从内心的层面讲并非"在道德与非道德之间的徘徊动荡"⑨,从行为上看也不是偶然的。质言之,儒家的人格理想体现为内在的高尚道德品质与外在的社会责任相统一,从而构成了君子人格"内圣"与"外王"的双重向度。所以《中庸》讲"君子和而不流"⑩,孔子讲"君子矜而不争,群而不党"⑪,都说明君子之"和"绝非一团和气,而是一身正气。在孔子看来,君子与小人最明显的区别就在于此。这种人格理想体现

---

① 朱熹.朱子全书(第六册)[M].上海:上海古籍出版社,合肥:安徽教育出版社,2002:819.
② 杨伯峻.论语译注[M].北京:中华书局,1980:186.
③ 杨伯峻.孟子译注[M].北京:中华书局,1960:341.
④ 杨伯峻.孟子译注[M].北京:中华书局,1960:341.
⑤ 杨伯峻.论语译注[M].北京:中华书局,1980:170.
⑥ 朱熹.四书章句集注[M].杭州:浙江古籍出版社,2013:131.
⑦ 朱熹.朱子全书(第六册)[M].上海:上海古籍出版社,合肥:安徽教育出版社,2002:864.
⑧ 杨国荣.从孔子看儒家的人格学说[J].天津社会科学,1992(1):58.
⑨ 杨国荣.从孔子看儒家的人格学说[J].天津社会科学,1992(1):58.
⑩ 杨天宇.礼记译注[M].上海:上海古籍出版社,2004:693.
⑪ 杨伯峻.论语译注[M].北京:中华书局,1980:166.

在人际关系中就是"君子易事而难说也。说之不以道，不说也"①。即君子以"道"求"和"，容易共事却难以取悦，违背"道"的讨好无法取悦君子。

3. 区分了"不同"与"必异"

在晏子看来，"和而不同"之"不同"必立于异，如此才能成就和羹。从为政为君的角度看，此观点并没有错。而孔子所讲的"和而不同"本于君子内心对正义与公理的坚持，其"不同"关乎是非问题而非同异问题。因此朱熹说："君子之心，无同异可否之私，而惟欲必归于是；若晏子之说，则是必于立异，然后可以为和而不同也，岂非矫枉过直之论哉！"②由此可知，在朱熹看来，君子之"不同"，更在于区别善恶是非。面对大是大非，君子"必归于是"，表现为"不同"；面对其他非原则性问题，君子则宽容对待，不执于立异。如果事事立异、处处不同，则是"矫枉过直"或标新立异，亦非君子人格。

（三）南宋朱熹之后的解读

后代学者普遍接受朱熹"和者，无乖戾之心"的人格解读，且对君子的心性与行为各有补充说明。

例如元代陈天祥的《四书辨疑》指出："和则固无乖戾之心，只以无乖戾之心为和，恐亦未尽。若无中正之气，专以无乖戾为心，亦与阿比之意相邻，和与同未易辨也。中正而无乖戾，然后为和。"③可见，陈天祥认为，君子不止无"乖戾之心"，更有"中正之气"，中正而无乖戾才是君子之"和"，所以君子、小人行为迥异。"凡在君父之侧，师长朋友之间，将顺其美，匡救其恶，可者献之，否者替之，结者解之，离者合之，此君子之和也。而或巧媚阴柔，随时俯仰，人曰可，己亦曰可，人曰否，己亦曰否，惟言莫违，无唱不和，此小人之同也。"④君子敢于止恶扬善，以公正公平为原则进言、否定、解难、合离，而小人只会人云亦云，随时随处俯仰他人。

明代程敏政在《篁墩文集》中写道："孔子说君子的心术公正，专一尚义，凡与人相交，必同寅协恭，无乖戾之心。然事当持正处，又不能不与人辩论，故曰

① 杨伯峻.论语译注[M].北京:中华书局,1980:143.
② 朱熹.朱子全书(第六册)[M].上海:上海古籍出版社,合肥:安徽教育出版社,2002:820.
③ 程树德.论语集释[M].北京:中华书局,1990:936.
④ 程树德.论语集释[M].北京:中华书局,1990:936.

'君子和而不同'。小人的心术私邪,专一尚利,凡与人相交,便巧言令色,有阿比之意。然到不得利处,必至于争竞,故曰'小人同而不和'。"①这是说,君子公正,在需要坚持正义之时,敢于与人辩论,而小人心术邪恶,平时巧言令色,凡遇到利益瓜葛,必起争斗。

康有为在《论语注》中说:"盖君子之待人也,有公心爱物,故和;其行己也,独立不惧,各行其是,故不同。小人之待人也,媚世易合,故同;其行己也,争利相忮,不肯少让,故不和。"②这是说,君子以公心爱人爱物,独立独行而无所畏惧,小人以柔顺迎合世俗,但当有利益之争时则猜忌争斗,丝毫不肯退让。

可见,后世学者立足朱熹之心性解读进一步丰富了"君子和而不同"之内涵:君子心术公正,有中正之气,有公心爱物,故敢于抒发异见,勇于独立独行,内心坦荡而无所畏惧,是为"和而不同"。

四、"和而不同"人格美的内涵

通过梳理可知,孔子提出"君子和而不同"的主张,虽然是以史伯、晏子的和同之辨为依据,但无论在领域还是内涵上都与其有着显著的区别,出发点和归宿都指向了君子独立的人格价值,凸显了人格之美。这一主张起码具有以下三个方面的内涵:

(一)刚健守正的固本精神

君子心术公正,尚义崇真,从不因利益而放弃自己的原则与立场,更不会盲目附和以讨好他人,其人格的高尚首先便表现为固本精神,即在义与利的对立中始终坚守正道。因此,孔子讲"君子谋道不谋食"③,"君子忧道不忧贫"④,"君子喻于义,小人喻于利"⑤,心有坚守是君子人格的第一要义。

---

① 程敏政.篁墩文集(卷二)[M]//景印文渊阁四库全书(第1252册).台北:台湾商务印书馆,1983:31.

② 康有为.论语注[M].北京:中华书局,1984:202.

③ 杨伯峻.论语译注[M].北京:中华书局,1980:168.

④ 杨伯峻.论语译注[M].北京:中华书局,1980:168.

⑤ 杨伯峻.论语译注[M].北京:中华书局,1980:39.

(二)博大的包容精神

君子的高尚品格和精神境界使其为人处世具有巨大的包容性:不争、容人、不愠。

首先,君子不会因利益与人相争或动辄翻脸,这便是谋道与谋食、忧道与忧贫的区别,是为不争。

其次,君子以公心爱物,尊重每一个生命的存在,不会因为地位、学识、修养的高低而区别对待他人,能尊重、欣赏、接纳不同人的不同意见,对持有不同观点的人能以诚相待,是为容人。

最后,君子从不强求别人与自己保持一致。"人不知,而不愠"[①]。别人不能体谅自己时也不会发火,是为不愠。子贡"问友",孔子的建议是:"忠告而善道之,不可则止,毋自辱焉。"[②](《论语·颜渊》)这是说在对待朋友时,要忠言劝告引其向善,但如果朋友不能接受就不要继续劝告,要适可而止。这一人际关系处理方法在君臣关系中也同样适用。儒家主张"事君以忠""使臣以礼"[③],而当君主不接受不同的意见,"无道则隐"[④]便是君子所能做的唯一选择。因此君子与人相处会表现出高度的包容,对人对己皆平和。

(三)恰当的尺度感

君子的"和而不同"与"礼之用,和为贵"的主张不可分割,且与后者相近。"和"与"不同"始终都是在"过"与"不及"之间拿捏尺度:为"和"而"和"就是太过,会走向做老好人,这叫作"流";反之,正如礼之所用,过分强调"异",则于"和"不及,会走向自我欣赏、标新立异,这叫作"离"。

所以,君子的"和而不同"往往需要结合"君子矜而不争,群而不党"[⑤]"君子周而不比"[⑥]"君子和而不流"[⑦]等命意,也就是在"群"与"党"、"周"与"比"、"和"与"流"之间找到一个合适的点,既保持自尊又不唯我独尊,既包容又讲

---

① 杨伯峻. 论语译注[M]. 北京:中华书局,1980:1.
② 杨伯峻. 论语译注[M]. 北京:中华书局,1980:132.
③ 杨伯峻. 论语译注[M]. 北京:中华书局,1980:30.
④ 陈科华."和而不同"如何可能?[J]. 伦理学研究,2014(6):37.
⑤ 杨伯峻. 论语译注[M]. 北京:中华书局,1980:166.
⑥ 杨伯峻. 论语译注[M]. 北京:中华书局,1980:17.
⑦ 杨天宇. 礼记译注[M]. 上海:上海古籍出版社,2004:693.

原则。

五、语文教材中的"和而不同"人格美鉴赏

"和而不同"并不容易,历史的悲剧在于,奉行"和而不同"的君子却常常命运多舛,或退居田园,或遭遇贬谪,他们寄高洁志向于诗文,无形中成就了绚烂的文学景观。周敦颐以莲寄寓理想,"出淤泥而不染,濯清涟而不妖,中通外直,不蔓不枝,香远益清,亭亭净植,可远观而不可亵玩焉"①(《爱莲说》),正是对"和而不同"君子人格最直接的描写——正直,不攀附,不讨好,身处泥淖而不染世俗,他们如此不同,拥有"香远益清,亭亭净植"的美好人格。"和而不同"的君子人格在语文教材中一般通过作者和文学作品形象进行呈现。

(一) 作者的"和而不同"

王国维在《文学小言》第六则中说:"三代以下之诗人,无过于屈子、渊明、子美、子瞻者。此四子者,苟无文学之天才,其人格亦自足千古。故无高尚伟大之人格而有高尚伟大之文学者,殆未之有也。"②文学界之所以青睐这样的文人,是因为他们掷地有声地宣告自己的"和而不同",其人格魅力在今天仍熠熠生辉。

这里以陶渊明为例具体阐释"和而不同"的君子人格。中学语文教材共选陶渊明诗文4篇,分别是《饮酒(其五)》(八年级上册)、《桃花源记》(八年级下册)、《归园田居(其一)》(高中必修上册)、《归去来兮辞并序》(高中选择性必修下册),几乎完整地呈现了他从出仕到归隐的历程,彰显出其"和而不同"的人格魅力——虽然入仕,但坚持自我,虽然归隐,但不逃避人世,他始终热爱生活,向往自然,追求自由。具体表现在如下两个方面:

第一,于爵禄面前守正不阿。

陶渊明二十多岁便开始宦海生涯,却始终徘徊在做官与归隐之间。在谋道与谋食发生矛盾时,他总是选择放弃谋食而选择谋道。陶渊明深受儒家君子人格浸染,既有"猛志固常在"(《读〈山海经〉十三首(其十)》)的济世大志,又有"抚剑独行游"(《拟古九首(其八)》)的侠义情怀,他坚守正道真性,既不同流合

---

① 教育部.语文(七年级 下册)[M].北京:人民教育出版社,2016:102.
② 王国维.人间词话[M].南宁:广西人民出版社,2017:119.

污,也不苟且谋食。

《归去来兮辞并序》是陶渊明彻底离开官场的宣言:"质性自然,非矫厉所得。饥冻虽切,违己交病。尝从人事,皆口腹自役。于是怅然慷慨,深愧平生之志。"①即使饥寒交迫也不违背本心,若只为谋食则有愧于君子之志,他敢于对抗世俗,藐视众议。"质性自然"是他的坚守,躬耕田园是他的不同。孔子曰:"笃信好学,守死善道。危邦不入,乱邦不居。天下有道则见,无道则隐。邦有道,贫且贱焉,耻也;邦无道,富且贵焉,耻也。"②陶渊明之所以能够超然于世俗,皆因其"不累于欲不滞于物"③的高尚人格,他以"无道则隐""守拙归园田"的方式保持君子的尊严。

第二,即使穷困也依然热爱生活。

陶渊明被后人称为田园诗人。这是因为他传世的一百二十余首诗中有相当一部分是写田园农居生活的诗。我们在语文课本上可以看到他对田园生活的热爱。

有"山气日夕佳,飞鸟相与还"④(《饮酒(其五)》)的山景,有"暧暧远人村,依依墟里烟。狗吠深巷中,鸡鸣桑树颠"⑤(《归园田居(其一)》)的村象,有"木欣欣以向荣,泉涓涓而始流"⑥(《归去来兮辞并序》)的诗情画意。有山、有鸟、有村落、有炊烟的平凡生活让人向往,从中也依稀可见躬耕之艰辛。所住为"方宅十余亩,草屋八九间"⑦(《归园田居(其一)》),所做是"晨兴理荒秽,带月荷锄归"(《归园田居(其三)》),在收成上却是"种豆南山下,草盛豆苗稀"(《归园田居(其三)》)。可以看出,陶渊明生活于田园之间,但他并不善于务农,生活是贫苦的。孔子曰:"君子固穷,小人穷斯滥矣。"⑧陶渊明的"固穷"表现在如下几个方面:

一是潦倒之际不移其志。富贵并非他的追求,纵使生活艰难他也不愿违背

---

① 教育部.语文(选择性必修 下册)[M].北京:人民教育出版社,2020:77.
② 杨伯峻.论语译注[M].北京:中华书局,1980:82.
③ 戴建业.文献考辨与文学阐释——戴建业自选集[M].武汉:华中师范大学出版社,2012:134.
④ 教育部.语文(八年级 上册)[M].北京:人民教育出版社,2017:135.
⑤ 教育部.语文(必修 上册)[M].北京:人民教育出版社,2019:59.
⑥ 教育部.语文(选择性必修 下册)[M].北京:人民教育出版社,2020:78.
⑦ 教育部.语文(必修 上册)[M].北京:人民教育出版社,2019:59.
⑧ 杨伯峻.论语译注[M].北京:中华书局,1980:161.

志向:"道狭草木长,夕露沾我衣。衣沾不足惜,但使愿无违。"(《归园田居(其三)》)"三径就荒,松菊犹存","富贵非吾愿,帝乡不可期"①(《归去来兮辞并序》)。"松菊犹存"正表达出他对自己坚守志向的欣慰。

二是与周遭环境相融共生。"采菊东篱下,悠然见南山"②(《饮酒(其五)》),"引壶觞以自酌,眄庭柯以怡颜","悦亲戚之情话,乐琴书以消忧"③(《归去来兮辞并序》),远处南山、自斟自酌、乡亲话闲,他在这看似平淡的生活中获得了极大的喜悦,毫无伪饰,毫不造作,纵使有桃花源之理想也不过是"黄发垂髫,并怡然自乐"④(《桃花源记》)那般淡中见真。"陶渊明一生虽生活在物质的贫困中,但他的精神世界却极其饱满、强健,因为他把人生的大畏化作了大无畏,化作了生命琴弦上一段最优雅的和弦。"⑤

三是于归隐中亦圆融。陶渊明被称为隐逸诗人之宗,他的归隐并不是深居山林与人无涉,而是在隐逸生活中依然保持着与乡邻、朋友、隐士、政友的来往。他在《答庞参军并序》中说:"伊余怀人,欣德孜孜;我有旨酒,与汝乐之。乃陈好言,乃著新诗;一日不见,如何不思!"在婉言谢绝庞参军劝仕时,他仍把酒言欢,述说交情。"陶渊明是与人无碍的,他能以包容的眼光看待朋友,尽管时有朋友热衷于仕途,但也绝不会影响到彼此的友谊。"⑥

四是文如其人。陶渊明的诗文自然质朴,不事雕琢,完全不同于两晋"炫博学识,务求典雅"的风格。其文简洁平实,如"林尽水源,便得一山,山有小口,仿佛若有光"⑦(《桃花源记》);其诗质朴清新,如"方宅十余亩,草屋八九间"⑧(《归园田居(其一)》)。一字一词,毫无夸张修饰,就如农人话家常一般娓娓道来,平实中饱含天真之趣,在当时可谓别具一格。鲁迅评价其人:"这'猛志固常在'和'悠然见南山'的是一个人……"⑨评价其文:"乱也看惯了,篡也看惯了,

---

① 教育部.语文(选择性必修 下册)[M].北京:人民教育出版社,2020:78—79.
② 教育部.语文(八年级 上册)[M].北京:人民教育出版社,2017:135.
③ 教育部.语文(选择性必修 下册)[M].北京:人民教育出版社,2020:78.
④ 教育部.语文(八年级 下册)[M].北京:人民教育出版社,2017:54.
⑤ 高建新.陶渊明人格价值再认识[J].内蒙古社会科学,2001(2):66.
⑥ 徐艳丽.洒脱中的圆融,平和中的叛逆——陶渊明人格之我见[J].九江学院学报,2009(2):8.
⑦ 教育部.语文(八年级 下册)[M].北京:人民教育出版社,2017:54.
⑧ 教育部.语文(必修 上册)[M].北京:人民教育出版社,2019:59.
⑨ 鲁迅.鲁迅选集(第三卷)[M].长沙:岳麓书社,2020:399.

文章便更和平。"①陶渊明的人格美,在于"和而不同",活出了一个自由本真的自我。

与陶渊明相似的君子在语文课本中不在少数。李白毫不掩饰他对权贵的蔑视:"安能摧眉折腰事权贵,使我不得开心颜?"②(《梦游天姥吟留别》)他不逢迎阿谀,坚守平交诸侯的平等思想和一匡天下的济世志向。同时,他热爱山水——"一生好入名山游"(《庐山谣寄卢侍御虚舟》),广泛交友——"吾爱孟夫子,风流天下闻"(《赠孟浩然》),"桃花潭水深千尺,不及汪伦送我情"(《赠汪伦》),"我寄愁心与明月,随君直到夜郎西"③(《闻王昌龄左迁龙标遥有此寄》),常与朋友开怀畅饮——"烹羊宰牛且为乐,会须一饮三百杯"④(《将进酒》),"两人对酌山花开,一杯一杯复一杯"(《山中与幽人对酌》),永远群而不党,天真直率。

杜甫忠于国家社稷,但非愚忠,敢于对皇帝作尖锐的批判——"关中小儿坏纪纲,张后不乐上为忙"(《忆昔二首(其一)》),怒斥"朱门酒肉臭,路有冻死骨"(《自京赴奉先县咏怀五百字》)的贫富之别,坚守"致君尧舜上,再使风俗淳"(《奉赠韦左丞丈二十二韵》)的理想,"不敢忘本,不敢违仁"(《祭远祖当阳君文》)。他满腔仁爱,"安得广厦千万间,大庇天下寒士俱欢颜"⑤(《茅屋为秋风所破歌》)的呼唤是真诚的,具有跨越时空的永恒魅力。

苏轼卓然不随流俗。成为"谈笑间,樯橹灰飞烟灭"⑥(《念奴娇·赤壁怀古》)的英雄固然是他的理想,但他绝不会为功名卷入任何政治党派斗争。坚守正义,"竹杖芒鞋轻胜马"⑦(《定风波·莫听穿林打叶声》)是他不计功名的态度,也是他仕途屡受挫折的原因。他经历过官场沉浮,因乌台诗案险些丧命,但在沉浮中始终保持我心岿然不动的淡定,进则"莫听穿林打叶声,何妨吟啸且徐行"⑧(《定风波·莫听穿林打叶声》),退则"小舟从此逝,江海寄余生"(《临江

---

① 鲁迅.鲁迅选集(第四卷)[M].长沙:岳麓书社,2020:68.
② 教育部.语文(必修 上册)[M].北京:人民教育出版社,2019:61.
③ 教育部.语文(七年级 上册)[M].北京:人民教育出版社,2016:15.
④ 教育部.语文(选择性必修 上册)[M].北京:人民教育出版社,2020:92.
⑤ 教育部.语文(八年级 下册)[M].北京:人民教育出版社,2017:124.
⑥ 教育部.语文(必修 上册)[M].北京:人民教育出版社,2019:65.
⑦ 教育部.语文(九年级 下册)[M].北京:人民教育出版社,2018:69.
⑧ 教育部.语文(九年级 下册)[M].北京:人民教育出版社,2018:69.

仙·夜饮东坡醒复醉》），在颠沛流离中保持着进退自如的气度，即使被贬惠州也依然热爱生活、热爱美食，写下"日啖荔枝三百颗，不辞长作岭南人"（《惠州一绝·食荔枝》）。无论身在何处，无论官处何位，不管爵禄高低，他都随遇而安，乐观豁达。

鲁迅是语文课本中的长亮明灯、不熄烛火，他既有"寄意寒星荃不察，我以我血荐轩辕"（《自题小像》）的刚正不阿，又有"度尽劫波兄弟在，相逢一笑泯恩仇"（《题三义塔》）的宽容温和，他"和而不同"的品格集中体现为"横眉冷对千夫指，俯首甘为孺子牛"（《自嘲》）。

杨绛是兼具阳刚与阴柔之美的知识分子，在战乱中临危不惧，于强敌面前显示出浩然正气，面对苦难内心坦荡，毫不畏惧，即使生活贫困仍乐善好施，关心着如老王这样小人物的生存。

无数古今文人饱读诗书，秉持"不义而富且贵，于我如浮云"①的理念，蔑视权贵，坚守道义，视金钱如粪土。同时，他们在历经坎坷之后，品尽人生百态，包容而不盲从。他们能流芳百世正在于其人格健全，既有不染纤尘的一面，又有极富情趣的另一面。白居易、欧阳修、辛弃疾、李商隐、文天祥、张岱、老舍、史铁生、杨绛，无不具有这样的人格魅力。这样的人格之美筑成了文学审美的意义世界。

(二)文学形象的"和而不同"

语文教材所选录的文学作品呈现了大量"和而不同"的君子形象。比如鲁迅笔下的藤野先生，他能够摒弃许多人难以放下的民族偏见，尊重来自他国的学生，他的"不同"是建立在正直的品格、严谨的治学态度、朴实的本性之上的。所以，即便他面貌黑瘦、穿着并不讲究，却因内心的坚守而让人感到可亲、可敬、可爱。多年后鲁迅回忆起他说，"在我所认为我师的之中，他是最使我感激，给我鼓励的一个"②。其中"最使我感激""给我鼓励"，在鲁迅的其他作品中是很少出现的评价。鲁迅这样评价藤野先生："他的性格，在我的眼里和心里是伟大的，虽然他的姓名并不为许多人所知道。"③如今，他的姓名已为许多学子所知。

---

① 杨伯峻.论语译注[M].北京:中华书局,1980:71.
② 教育部.语文(八年级 上册)[M].北京:人民教育出版社,2017:25.
③ 教育部.语文(八年级 上册)[M].北京:人民教育出版社,2017:25.

《说和做——记闻一多先生言行片断》中的闻一多,他坚守民主自由的信念,"他向全国人民呼喊,叫人民起来,反对独裁,争取民主"①,在李公朴同志被害后,他敢于站出来大骂特务,所以,臧克家写道:"闻一多先生,是卓越的学者,热情澎湃的优秀诗人,大勇的革命烈士。"②

《陋室铭》中的陋室主人,固守"德馨"之志,淡泊名利,不与世俗同流,房屋虽然简单,又"何陋之有"③。

《叶圣陶先生二三事》中的叶圣陶待人宽厚,温和恭谨,凡有友人来看望,告辞时他必亲自相送,"举手打拱,不断地说谢谢"④。这是他为人的宽厚。在做事时,他有一定之规,例如作文,力求简明,"譬如近些年来,有不少人是宣扬朦胧的,还有更多的人是顺势朦胧的,对于以简明如话为佳文的主张,就必付之一笑。而叶先生则主张写完文章后,可以自己试念试听,看像话不像话,不像话,坚决改"⑤。可见,叶圣陶作为白话文的倡导者,在写作上他坚守言简意赅的语文原则,不盲人朦胧之风,但平日里待人谦和宽容,令人如沐春风,所以张中行说:"叶老既是躬行君子,又能学而不厌,诲人不倦,所以确是人之师表。"⑥

第四节　探寻"中和"的情感表达美

文学作品总是要言志抒情,这就涉及对"度"的把握。孔子讲"乐而不淫,哀而不伤"⑦,说的是《关雎》在表达男女之情时恬淡温和,写出"琴瑟友之"的喜悦,欢乐却不过分,写出"求而不得"的苦闷,哀愁而无伤身体,读起来让人十分舒适。童庆炳把这个度称为"快适度"⑧,也就是在情感上找到一个平衡,这是符合中国人的审美标准的。也有学者提出:"中国美学强调情感的表现,但同时

---

① 教育部.语文(七年级 下册)[M].北京:人民教育出版社,2016:11.
② 教育部.语文(七年级 下册)[M].北京:人民教育出版社,2016:11.
③ 教育部.语文(七年级 下册)[M].北京:人民教育出版社,2016:101.
④ 教育部.语文(七年级 下册)[M].北京:人民教育出版社,2016:89.
⑤ 教育部.语文(七年级 下册)[M].北京:人民教育出版社,2016:90.
⑥ 教育部.语文(七年级 下册)[M].北京:人民教育出版社,2016:89.
⑦ 杨伯峻.论语译注[M].北京:中华书局,1980:30.
⑧ 童庆炳.寻找艺术情感的快适度——"乐而不淫,哀而不伤"新解[J].中华活页文选(教师版),2007(7):16.

它又十分强调'情'必须与'理'相统一。"①《礼记》曰,"温柔敦厚,《诗》教也"②。这也能说明诗歌表现情感的最佳状态便是温柔敦厚,而不是无节制、非理性地抒情,"不论在任何历史时代,也不论艺术所表现的情感的具体内容如何,真正的艺术作品所表现的情感都不是动物生理的情感,而是具有普遍的社会性的情感"③。这一审美标准植根于备受文人志士认同的和合文化。而我们也可以发现,语文教材所选录的文学作品少有大开大合的喜怒哀乐,少有意气用事的抒发,往往都表现出含蓄深沉的特点。

一、"中和"美学的思想内涵

中和之美是中国传统审美鉴赏与创造的重要原则。在先秦时期,美学与哲学是融合在一起的,中和之美的发展也是如此,它的产生与发展皆是在"和合"的哲学思想的母体中进行的。

(一) 中和的哲学思想来源

古人对中和的认知经历了漫长的过程,总体来说可概括为在与自然的长期相处中建立了天人合一的宇宙观,在对自然规律的思考中创立了"天六地五"的阴阳五行说,而后经孔子概括而形成了中庸的思想。

1. 天人合一的宇宙观

在天与人的问题上,中国古人始终秉持"天地与我并生,而万物与我为一"④的观点,认为在天地之间的人应当"赞天地之化育"⑤。这是因为中国自古以来就以农耕为主要生产方式,人们在自然中劳作生活,与自然和谐相处是劳动生活的重中之重,所以四季的更迭、鸟兽的繁育、花草树木的枯荣,这一切在古代先哲的头脑中升华为不偏不倚、无过无不及、共存共荣的有序平衡的"中"的观念与"和"的观念。⑥

---

① 李泽厚,刘纲纪.中国美学史:先秦两汉编[M].合肥:安徽文艺出版社,1999:24.

② 杨天宇.礼记译注[M].上海:上海古籍出版社,2004:650.

③ 李泽厚,刘纲纪.中国美学史:先秦两汉编[M].合肥:安徽文艺出版社,1999:332—333.

④ 陈鼓应.庄子今注今译[M].北京:商务印书馆,2007:88.

⑤ 杨天宇.礼记译注[M].上海:上海古籍出版社,2004:705.

⑥ 孙博,刘琦.古典文学的美与审美[M].长春:吉林文史出版社,2004:3—4.

另外,人们在面对自然灾害时,学会了要与他人、与群体和睦相处以保障生产生活顺利进行。于是人们逐渐意识到做事做人都要找到一个适中的尺度,从而达到和谐的目的。至此,"天人合一"便成为一种哲学思想,并孕育了以"中和"为美的美学理念。

2.天六地五的阴阳五行说

所谓"天六地五",是将天地运行与数相结合的思考结果。《国语·周语》中单襄公说:"天六地五,数之常也。经之以天,纬之以地。经纬不爽,文之象也。"①此谓天有六气,谓之阴、阳、风、雨、晦、明;地有五行,谓之金、木、水、火、土。天、地之律,即数,是以六气为经、以五行为纬,从而成就自然、社会与人之间的和谐。六气之间是相反相成的,五行之间是相克相生的,多种要素在对立中得到融合统一,这便是"中和"。可见,中和是万物得以创生、存在的条件。

在古人看来,阴阳二气是"天六"中的重要因素,两者相交而生,促成万物的繁育。《周易》十分推崇"中"的思想,其六十四卦、三百八十四爻,处处可见以中为吉、以偏为咎的原理,一个显著的例证便是《易》对处于中位的二五之爻格外青睐:《易》中每卦六爻,从初爻至上爻体现了事物产生、发展、变化的过程,而判定吉凶的标准往往是爻位是否处中,"凡在二五中爻的,其爻辞往往多为'利'、'吉'、'亨'、'无咎'、'悔亡'。所谓'得中多誉,故无不利';'得道处中,故君子无咎。'"②

3.孔子提出的中庸思想

孔子继承了前人的"中和"思想,并且将之发展至社会与伦理领域,提出了"中庸"的观念。《论语·雍也》载:"中庸之为德也,其至矣乎!"③在孔子看来,中庸是人的道德水平达到最高的表现。所谓"中",即折中,是在过与不及之间找到合适的尺度;所谓"庸",即平常。杨伯峻讲:"孔子拈出这两个字,就表示他的最高道德标准,其实就是折中的和平常的东西。"④

那么立足道德境界,中庸的标准是什么呢?《论语》将之概括为"过犹不及":"子贡问:'师与商也孰贤?'子曰:'师也过,商也不及。'曰:'然则师愈与?'

---

①　上海师范大学古籍整理组.国语[M].上海:上海古籍出版社,1978:98.
②　董根洪.儒家真精神——"时中"[J].孔子研究,2003(4):20.
③　杨伯峻.论语译注[M].北京:中华书局,1980:64.
④　杨伯峻.论语译注[M].北京:中华书局,1980:64.

子曰:'过犹不及。'"①孔子认为"师"(子张)做事过于心急,是逾越了"中",而"商"(子夏)做事缺乏勇气,是不及"中",两人都没有达到中庸的标准,都不能称为贤。至此,"过犹不及"便成为道德、审美领域"中和"的另一种表达方式。

孔子在教育中把"中和"的道理发挥得淋漓尽致。具体方法是,根据学生的不同情况,采取抑"过"扬"不及"的办法,使学生达到"中"。例如冉有为人过于谨慎畏缩,孔子就鼓励他大胆进取——"求也退,故进之"②。而子路生性莽撞冲动,孔子就对其加以约束——"由也兼人,故退之"③。于是,两个学生都归于"中"。

(二)中和的美学思想内涵

中国古代美学自始便以人与自然、人与人的和谐相处为美,寻找中和之美便成为中国传统美学的第一要义。有学者指出,中和之美包括"主观感受的'和'同客观对象的'和'这样两个方面"④,两方面都达到适中,便是中和,也就是美。

所谓"感官之和",是指声、色、味对于人的感官的满足。因为在文明初期,人们对于"五声""五色""五味"的追求带有粗野的性质,即这种美往往与纯粹的生理快感相混淆,正如史书所记载的酒池肉林、声色犬马等。所以人们不得不反思,感官的享受究竟要达到一个什么程度才是美。答案就是要适度,人与物、人与自身才能达到和。而所谓"客观对象之和",就是外物符合恰当的尺度,以达到和的境界。

《中庸》对此有过透辟的论述:"喜怒哀乐之未发谓之中,发而皆中节谓之和。中也者,天下之大本也;和也者,天下之达道也。致中和,天下位焉,万物育焉。"⑤这段话明确阐释了什么是中和:人内心有喜怒哀乐的情感,表面却不显露出来,这是中;表达这些情绪时,能够有所节制,这是和。在古人看来,"中"是稳定天下之本,"和"是为人处世的道理,强调的是中庸和适中。这里出现的"未

---

① 杨伯峻. 论语译注[M]. 北京:中华书局,1980:114.
② 杨伯峻. 论语译注[M]. 北京:中华书局,1980:117.
③ 杨伯峻. 论语译注[M]. 北京:中华书局,1980:117.
④ 李泽厚,刘纲纪. 中国美学史:先秦两汉编[M]. 合肥:安徽文艺出版社,1999:81.
⑤ 杨天宇. 礼记译注[M]. 上海:上海古籍出版社,2004:691.

发"和"发"两个概念,与《学记》所说的"禁于未发之谓'豫',当其可之谓'时'"①中的意思相似,都是指要选择正确的时间。而《学记》所说"不陵节而施之谓'孙'"②,说的就是"中",即做事要适度,不能超越节度,过犹不及,目的就是要达到《中庸》所说的"发而皆中节",这便是"致中和"。

那么,中和美给人的感官感受又是怎样的呢?《国语·周语》记载,周景王为了铸造无射乐钟而打算先造个大的低音林钟。单穆公反对,认为钟只是奏乐的物什,如果无射按大林钟这样的大钟来造,耳朵无法听到它的声音。钟声本是用来听的,若无法被听到,还算什么钟声。这就如同眼睛看不清的东西,不能硬让眼睛去看,因为眼睛能看到的不过是方尺之间的东西。同样的,对于耳朵来说,只能听到清与浊之间的和声,这种清浊之声不能超过耳朵所能接受的范围。他说:"是故先王之制钟也,大不出钧,重不过石。律度量衡于是乎生,小大器用于是乎出,故圣人慎之。今王作钟也,听之弗及,比之不度,钟声不可以知和,制度不可以出节,无益于乐,而鲜民财,将焉用之!"③单穆公在这里讲到钟声、形象与人的感官之间的关系,即美好的钟声、斑斓的色彩,都应当在人的感官所能接受的范围之内,当声音过大过杂、色彩过乱过度,超过感官所能承受的限度,耳与目对于这样的声色便无法感知。

这一观念为许多哲人所认同,也持相似观点的古希腊哲学家亚里士多德说:"一个非常小的活东西不能美,因为我们的观察处于不可感知的时间内,以致模糊不清;一个非常大的活东西,例如一个一千里长的活东西,也不能美,因为不能一览而尽,看不出它的整一性;……"④可见,过大或过小都不是美,原因是它们超出了人的感官适应度。

这里讲的是一个度,也是一个美,同时也道出"中"与"和"的关系:"中"是一个尺度,"和"是符合这一尺度所达到的效果。张国庆对"中"与"和"的关系做了细致的分析,他认为"和"与"中"是互相渗透的,在"中和"这一整体概念中,"和"是主导,"它使中和成为一种普遍的和谐观,使中和强调着、肯定着统一体内各种不同的以至相反的因素之间对立联结、互济互泄、转化生成的运动过

---

① 杨天宇.礼记译注[M].上海:上海古籍出版社,2004:460.
② 杨天宇.礼记译注[M].上海:上海古籍出版社,2004:460.
③ 上海师范大学古籍整理组.国语[M].上海:上海古籍出版社,1978:123.
④ 北京大学哲学系美学教研室.西方美学家论美和美感[M].北京:商务印书馆,1980:39.

程,以及由此而形成的各因素间的和谐关系结构,或者说统一体的整体和谐状态"①,而"中"是内在精神,"它使中和具有坚决追求正确的特性,它要求动态和谐过程必以中为基准来进行,而静态和谐关系结构也必以中为内在根据而构成"②。这就明确了"中"与"和"各自的任务与二者和谐的关系:"中"是正确性原则,即适中;"和"是一种主导,即达到和谐的境界。

古往今来,中和都是中国哲学和传统美学研究的焦点,形成的观点大致有如下两种。一种是以朱自清为代表的温和敦厚说,即建立中和之美和温和敦厚的诗教之间的关联,朱自清认为,"'温柔敦厚'是'和',是'亲',也是'节',是'敬',也是'适',是'中'"③,即以温和敦厚的诗情画意表现中和之美。另一种是以于民为代表的对立统一说,即把对立面统一起来就是中和了,也就有了中和的美好。结合上述分析,将两种观点结合起来看,可知中和之美的内涵,即万物在相反相成中走向折中,找到最为适中的尺度,保持在感官愉悦的范围之内,这便是和,也就是美了。

二、表达积极情感恰到好处

从心理上讲,正面的情绪更能给人以明显的愉悦享受,如爱、欣赏、赞美等。而从审美角度看,表达有强弱之分,太弱则不能激活情感,太强则走向"淫",变成狂喜、狂热,使审美处于紧张状态,难以产生赏心悦目的审美效果。从艺术表现上讲,情感的抒发要合乎理性,达到情与理的平衡。童庆炳说:"艺术表现的情感应该是一种有节制的、社会性的情感,而不应该是无节制的、动物性的情感。"④

语文教材中的古今选篇往往都是志气平和地抒发热爱、赞美、愉悦之情。

如古文《爱莲说》,以"水陆草木之花,可爱者甚蕃"⑤开篇,既点明了莲的可

　　① 张国庆.论中和之美[J].文艺研究,1988(3):19.
　　② 张国庆.论中和之美[J].文艺研究,1988(3):19.
　　③ 朱自清.诗言志辨[M].长沙:岳麓书社,2011:116.
　　④ 童庆炳.寻找艺术情感的快适度——"乐而不淫,哀而不伤"新解[J].中华活页文选(教师版),2007(7):16.
　　⑤ 教育部.语文(七年级 下册)[M].北京:人民教育出版社,2016:102.

爱,又说明世间有姿色的花卉众多,而莲的美只是其中一种,使赞美始终保持在合理的范围内,深沉大气。接着,用词极简地指出莲的可爱之处:"出淤泥而不染,濯清涟而不妖……"①收尾以花喻人,平实自然地点明"予谓菊,花之隐逸者也;牡丹,花之富贵者也;莲,花之君子者也"②。追求清高品格而不露痕迹,不妄加指责,读来耐人寻味,别有一番境界。

《小石潭记》开篇描写柳宗元初见小石潭时的愉悦心情:"从小丘西行百二十步,隔篁竹,闻水声,如鸣珮环,心乐之。伐竹取道,下见小潭,水尤清冽。全石以为底,近岸,卷石底以出,为坻,为屿,为嵁,为岩。青树翠蔓,蒙络摇缀,参差披拂。"③在这段景物描写中,作者把自己愉快的心情全部投射在翠竹、清水、小径之中,除"心乐之"是直抒胸臆,其余皆为借景抒情,内心的愉悦完全融合在景物之中,这样的表达使读者感到了愉悦,又不觉过度。接着是一段经典的景物描写:"潭中鱼可百许头,皆若空游无所依,日光下澈,影布石上。怡然不动,俶尔远逝,往来翕忽,似与游者相乐。"④在这段描述中,"皆若空游无所依"既写出鱼的自由活泼之态,又从侧面表现出潭水的清澈。其中"怡然不动""俶尔远逝""往来翕忽"将鱼的活泼表现得淋漓尽致,在写景中自然流露出喜悦之情。而"似与游者相乐",表面上说好像鱼儿在与游人嬉戏取乐,实际上是从侧面表达出自己内心的喜悦之情。

《饮酒(其五)》表达了陶渊明离开官场、躬耕田园的从容闲适之乐。"采菊东篱下,悠然见南山"⑤,"山气日夕佳,飞鸟相与还"⑥,作者内心的感受完全融入南山、落日、飞鸟的景象之中,让人体会到诗人在东篱下耕作时内心的自由快乐,而这种快乐的表达恰到好处。即使在作者欲说明这里面的快乐究竟是什么时,其表达也非常含蓄:"此中有真意,欲辨已忘言。"⑦这是说田园生活的乐趣、生命的真谛我此时已经体会到了,只是忘记如何表达了。事实上,作者并非忘记如何用语言表达,而是个中滋味、乐趣、真谛无法用最恰当的语言表达,那么

---

① 教育部.语文(七年级 下册)[M].北京:人民教育出版社,2016:102.
② 教育部.语文(七年级 下册)[M].北京:人民教育出版社,2016:102.
③ 教育部.语文(八年级 下册)[M].北京:人民教育出版社,2017:58.
④ 教育部.语文(八年级 下册)[M].北京:人民教育出版社,2017:58.
⑤ 教育部.语文(八年级 上册)[M].北京:人民教育出版社,2017:135.
⑥ 教育部.语文(八年级 上册)[M].北京:人民教育出版社,2017:135.
⑦ 教育部.语文(八年级 上册)[M].北京:人民教育出版社,2017:135.

此时最佳的表达便是"忘言"。此时无声胜有声,这样的尺度让读者更加陶醉其中。

再如现代散文《济南的冬天》,老舍不无深情地描写了冬天的济南的温晴、小山、小雪、小村庄,在这幅"小水墨画"中自然地流露出喜爱之情,却不过分浓烈,使读者不被迫走进艺术世界,而是自由地进入欣赏的状态。在其为数不多的直接赞叹中,表达也都是中正平和的,如"就是下小雪吧,济南是受不住大雪的,那些小山太秀气"①,三言两语中点出了小雪的美妙之处,点出了自己的愉悦之处,结尾又将赞叹之情全然收敛:"这就是冬天的济南。"②词敛、情隐、意丰,远胜于"我爱冬天的济南"之类过盛的表达,令人意犹未尽。

《社戏》写了"我"儿时看戏的经历。"我"终于盼到了去赵庄看戏的这一天,却因为叫不到船而耽误了时间,心灰意冷。到了傍晚,在双喜的提示下,"我"得知我们可以坐八叔的船去。我们都乐开了花,马上出了门。作品并没有直接写"我"坐上船后一路兴奋的心情,转而写出"我"的所见:"两岸的豆麦和河底的水草所发散出来的清香,夹杂在水气中扑面的吹来;月色便朦胧在这水气里。淡黑的起伏的连山,仿佛是踊跃的铁的兽脊似的,都远远地向船尾跑去了,但我却还以为船慢。他们换了四回手,渐望见依稀的赵庄,而且似乎听到歌吹了,还有几点火,料想便是戏台,但或者也许是渔火。""那声音大概是横笛,宛转,悠扬,使我的心也沉静,然而又自失起来,觉得要和他弥散在含着豆麦蕴藻之香的夜气里。"③在这段经典的景物描写中,"清香""水气""月色""朦胧""踊跃""宛转""悠扬""豆麦蕴藻之香",表面上是写"我"的所见所感,实际上无不在显露着"我"的喜悦之情,这种描写方式让读者也心旷神怡。而"但我却还以为船慢""渐望见依稀的赵庄"则从侧面表达出"我"的急切之情,虽然急切却不急躁,尤其是表达出"我"心情的"沉静""自失",如此收敛地描写喜悦之情,比直接的抒情性描写更使人受感染。

① 教育部.语文(七年级 上册)[M].北京:人民教育出版社,2016:7.
② 教育部.语文(七年级 上册)[M].北京:人民教育出版社,2016:8.
③ 教育部.语文(八年级 下册)[M].北京:人民教育出版社,2017:4.

三、表达消极情感克制适度

消极的情绪是令人不愉快的,比如悲伤、恐惧、愤怒。从美学的角度来说,如果能保持一定的"度",悲伤而不悲痛,恐惧而非惊悚,愤怒而不暴怒,同样能给人带来舒适。拿人生经验来说:"凉快使我们感到愉快,但凉快过分以至于冰冷则使我们感到不愉快。"①拿文学欣赏来说:"浅浅的惆怅、淡淡的忧伤,可能是诗意盎然的,而沉重的哀愁则可能把人压垮。"②

如《湖心亭看雪》,张岱用简练的笔墨勾画出"雾凇沆砀,天与云与山与水,上下一白"③的天高水远之景,这一宏大景观使"长堤一痕,湖心亭一点,与余舟一芥,舟中人两三粒而已"④更显寂寥。万籁寂静,作者将内心的愁绪、孤寂,人生的渺茫之感,如"一痕""一点"般娓娓道来,似有若无。哀伤却如此克制,使人感觉婉而愈深,挥之不去。

再如《关雎》《蒹葭》,既表达了对美好情感的追求,又抒发出爱而不得的忧伤,表达忧伤而不露痕迹。"参差荇菜,左右流之。窈窕淑女,寤寐求之。求之不得,寤寐思服。悠哉悠哉,辗转反侧。"⑤追求淑女却求而不得,固然愁苦,却只用"悠哉悠哉,辗转反侧"来表达这种愁苦,使得忧伤之情绵长而动人。无怪乎孔子以"乐而不淫,哀而不伤"⑥评价《关雎》。"蒹葭苍苍,白露为霜。所谓伊人,在水一方。溯洄从之,道阻且长。溯游从之,宛在水中央。"⑦追寻伊人的道路既阻且长,纵使上下求索,依然求而不得,这般苦闷怅然,作者却没有直接言说,只用"宛在水中央"表达出无尽的忧伤。

再如《秋天的怀念》,全文最悲痛之处在母亲的离去,作者却以淡淡的一句

---

① 童庆炳.寻找艺术情感的快适度——"乐而不淫,哀而不伤"新解[J].中华活页文选(教师版),2007(7):17.

② 童庆炳.寻找艺术情感的快适度——"乐而不淫,哀而不伤"新解[J].中华活页文选(教师版),2007(7):17.

③ 教育部.语文(九年级 上册)[M].北京:人民教育出版社,2018:51.

④ 教育部.语文(九年级 上册)[M].北京:人民教育出版社,2018:51.

⑤ 教育部.语文(八年级 下册)[M].北京:人民教育出版社,2017:63.

⑥ 杨伯峻.论语译注[M].北京:中华书局,1980:30.

⑦ 教育部.语文(八年级 下册)[M].北京:人民教育出版社,2017:64.

"她出去了,就再也没回来"①来表述,不迫不露,克制住发泄的涕泪交流,却愈见情深。全文最发人深思之处是母亲所说的"咱娘儿俩在一块儿,好好儿活,好好儿活……"②,虽未提及爱,却饱含着母亲浓厚的爱,含蓄不尽,至哀而无伤。

又如《背影》,文中共写了四次背影,最详细的一次是父亲为买橘子跨过站台的背影,朱自清写道:"这时我看见他的背影,我的泪很快地流下来了。我赶紧拭干了泪。怕他看见,也怕别人看见。"③此时的朱自清,想起了与父亲长久以来的隔膜,想起了最近家中光景的惨淡与父亲所承受的苦楚,想起了父亲曾经的荣光、此时的衰老落魄,不禁潸然泪下。但朱自清的笔触并没有留恋于对眼泪的描写,而是将对哀伤的抒发控制在适当的程度,"赶紧拭干了泪","怕他看见,也怕别人看见",既真实地表达了当时的心情,又恰到好处地控制了感伤情绪,使人读来更能感受到作者的心境。重新审视流泪这一段描写,如果浓墨重彩大肆渲染,使得哀过于沉重而导致伤的处境,则太过、太重,反而会破坏哀伤之表达意境。

翻看语文教材,多数作者在书写人生的大起大落、大喜大悲时,都尽量避免歇斯底里、过度宣泄,充分体现了《中庸》所讲"喜怒哀乐之未发谓之中,发而皆中节谓之和"④的中和之美。

---

① 教育部.语文(七年级 上册)[M].北京:人民教育出版社,2016:21.
② 教育部.语文(七年级 上册)[M].北京:人民教育出版社,2016:20.
③ 教育部.语文(八年级 上册)[M].北京:人民教育出版社,2017:73.
④ 杨天宇.礼记译注[M].上海:上海古籍出版社,2004:691.

第四章　和合文化的思维教学价值

和合文化孕育了尊重多元、强调创新、注重中和的思维方式,是培养学生语文思维能力的源头活水,深入挖掘语文思维的和合文化本源,能够使学生更加深入地了解中国传统文化的根脉与发展,提升思维能力与思维品质。

第一节　和合文化、思维、语文之逻辑关系证成

黑格尔认为,一个有文化的民族如果没有哲学思维,"就像一座庙,其他各方面都装饰得富丽堂皇,却没有至圣的神那样"①。和合文化以强大的张力渗透在中国社会及中国人生活的各个方面,贯穿其中最为根本的便是和合的思维方式。而语言与思维同时产生,正如洪堡特所说,思维和语言活动是不可分割的统一体。而这一整体孕育在文化的母体之中。因此,以对国家通用语言的学习与运用为目标的语文教学,必然离不开学生对和合文化与和合思维的认知。

一、和合文化诞育和合思维

"在不同文化背景下,必然会产生不同的思维方式。"②古代中国人之所以重视群体、重视人与群体的和谐关系,是因为其劳动生活十分依赖群体的合作。于是,在这种生产方式的影响下,尊重多元、强调创新、注重中和的思维方式得

①　黑格尔.逻辑学(上卷)[M].杨一之,译.北京:商务印书馆,1966:2.
②　王璐.论语言、思维、文化的关系——自历史生成论视角[J].东岳论丛,2009(11):44.

以产生。

我们知道,矛盾冲突无处不在,和合思维不回避矛盾冲突,而追求不同事物相互促进,在相反相成中达到一种平衡,古人称此过程为"济""泄"。春秋时期的晏子说:"和如羹焉,水、火、醯、醢、盐、梅,以烹鱼肉,燀之以薪,宰夫和之,齐之以味,济其不及,以泄其过。君子食之,以平其心。"①意思是要想将肉羹做得美味,就要用水、火、醋、酱、盐、梅等佐料来烹鱼烹肉。如果味道不足,便以盐、梅等相"济",如果过咸过酸,便以水相"泄"。多种有着不同味道的物质在互济互泄中达到平衡,各自保持应有的尺度,这就产生了"和羹",君子食之心平气和。所以古人祭祀时要用"和羹"。《诗经·商颂》讲:"亦有和羹,既戒既平。鬷假无言,时靡有争。"②

可见,和合思维不仅认可事物的多元性,更追求使多元事物从冲突走向融合,强调以缓和、适度、柔性的方式对待矛盾。所以,钱穆认为,中国文化与西方文化都讲冲突与调和,"不过大概说来,似乎西方文化冲突性更大;而中国文化则调和力量更强。这不是说中国文化无冲突,不过没有像西方那样冲突之大;也不是说西方文化无调和,可是它的调和,却没有像中国文化那样的强"③。可以这样概括,西方的调和思维追求的是"寓多于一",而中国的和合思维更看重"执两用中"。

二、和合思维与语文思维能力

语文的教学与思维能力的培养是分不开的。

《普通高中语文课程标准(2017年版)》首次在语文学科领域提出"核心素养"的概念,将"思维发展与提升"写入文件内容,指出学生在语文学习过程中应"获得直觉思维、形象思维、逻辑思维、辩证思维和创造思维的发展"④。

《义务教育语文课程标准(2022年版)》首次在义务教育阶段的语文课程性

---

① 杨伯峻.春秋左传注[M].北京:中华书局,1981:1419.
② 程俊英.诗经译注[M].上海:上海古籍出版社,1985:676.
③ 钱穆.中国文化精神[M].北京:九州出版社,2012:51.
④ 中华人民共和国教育部.普通高中语文课程标准(2017年版)[M].北京:人民教育出版社,2018:4.

质中指出,语文课程正是要"发展思维能力,提升思维品质"①,将"思维能力"列为义务教育阶段语文学科核心素养,指出要培养学生思维的"敏捷性、灵活性、深刻性、独创性、批判性",使学生"有好奇心、求知欲,崇尚真知,勇于探索创新,养成积极思考的习惯"②。同时,将"中华优秀传统文化"确定为语文课程内容的主题之一,并指出要"注重弘扬讲仁爱、重民本、守诚信、崇正义、尚和合、求大同等核心思想理念"③。

"思维和语言的传承均是在文化中进行的"④,对于崇尚和合的中华民族来说,和合文化一经形成便影响着中国人的思维方式,语文教材中的经典选篇集中地体现了这种影响。古今文人在思考问题时看重事物的多个方面,这便是多元思维;更看重矛盾多方互融互摄从而激发出新的事物,这便是创新思维;特别重要的是,更看重矛盾冲突融合的适度,这便是中和思维。学生只有在语文学习中认识和了解这一宝贵传统,才能领悟到语文经典选文的丰富内涵,才能提升思维的敏捷性、灵活性、深刻性,培养独创性和思辨性。

学界对和合文化及和合思维的研究日渐成熟,且已有学者关注到语文的和合思维价值研究,现在需要进一步追问的是,和合思维在语文学习中有哪些呈现,语文教学应如何借助其进一步提升学生的思维能力。

第二节　多元互济:多元思维方式

所谓多元思维,又称全息思维,是一种考虑问题方方面面的思维方式。在方法论上,和合文化讲求多元事物的相互融合。史伯说,"先王以土与金木水火杂,以成百物"⑤。这是说世间万物皆始于土、金、木、水、火五种不同元素的相互

①　中华人民共和国教育部.义务教育语文课程标准(2022年版)[M].北京:北京师范大学出版社,2022:1.

②　中华人民共和国教育部.义务教育语文课程标准(2022年版)[M].北京:北京师范大学出版社,2022:5.

③　中华人民共和国教育部.义务教育语文课程标准(2022年版)[M].北京:北京师范大学出版社,2022:18.

④　王璐.论语言、思维、文化的关系——自历史生成论视角[J].东岳论丛,2009(11):43.

⑤　徐元诰.国语集解[M].北京:中华书局,2002:470.

包容、相互借重,从而繁衍出百物共生共育的和谐局面,"物与物之间的关系由原来对立的关系而成为相生相成以至于相互依赖的关系"①,这一过程即"以他平他"的过程。

可见,"和"是多元、异质共生共育的起因,也是多元、异质共生共育的过程和结果。而百物只是开始,史伯口中的万物生成呈现出这样的状态:"出千品,具万方,计亿事,材兆物,收经入,行姱极。"②"极"为无数,指的是事物从无到有,从少到多,从百物到无数,直至生生不息的过程。

语文是人文性学科,而阅读是个性化行为,语文课本中的佳作之所以能经久流传、历久弥新,正是因为其包含了写作者对事物多角度的判断,使读者能够在阅读和接受的过程中加入自己个性化的理解,激发创造性,如此,便使作品拥有了永恒的生命力。

一、作者多元思维的呈现

文学家多元思维的外化,在语文教材的经典选篇中充分体现。

如《赤壁赋》,苏轼借客之口抒发人生短促、诸事无常的哀叹:"寄蜉蝣于天地,渺沧海之一粟。哀吾生之须臾,羡长江之无穷。"③从一人一世的角度看,生命是渺小而短暂的,气吞宇内如曹操、人生得意如周瑜,也不过是天地之蜉蝣、沧海之一粟。这里,苏轼抒发了自己饱经磨难后对人生的失望之情,同时也反映出苏轼接受了老庄哲学的"无"。以苏轼为代表的中国优秀文人,受儒道等不同文化的浸染,加之沉浮宦海、饱经流离的经历,往往更能以博大深远的视角看待人生与世事。所以,苏轼又以劝慰的口吻提出"自其变者而观之""自其不变者而观之"的人生观:"盖将自其变者而观之,则天地曾不能以一瞬;自其不变者而观之,则物与我皆无尽也,而又何羡乎!"④这段经典表述之所以被历代文人称颂,正在于苏轼能够从多个角度看待人生,从而解决了生命短暂与生命意义之间的观点悖论。作为中学语文教材选篇,它使学生感受到苏轼身处忧患却一笑

---

① 罗安宪.多元和合是中国哲学的根本[J].中国人民大学学报,2019(3):10.
② 徐元诰.国语集解[M].北京:中华书局,2002:471.
③ 教育部.语文(必修 上册)[M].北京:人民教育出版社,2019:119.
④ 教育部.语文(必修 上册)[M].北京:人民教育出版社,2019:119—120.

置之的豁达,更让人赞佩苏轼灵活多元的思维方式,能够将变与不变、有限与无穷、天地与个人等冲突的概念加以融合,对人生做出新的判断。

类似的作品在语文课本中还有很多。如欧阳修的《醉翁亭记》,全文虽以一个"乐"字贯穿,但其背后的情感曲折复杂,既有"饮少辄醉"[①]"颓然乎其间"[②]的苦闷悲观,也有"醉翁之意不在酒,在乎山水之间"[③]的大情怀,读来令人荡气回肠,读来使人心旷神怡。

二、和合思维的本质是尊重"多元"

在解读文本时,我们应该如何看待"哀吾生之须臾"[④]的悲叹、"饮少辄醉"[⑤]的颓态,如何处理儒道思想之间相反相成的关系?换句话说,选篇中一些透露出悲观情绪的思想内容是否应当被选择性忽视甚至批判?

《周易》如是回答:"乾道变化,各正性命。保合大和,乃利贞。"[⑥]这里所说的"大和"是宇宙万物的高度和谐,其前提便是"各正性命"。"性"是自然赋予的,"命"标志着各有差异,即事物在变化中保有各自的生命、价值和应有的地位,物物在互相制约和调节中各得其所,生生地得到维护。

所以老子说:"道生一,一生二,二生三,三生万物。万物负阴而抱阳,冲气以为和。"[⑦]万物独阴或独阳皆不具有创生功能,因此万物怀抱阳而肩负阴,在阴阳的相冲相和中呈现出从无到有、再到多样的过程。中国的文化之所以伟大,之所以能生生不息,正在于其能够认清世界多元共生的本来面貌,并鼓励事物保持各自的本来样貌自由生长。

可见,悲观与豁达、颓然与进取,皆是一体两面,不可截然分开。作品的丰富性、作家的魅力正在于此。语文教学应整体呈现作家的精神世界,并尊重学生的不同理解,培养学生从不同角度思考问题的能力。理解和合文化,有助于

---

① 教育部.语文(九年级 上册)[M].北京:人民教育出版社,2018:48.
② 教育部.语文(九年级 上册)[M].北京:人民教育出版社,2018:49.
③ 教育部.语文(九年级 上册)[M].北京:人民教育出版社,2018:48.
④ 教育部.语文(必修 上册)[M].北京:人民教育出版社,2019:119.
⑤ 教育部.语文(九年级 上册)[M].北京:人民教育出版社,2018:48.
⑥ 周振甫.周易译注[M].北京:中华书局,2013:3.
⑦ 陈剑.老子译注[M].上海:上海古籍出版社,2016:161.

学生尊重多元的存在,认识到读书需要多读多思,经典作品常读常新。①

第三节　冲突融合:创新思维方式

所谓创新思维,是指人在结合已知、探索未知的过程中,从多个角度发现新问题、提出新观点、探求新途径的思维方式。

一、和合的终极追求是创新

《周易》说:"天地纲缊,万物化醇。男女构精,万物化生。"②创新是人类智力的高级表现,也是和合文化的终极追求。天与地、男与女分属阴阳两极,经过"纲缊"与"构精"的冲突融合,孕育出新的生命。从人的产生到万物的化育都是如此。王充在《论衡·自然》中讲:"天地合气,万物自生;犹夫妇合气,子自生矣。"《白虎通义·嫁娶》云:"男女之交,人情之始……"这一思想在很大程度上指引着中国古代科学与文化的发展方向。可以说,我国古代的造纸术、方剂学都是在"和合"思想的指导下产生的,境生象外的美学理论、以弱制强的兵学思想也与"和合"密不可分。和合文化开启了创新思维的范式。

创新是一个民族进步的灵魂。就像《周易》里讲的"天地之大德曰生"③,教育的终极目的不在于传授已知,而在于唤醒人的创新潜能。《周易》里讲:"富有之谓大业,日新之谓盛德。生生之谓易……"④"富有"不仅指物质的,还指价值的、道德的、文化的,只有创新才能富有,才能成就生生不息之大业。

二、语文学科需要创新思维

语文学科作为涵养人文精神的田园,具有培育创新思维的天然优势。语文

---

① 赵萍.和合文化:培养语文思维能力的活水[J].唐山师范学院学报,2022(6):134.
② 周振甫.周易译注[M].北京:中华书局,2013:282.
③ 周振甫.周易译注[M].北京:中华书局,2013:271.
④ 周振甫.周易译注[M].北京:中华书局,2013:248.

教学以听说读写为主要环节,为学生提供了张扬个性、发挥创新能力的广阔空间。在定义"思维能力"时,《义务教育语文课程标准(2022年版)》指出,语文学科要使学生的思维具有"敏捷性、灵活性、深刻性、独创性、批判性"①。其中,"独创性"与创新思维直接相关,"敏捷性""灵活性""深刻性""批判性"都以创新思维能力的提升为特点或结果。所以,教师在语文教学中要珍视学生对文本的创新解读,重视学生写作时的创造性构思,嘉许学生对权威的质疑、对书本内容的突破,鼓励独立思考、大胆质疑、不唯师命的学习精神。

当然,也有观点指出,创新思维因与应试思路相违而难以在日常的语文教学中得到重视。但事实上,随着语文课程改革的推进,中高考日益重视对学生语文核心素养的全面检测,方尺试卷中,大量分值与空间都留待学生发挥创新精神。

横向审视2022年四份高考语文试卷的写作题目,有三个题目与创新相关。全国新高考Ⅰ卷以围棋的三个用语"本手""妙手""俗手"为作文材料关键词,点明"本手是基础,妙手是创造",立意为重视基础,关注创新精神;新高考Ⅱ卷以不同行业工作者的创新事迹为作文材料,如需要"新方法、新思维、新知识"以实现北斗导航系统的全面实际应用,应立足民族文化创作优秀摄影作品以增强年轻人对中国文化的认同,要以建筑作品的创新改变"千城一面"的模式,作文立意是"选择·创造·未来";全国甲卷作文材料是《红楼梦》中写到"大观园试才题对额"时的一个情节——众人题匾,或直接移用古诗文题为"翼然",或借鉴化用诗文题为"泻玉",唯独宝玉根据大观园清新优雅的环境提出取为"沁芳",在文字意境上新颖别致,区别于前两者,为贾政所赞许,是为创新。

纵向考察近三年的高考作文题目可以发现,题目立意高远,写作不难,却难在创新。2022年全国新高考Ⅰ卷语文试题,以初学围棋者如何从本手开始走向妙手、避免成为俗手为作文材料,要求学生写出自己的感悟与思考;2021年全国新高考Ⅰ卷语文试题,以1917年4月毛泽东在《新青年》发表的《体育之研究》为作文材料,要求考生围绕"生而强者不必自喜也,生而弱者不必自悲也"写出自己的感悟;2020年全国Ⅰ卷语文试题,以春秋时期齐桓公重用管仲、鲍叔为作

---

① 中华人民共和国教育部. 义务教育语文课程标准(2022年版)[M].北京:北京师范大学出版社,2022:5.

文材料,要求考生围绕三人谈谈感触,写一篇发言稿。仔细分析三个题目,第一,从形式上看,均为材料作文,避免了押题、赌题。第二,从材料内容上看,脱离了前几年选用最新时事的命题思路,避免了学生套作、宿构。第三,从立意上看,均贴合高中生求学历程中对学习、人生的思考,考察了学生的思辨能力。占据高考试卷 60 分的写作题,任务驱动十分明显,需要学生具备创新意识与创造能力,富有新意地提出自己对人生、学习的新感悟,能够结合自己所学多角度思议、多方式论述,而非人云亦云。

此外,高考试卷的阅读题目,也在材料内容与答题思路上凸显创新思维的重要性。例如 2022 年全国新高考Ⅰ卷语文试题,现代文阅读Ⅰ的材料一摘自习近平《加快构建中国特色哲学社会科学》,材料二摘编自郑敏《新诗百年探索与后新诗潮》。所设题目除三道选择题(每题 3 分)有标准答案,考查文本概括与分析能力外,另外两题均为论述分析题。第 4 题(4 分)为结合材料一对"己所不欲,勿施于人"的处理关系的准则加以分析。第 5 题(4 分)为谈谈如何推动中国古典诗论的"创造性转化、创新性发展"。现代文阅读Ⅱ第 9 题(6 分)是谈谈改写渔夫身份后的文学效果。语言文字运用Ⅰ第 20 题(4 分)是分析所给材料中修辞手法的表达效果。上述题目或以"创新"为材料,或需要学生具备创新思维以回答问题,无不在强调创新思维的价值。

通过上述梳理,我们不难发现:第一,创新逐渐成为高考语文试卷中的高频词;第二,无论是阅读还是写作,都意在考查学生思维的敏捷性、深刻性、灵活性;第三,高考语文愈加赞赏个性思考和创意表达。而对学生来说,知识可能通过背诵获得,但创新思维并不是一朝一夕能够培养出来的,这也为语文教学指明了方向。

第四节　允执厥中:中和思维方式

所谓中和思维,是指在观察和思考问题的时候能够把矛盾的关系协调好,在立场上保持中正的思路。和合文化启发我们,思考问题应不走极端,不偏不倚,使自己的行为始终保持着度的合理。《尚书·大禹谟》讲:"人心惟危,道心惟微,惟精惟一,允执厥中。"①这是说在危险难安的人心与微妙难明的道心中,只有走不偏不倚的路线,勿过、勿不及,才能安全、正确。我们以此对待学习,便不会陷入无所得或过度追求的困境;以此对待他人,则既能保持自己的初心,又能妥善处理人际关系。

一、中和思维发源自和合文化

"中和"作为一个概念来源于和合文化。《中庸》说:"中也者,天下之大本也;和也者,天下之达道也。致中和,天下位焉,万物育焉。"②这是说中与和分别是天下之本、天下达道,独执一方,则万物皆不得其位,只有极高的天与极低的地相互交融,万物达到中和之位才得以繁育。

《周易》以乾、坤两卦为首,乾卦全阳,坤卦全阴,八八六十四卦都是相互对立的,八卦中的天地、山泽、水火、风雷都是相反相成的,在上下互通与交感中取得中和。如"泰"卦,由坤上和乾下组成:坤是地,在上,为阴;乾是天,在下,为阳。所以,卦辞曰:"天地交而万物通也,上下交而其志同也。内阳而外阴,内健而外顺……"③万物在阴阳交感中达到中和之境,乃得亨通。此为《周易》所称道。

二、语文教材选篇所呈现出的中和思维

"和合"不仅认可事物的多元性、差异性,更追求多元、差异的事物之间互涵互化,在碰撞、交融中达到最理想的状态,这个过程及其结果就是中和。这一思维方式也深刻地体现在语文课本诸文学作品的主题之中。统览课文,其主题可大致分为人与自然、人与社会、人与人、人与自我四类,大多数作品呈现出双方或多方关系的和谐之美。人类对自然并非全知,人与他人、人与社会也不可能全无矛盾,中和思维并不回避矛盾,而是提倡以理性、适度、柔性的方式对待矛盾。

---

① 李民,王健.尚书译注[M].上海:上海古籍出版社,2016:33.
② 杨天宇.礼记译注[M].上海:上海古籍出版社,2004:691.
③ 周振甫.周易译注[M].北京:中华书局,2013:49.

(一)人与自然

面对自然,作者们更多是以温柔的笔触描写花鸟鱼虫、山川草木,少有咄咄逼人之态,更少选择狂风暴雨、山崩地裂的突变景色。

如"芳草鲜美,落英缤纷"①的桃花源美境,"雾凇沆砀""上下一白"②的雪中西湖,"庭下如积水空明"③的月下承天寺,"水墨画"④一般的冬日济南,"风轻悄悄的,草软绵绵的"⑤春日景象。再如《岳阳楼记》,即便先以"若夫淫雨霏霏,连月不开,阴风怒号,浊浪排空"⑥的语句描述天气的恶劣,但当作者意识到阴霾过盛时,又转而呈现了一幅灿烂的画面加以中和:"至若春和景明,波澜不惊,上下天光,一碧万顷,沙鸥翔集,锦鳞游泳,岸芷汀兰,郁郁青青。"⑦尤其典型的便是《小石潭记》,柳宗元在呈现出"潭中鱼可百许头,皆若空游无所依"⑧的佳境后写道:"四面竹树环合,寂寥无人,凄神寒骨,悄怆幽邃。以其境过清,不可久居,乃记之而去。"⑨一个"过"字极其耐人寻味。当环境幽静得过分了,就不再是幽静,而是凄凉,这就是"过"。孔子讲"过犹不及"⑩,幽静过头了,热闹过头了,哀伤过头了,喜悦过头了,便脱离了中和,与中国文人的追求不相符合。

(二)人与社会

描写社会时,作者们多以舒缓、中和之基调进行呈现,少有冲突的形式。在表现人与社会的矛盾时,语文教材选文的一个鲜明特点是将其以一种非对抗性的缓和状态进行呈现。有学者提出,"缓和并不是没有矛盾,而是对矛盾的认识与表现并不以暴烈冲突的形式体现"⑪。

以文言诗词为例,大多数作者是文人士大夫,他们与封建政权有着密不可

---

① 教育部.语文(八年级 下册)[M].北京:人民教育出版社,2017:54.
② 教育部.语文(九年级 上册)[M].北京:人民教育出版社,2018:51.
③ 教育部.语文(八年级 上册)[M].北京:人民教育出版社,2017:55.
④ 教育部.语文(七年级 上册)[M].北京:人民教育出版社,2016:7.
⑤ 教育部.语文(七年级 上册)[M].北京:人民教育出版社,2016:2.
⑥ 教育部.语文(九年级 上册)[M].北京:人民教育出版社,2018:45.
⑦ 教育部.语文(九年级 上册)[M].北京:人民教育出版社,2018:45.
⑧ 教育部.语文(八年级 下册)[M].北京:人民教育出版社,2017:58.
⑨ 教育部.语文(八年级 下册)[M].北京:人民教育出版社,2017:59.
⑩ 杨伯峻.论语译注[M].北京:中华书局,1980:114.
⑪ 李福燕.试论中国古典诗词的中和追求与构建社会主义和谐社会的关系[J].湖北第二师范学院学报,2011(5):3.

分的关系,在作品中他们既批判现实又对社会充满期待,难以抑制地表达着对国家、人民的爱。例如,杜甫在《茅屋为秋风所破歌》中写出了屋破漏雨、布衾似铁的艰苦生活,是一己一家之苦,也是因战乱所造成的苍生之苦的缩影。这首诗的神来之笔在末尾的"安得广厦千万间,大庇天下寒士俱欢颜"①,其使整首诗从"破"转为"立"——立广厦,立苍生安居,立天下欢颜。短短 16 个字,作者对社会的美好期望一览无余。正是"破"与"立"的中和,才使诗歌中炽热的对社会的关切从孤立朴素的痛苦抒发中抽离出来,充盈着温暖与崇高,使诗人的形象闪耀着人道主义的光辉②,从而不断激励着一代代学子。

(三)人与人

面对他人,作者们多抱有温和宽容的心态,很少用激烈之辞。例如:有表现一家人之间浓厚亲情的,如《背影》《秋天的怀念》《散步》;有表现男女之间纯洁爱情的,如《关雎》《蒹葭》;有表现忠贞不渝君臣之情的,如《出师表》《邹忌讽齐王纳谏》;有表现师生之间深厚情谊的,如《藤野先生》;即使是毫无血缘关系的人们,也互相尊重、互相关怀,如《阿长与〈山海经〉》《老王》。

翻看语文课本我们会发现,若非必要(关乎民族存亡则为必要,如《记念刘和珍君》《最后一次讲演》等),文章很少有向他人投以激愤之辞,更多的是展现人与人之间温暖真诚的情感。这是为什么? 因为有识之士已将"人和则睦,家和则兴,国和则强"的理念奉为圭臬。孟子讲,"天时不如地利,地利不如人和"③。在这里,"人和"被视为比天时、地利更巨大的力量。《大学》讲:"大学之道,在明明德,在亲民,在止于至善。"④这里所说的"止于至善",是说善是教育的最高境界。邻里和睦、夫妻和谐、人们互相帮助本就是中华民族的传统美德。千百年来,时代在嬗变,知识观念在更迭,但与人为善的精神已深深根植于中华民族的文化之中,延续至今,绵延未来。

(四)人与自我

面对自我,即便在不安、孤独、烦恼的处境之中,作者们也能在宣泄或梦幻

---

① 教育部.语文(八年级 下册)[M].北京:人民教育出版社,2017:124.
② 李福燕.试论中国古典诗词的中和追求与构建社会主义和谐社会的关系[J].湖北第二师范学院学报,2011(5):3.
③ 杨伯峻.孟子译注[M].北京:中华书局,1960:86.
④ 杨天宇.礼记译注[M].上海:上海古籍出版社,2004:800.

中获得心灵的和谐。例如,陶渊明以"结庐在人境,而无车马喧。问君何能尔?心远地自偏"①的方式找到心灵的安宁之处。所谓"心远",就是在"采菊东篱下,悠然见南山"②的闲适中远离尘俗,获得心灵的自在。而苏轼屡经贬谪,谪居黄州时,却能在月夜自由地游览承天寺。他说,"何夜无月?何处无竹柏?但少闲人如吾两人者耳"③,是自嘲,也是欣赏月光竹影的自适自足,显示出其处世态度的豁达,也体现了其进退自如的强大精神世界。

探源和合思维,学生可能会发现中国文化有如参天大树,在茂密的枝干下埋藏着庞大的根系,语文正是由这棵大树构成的生动风景。"和合"所生发的不止有多元、创新、中和的思维方式,还有以和为贵的审美理想、和而不同的君子人格、儒释道交融的文化繁荣等等,牟宗三讲:"文化若要延续下去,就要念兹在兹地保存自己的原则性,决定方向性,不能随便地放弃……"④当前,我们正处在实现中华民族伟大复兴的伟大征程中,延此路探寻,这一宝贵传统文化必将在新时代下焕发新的生机,为中学生理解语文思维、体认民族文化提供充足动力。

---

① 教育部.语文(八年级 上册)[M].北京:人民教育出版社,2017:135.
② 教育部.语文(八年级 上册)[M].北京:人民教育出版社,2017:135.
③ 教育部.语文(八年级 上册)[M].北京:人民教育出版社,2017:55.
④ 转引自潘朝阳.华夏的周文孔孟之道及其现代意义[C]//中国叶圣陶研究会.和合文化传统与现代化.第三届海峡两岸中华传统文化与现代化研讨会论文集.北京:人民教育出版社,2006:145.

第五章　和合文化的文化教学价值

对于一个民族来说,文化是一种精神、一种信念,是民族生存与发展的根脉。在大力提倡核心素养的今天,加强文化教育,既为语文教育的应有之义,亦能充分发挥中华优秀传统文化之优势。《义务教育语文课程标准(2022 年版)》将"文化自信"列在核心素养之首位,这既凸显了文化自信的地位,也为语文教学加强优秀传统文化教育指明了方向。立足语文教学,认知文化、理解文化、契合文化,不仅是引导学生认知本民族文化精髓的重要方法,亦是培养学生正确价值观的有效途径,同时也是引导学生热爱语文、学好语文的重要方式。

第一节　和合文化与文化自信

《普通高中语文课程标准(2017 年版)》将"文化传承与理解"①列入学科核心素养,指出语文教学担负着传承文化的任务。《义务教育语文课程标准(2022 年版)》将"文化自信"②列为语文学科核心素养之首,将高中课标的"文化传承与理解"直接表述为"文化自信",这不仅点明语文教学内容,而且标识着语文教学的方向与目标,也就是让学生在学习文化、理解文化的过程中建立文化自信,呈现出从文化认知、文化认同、文化自觉至文化自信的过程。

---

① 中华人民共和国教育部.普通高中语文课程标准(2017 年版)[M].北京:人民教育出版社,2018:5.

② 中华人民共和国教育部.义务教育语文课程标准(2022 年版)[M].北京:北京师范大学出版社,2022:4.

一、和合与文化自觉

《普通高中语文课程标准(2017年版)》将"文化传承与理解"列入学科核心素养,并指出学生在语文学习中应"继承和弘扬中华优秀传统文化","理解和借鉴不同民族和地区的文化,拓展文化视野,增强文化自觉"①。

"文化自觉"是费孝通在1997年提出的一个概念,"指生活在一定文化中的人对其文化有'自知之明',明白它的来历,形成过程,所具的特色和它发展的趋向"②。张立文在这一基础上指出:文化自觉是中华文化的再发现,是文化自我身份的认同感、归属感、亲和感的体现。③ 可以看出,对于中学生来说,传承文化,最基本的在于自知本民族文化。通过广泛阅读经典,学生们会发现,中国人自古便认同多元共存、和实生物,因此文化的流传与发展稳定而开放,始终保持着百家争鸣、多元共融的风格。语文课本收录古今中外形色各异的经典作品,便是证明。语文课所学的内容是和合的文化。

在全球文化的碰撞交流背景下,张立文进一步指出"自己讲与讲自己"的文化自觉路径。对于中学生而言,从小就要树立中国文化话语权的意识,能结合自己对祖国文化的理解,自己讲述自己的文化。这里所说的"讲自己",是指立足古人智慧,同时结合自己的生活,讲出自己对于文化的理解与展望,使古老的文化在今天继续发挥价值。这便要求中学生能够阐释自己对"和合"的新发现,讲述自己身边的"和合",讲述自己对"和合"价值理想的追求。

二、和合与文化自信

《义务教育语文课程标准(2022年版)》指出,"文化自信是指学生认同中华文化,对中华文化的生命力有坚定信心"④,并提出应使学生"通过语文学习,热

---

① 中华人民共和国教育部.普通高中语文课程标准(2017年版)[M].北京:人民教育出版社,2018:5.
② 费孝通.文化与文化自觉[M].北京:群言出版社,2010:195.
③ 张立文.和合学与文化创新[M].北京:人民出版社,2020:333.
④ 中华人民共和国教育部.义务教育语文课程标准(2022年版)[M].北京:北京师范大学出版社,2022:4.

爱国家通用语言文字,热爱中华文化"①。同时在"课程内容"中进一步指出,弘扬中华优秀传统文化要"注重弘扬讲仁爱、重民本、守诚信、崇正义、尚和合、求大同等核心思想理念"②。可以看出,对于中学生来说,建立文化自信,最基本的在于了解、认同、热爱本民族文化,进而对中华文化的生命力有坚定信心。

楼宇烈认为,仁爱、民本、诚信、正义、和合与大同是对中国传统文化精神的高度概括。③ 和合既是中华文化的精髓,也是被中国人普遍认同的思想精神,而这是否意味着学生学习了和合文化就能建立起文化自信? 这一问题无法给出绝对的答案。然而,有一个不争的事实摆在我们面前:世界历史上曾出现古巴比伦文明、古埃及文明、古希腊文明、古印度文明、玛雅文明、中华文明等,这些古老文明固然令人叹为观止,但大多在历史长河中陨落消失,留下千古遗憾,唯有中华文明,五千年来不曾中断,以顽强的生命力绵延至今。这一令人瞩目的现象其产生的原因是多方面的。其中一个重要的因素是中华文明造就了一个庞大的中华文化体系,它吐故纳新、兼包并蓄、开放创新。翻看语文课本,我们会发现,这一宏大格局浓缩在语文教材的一篇篇经典选文中,体现为中华文化的变与常、儒道贵和的殊途与同归。

第二节　中华文化固有和合精神

中华文化自先秦时期便已出现百家争鸣的兴盛局面。百家学术要旨各异:儒家尚"仁",仁者爱人;墨家尚"义",义者利人;道家尚"道",道法自然。之后名、法、阴阳三家纷纷崛起,既继承儒墨道思想,又别立一支,而贯穿始终、亘古不变的精髓便是"和"。"源远流长的中华文化经过数千年嬗变最终形成了以儒佛道三教为基本组成部分的多元融合、同时也保留各家自身鲜明特色和个性的

---

① 中华人民共和国教育部. 义务教育语文课程标准(2022 年版)[M].北京:北京师范大学出版社,2022:4.

② 中华人民共和国教育部. 义务教育语文课程标准(2022 年版)[M].北京:北京师范大学出版社,2022:18.

③ 王永智. 和合:中华文化的独特品质[M].北京:中国大百科全书出版社,2020:5.

文化系统和基本格局。"①正如钱穆所说,中国"文化中发生冲突,只是'一时之变';要求调和,乃是'万世之常'"②。

一、中华文化的一时之变与万世之常

重温和合文化精神,不是一时发思古之幽情,深刻的原因是历史不断告诉我们,和合文化精神的价值是多元的,对其估计过高或贬抑过多都是不足取的态度,只有正确解读和适度弘扬这一思想精神,才是对树立文化自信的长久滋养。

儒家倡导积极进取,以阳刚之力"修己""安百姓"。古往今来,无数文人墨客受到这种精神的鼓舞,从自我奋进走向胸怀天下。道家返璞归真,追求"物物而不物于物"③的精神境界,成为无数读书人的精神家园。两种思想文化虽表征不同,但都成为中华文化的精神力量,表现为"天行健,君子以自强不息"④,"地势坤。君子以厚德载物"⑤。

事实上,任何一种文化体系都会面临冲突之变与调和之常。中国人更容易看到变化所带来的生机与多种可能性,这是生活在农耕时代的先人对自然的一种认知体验——在农业社会,四季的更迭、物种的进化往往都会给人带来更多的期待,变化中当然潜在危机,但危机里也包含着希望。因此,"中华文化不排斥外来文化,更不敌视其他民族文化,相反是主动吸收融合外来先进文化以强化和发展自己"⑥。"和"的境界,也就成了古往今来的一种美好向往。

二、诸子贵"和"的一致与百虑

以和为贵的思想自诞生之日起,就得到诸子百家的高度认可。史伯讲"和

---

① 陈立旭.和合文化的内涵与时代价值[J].浙江社会科学,2018(2):85.
② 钱穆.中国文化精神[M].北京:九州出版社,2012:50.
③ 余嘉锡.世说新语笺疏[M].北京:中华书局,1983:220.
④ 周振甫.周易译注[M].北京:中华书局,2013:4.
⑤ 周振甫.周易译注[M].北京:中华书局,2013:14.
⑥ 汪守军.中国和合文化的核心意涵及其时代价值[J].湖北省社会主义学院学报,2019(1):60.

实生物"①；《周易》讲"保合大和"②；孔子讲"君子和而不同"③，有子曰"礼之用，和为贵"④；老子讲"万物负阴而抱阳，冲气以为和"⑤；管子讲"畜之以道则民和"⑥；墨子讲"内者父子兄弟作怨恶，离散不能相和合"⑦。这是因为"和"符合当时长期处于动乱中的人们的心理需求，也是时代的呼唤。

然诸子贵"和"的旨趣各异。儒家在亲疏融突中求"和"；道家在人与自然的融突中求"和"；墨家在"不别亲疏"的融突中求"和"；法家在礼与法的融突中求"和"。所以司马谈在《论六家要旨》的开篇就引用《周易》的"天下同归而殊途，一致而百虑"⑧，说的是诸子各有长处。既有共性又各自保留个性，是诸子百家对于文化冲突问题的基本回答。

三、儒道贵"和"的殊途与同归

冯友兰认为，中国传统哲学的主要精神"既是入世的，又是出世的"⑨。儒家治世，道家治身，佛家治心，被三种思想交融涤荡的文人不在少数。他们秉承儒家"士不可以不弘毅"⑩的精神，入世则追求"兼济天下"，出世则"复归于朴"，在儒与道中寻找生命的意义。冯友兰说："入世和出世是对立的，正如现实主义和理想主义是对立的一样。中国哲学的使命正是要在这种两极对立中寻求它们的综合。"⑪

自产生之日起，"和合"思想就得到了儒、道两家的高度认同：

对于道家而言，所谓"和"，就是老子所说的"万物负阴而抱阳，冲气以为

---

① 上海师范大学古籍整理组.国语[M].上海：上海古籍出版社，1978：515.
② 周振甫.周易译注[M].北京：中华书局，2013：3.
③ 杨伯峻.论语译注[M].北京：中华书局，1980：141.
④ 杨伯峻.论语译注[M].北京：中华书局，1980：8.
⑤ 陈剑.老子译注[M].上海：上海古籍出版社，2016：161.
⑥ 戴望.管子校正[M]//诸子集成（第6卷）.长沙：岳麓书社，1996：50.
⑦ 孙诒让.墨子间诂[M].北京：中华书局，2001：73.
⑧ 周振甫.周易译注[M].北京：中华书局，2013：277.
⑨ 冯友兰.中国哲学简史[M].赵复三，译.南京：译林出版社，2018：7.
⑩ 杨伯峻.论语译注[M].北京：中华书局，1980：80.
⑪ 冯友兰.中国哲学简史[M].赵复三，译.南京：译林出版社，2018：8.

和^①,庄子所说的"与人和者,谓之人乐;与天和者,谓之天乐"^②。对于儒家而言,所谓"和",就是孔子所说的"君子和而不同"^③,有子所说的"礼之用,和为贵"^④,孟子所说的"天时不如地利,地利不如人和"^⑤。可以看出儒道两家在"贵和"觉解上的异同,这里既有"和为贵"之目的的同归,又有其在方法和发展上的殊途。

儒家的"和为贵",主要强调在道德范畴内情与礼的调和,以及对君子人格的追求,追求天下的"和"。而在道家,"和"是天地之始,是万物的本然状态,人要效法自然,保持心境平和、顺应自然,并以"挫其锐,解其分,和其光,同其尘"^⑥的不露锋芒的态度面对世界。正所谓"与人和者,谓之人乐;与天和者,谓之天乐"^⑦,显然,庄子把"天和"作为人生理想的安置点,把"天乐"作为人生快乐的制高点。道家的"天和",相对于儒家积极推进的"人和",是对"无为而无不为"的演绎。^⑧ 换句话说,儒道两家都以"和"为最终归宿和理想境界,只是在"为"与"不为"上各有偏好。

需要看到的是,尽管两家以不同方式追求"和",并达到了一致的客观效果,但所包含的个性并没有因此而消除:孔子主张通过道德规范引导人走向君子之境,而庄子则借"天和""天乐"的自然性否定道德的功能——"为道者日损,损之又损之以至于无为,无为而无不为"^⑨。对于儒家来说,"和"是节文,相较而言,道家更看重"和"之导向功能,而儒家则更偏重其道德规范功能。

总之,儒道两家"和"的学说正好分别构成中国文化中的两条路向,它们有如中国文化中的两条大河,气势磅礴,横贯古今,两者相反相成又相得益彰,在交融互涉中维护着民族精神的平衡。^⑩

① 陈剑.老子译注[M].上海:上海古籍出版社,2016:161.
② 陈鼓应.庄子今注今译[M].北京:商务印书馆,2007:396.
③ 杨伯峻.论语译注[M].北京:中华书局,1980:141.
④ 杨伯峻.论语译注[M].北京:中华书局,1980:8.
⑤ 杨伯峻.孟子译注[M].北京:中华书局,1960:86.
⑥ 陈剑.老子译注[M].上海:上海古籍出版社,2016:210.
⑦ 陈鼓应.庄子今注今译[M].北京:商务印书馆,2007:396.
⑧ 杨黎.和合之美:先秦儒家理想人格的美学研究[M].武汉:湖北人民出版社,2016:173.
⑨ 陈鼓应.庄子今注今译[M].北京:商务印书馆,2007:645—646.
⑩ 张立文.和合学与文化创新[M].北京:人民出版社,2020:114.

第三节　和合文化所承载的民族精神
与语文教学之传承

有学者指出,和合是中华文化的独特品质,爱国主义的民族情怀、团结统一的价值取向、贵和尚中的思维模式、厚德载物的博大胸怀等,是中华民族精神的基本内容,彰显了中华优秀传统文化的特质。① 这里所说的爱国主义、团结统一、贵和尚中、厚德载物,道出了和合文化的特质。和合文化历久弥新,其所承载的民族精神在语文教材中得到充分体现,是助力语文教学帮助学生树立文化自信的丰厚资源。

一、爱国主义的民族情怀

在中国文化看来,人和则睦,家和则兴,国和则强,"和合"便是爱家爱国的民族深情。中国人有把国家、民族、家庭、群体放在个人之前的传统心理。英语中"I"(我)永远是大写的,而汉语中则谦称自己为鄙人、在下、晚生,以示对他人的尊敬。"'先天下之忧而忧,后天下之乐而乐'、'天下兴亡,匹夫有责'等格言,在中国不但家喻户晓,而且是奉为圭臬的。"②即便是不识一丁的人也能知道"国家"二字的含义,先国后家,有国才有家。

对于中华儿女来说,国家的兴衰与每个人息息相关,对国家的责任感、使命感、荣誉感是与生俱来的,对国家的热爱、对民族的关怀,以及忧患意识、后乐意识的产生,是基于中华民族屡经波折、文化交融的自我觉醒,"忧国忧民之心是责任意识、承担意识得以生发的活水,是以自我关怀和群众关怀的博大情怀,与民同忧同乐"③。爱国之心、爱民之心、民族之情,构成了语文课本中的一道

---

① 王永智.和合:中华文化的独特品质[M].北京:中国大百科全书出版社,2020:18.
② 金坚范.和合文化之浅见[C]//中国叶圣陶研究会.和合文化传统与现代化:第三届海峡两岸中华传统文化与现代化研讨会论文集.北京:人民教育出版社,2006:22.
③ 张立文.儒学人文精神的现代价值[C]//《朱子学刊》编辑部.朱子学刊 第10辑.合肥:黄山书社,2000:5.

风景。

（一）部编本语文教材中爱国主义主题篇目概况

在语文教材中,表现爱国主义主题的选文数量众多、分布广泛,大致可分为捍卫领土、热爱山河、忧心于民、崇尚民族文化四个类别,篇目概况见表5-1。

表5-1　爱国主义主题篇目概况

	捍卫领土	热爱山河	忧心于民	崇尚民族文化	数量统计
七年级上册		《春》 《济南的冬天》 《雨的四季》 《观沧海》	《散步》 《猫》	《女娲造人》 《〈世说新语〉二则》	8篇
七年级下册	《土地的誓言》 《木兰诗》 《逢入京使》	《黄河颂》 《望岳》 《游山西村》 《晚春》	《老山界》 《老王》 《台阶》 《己亥杂诗（其五）》 《驿路梨花》 《最苦与最乐》	《卖油翁》 《太空一日》 《河中石兽》	16篇

续表

	捍卫领土	热爱山河	忧心于民	崇尚民族文化	数量统计
八年级上册	《春望》《雁门太守行》	《三峡》《与朱元思书》《答谢中书书》《使至塞上》《钱塘湖春行》《昆明的雨》《饮酒（其五)》	《消息二则》《藤野先生》《白杨礼赞》《〈孟子〉二章》	《中国石拱桥》《苏州园林》《梦回繁华》	16篇
八年级下册	《回延安》	《小石潭记》《壶口瀑布》《一滴水经过丽江》《在长江源头各拉丹东》	《卖炭翁》《石壕吏》《桃花源记》《我一生中的重要抉择》《茅屋为秋风所破歌》	《核舟记》《安塞腰鼓》《灯笼》《应有格物致知精神》	14篇
九年级上册	《我爱这土地》《乡愁》	《沁园春·雪》《水调歌头（明月几时有)》《醉翁亭记》《岳阳楼记》	《故乡》《岳阳楼记》（既属于热爱山河,亦属此类）《醉翁亭记》（既属于热爱山河,亦属此类）《中国人失掉自信力了吗》《范进中举》	《敬业与乐业》《怀疑与学问》	11篇

续表

九年级下册	捍卫领土	热爱山河	忧心于民	崇尚民族文化	数量统计
九年级下册	《祖国啊,我亲爱的祖国》《梅岭三章》《唐雎不辱使命》《江城子·密州出猎》《破阵子·为陈同甫赋壮词以寄之》《满江红(小住京华)》《白雪歌送武判官归京》《南乡子·登京口北固亭有怀》《过零丁洋》		《孔乙己》《溜索》《蒲柳人家(节选)》《出师表》《屈原(节选)》《天下第一楼(节选)》《邹忌讽齐王纳谏》《山坡羊·潼关怀古》	《不求甚解》《山水画的意境》《无言之美》《驱遣我们的想象》	21篇
数量统计	17篇	23篇	30篇	18篇	

按年级统计,爱国主义题材的选文,七年级上册有8篇,七年级下册有16篇,八年级上册有16篇,八年级下册有14篇,九年级上册有11篇,九年级下册有21篇,也即七年级共24篇,八年级共30篇,九年级共32篇。可见,爱国主义题材的选文在整个初中语文教材中分布比较广泛,比较均匀。

按分类统计,捍卫领土主题的有17篇,热爱山河主题的有23篇,忧心于民主题的有30篇,崇尚民族文化主题的有18篇。各主题倾向依照数量多寡排列,分别是忧心于民、热爱山河、崇尚民族文化、捍卫领土,体现着热爱人民、忧心民间疾苦、以人为本的爱国主义思想。

(二) 部编本语文教材中爱国主义主题篇目内容分析

1. 忧心于民

人民是国家发展的主体力量。古往今来,文人墨客总是歌颂人民的伟大力量,关心百姓的生活。"先天下之忧而忧,后天下之乐而乐"①说的正是这种伟大的情怀。

比如,《散步》描写了一家四口在春日散步的温馨画面。其中"一霎时,我感到了责任的重大,就像领袖人物在严重关头时那样"②,"但我和妻子都是慢慢地,稳稳地,走得很仔细,好像我背上的同她背上的加起来,就是整个世界"③,这些语句表面上写的是中年人对家庭的责任感,实际上也表达了作者对他人和民族责任的思考,体现了肩负重任的中年人对于生活的高度使命感。又如《岳阳楼记》,作者写完巴陵的胜景,抒发了"居庙堂之高则忧其民,处江湖之远则忧其君"④的忧民情怀。《醉翁亭记》表达了与民同乐的思想,"人知从太守游而乐,而不知太守之乐其乐也"⑤。《孔乙己》写的是一个善良迂腐的人物,意在表现这个苦命的人在当时社会中所受到的冷落。《溜索》写的是一群马帮汉子在奇险的环境中溜索的经历,让人感受到马帮汉子的英雄本色——身手矫健,镇定自若。

2. 热爱山河

从古到今,文人墨客总是在笔下抒发着自己对祖国大好河山的热爱,也许是山清水秀,也许是鸟语花香,都能引发其对家国的一片赤诚和热爱之情。

如《望岳》中所说的"岱宗夫如何?齐鲁青未了。造化钟神秀,阴阳割昏晓。荡胸生曾云,决眦入归鸟。会当凌绝顶,一览众山小"⑥,杜甫在描绘泰山之雄姿时,表达了对这"造化钟神秀"的赞叹之情,字句间流露着爱赏之情。《三峡》以不足二百字的篇幅描写了三峡壮丽的景色,其景色之壮美表现为"两岸连山,略

① 教育部.语文(九年级 上册)[M].北京:人民教育出版社,2018:46.
② 教育部.语文(七年级 上册)[M].北京:人民教育出版社,2016:23.
③ 教育部.语文(七年级 上册)[M].北京:人民教育出版社,2016:24.
④ 教育部.语文(九年级 上册)[M].北京:人民教育出版社,2018:46.
⑤ 教育部.语文(九年级 上册)[M].北京:人民教育出版社,2018:50.
⑥ 教育部.语文(七年级 下册)[M].北京:人民教育出版社,2016:124.

无阙处"①,其奇特表现为"重岩叠嶂,隐天蔽日,自非亭午夜分,不见曦月"②,其趣味表现为"春冬之时,则素湍绿潭,回清倒影,绝𪩘多生怪柏,悬泉瀑布,飞漱其间,清荣峻茂,良多趣味"③。郦道元之所以能抓住三峡的特点,写出其雄奇壮观、幽静的景色,是因为他内心深处无比热爱着祖国的山河。所以在他的笔下,山、泉、柏、水都有一种灵动之感。

3. 崇尚民族文化

文人学者常常在文章中表达出对本民族文化的崇尚,希望这些优秀的文化能够在新的时代继续发扬。中华民族在数千年的发展中创造了丰富多彩的民俗、艺术、思想文化。如《核舟记》介绍了中国的微雕艺术;《安塞腰鼓》展现了西北安塞腰鼓的气势与西北人民生命中奔放与热情的力量;《灯笼》描绘了作者童年时在村里打着灯笼的美好时光,流露出对养育自己的家乡、祖国的深厚感情。在《敬业与乐业》中,梁启超引经据典,表达出对古圣先贤做人、做学问的态度的赞赏,希望人们能够成为既有责任心又有趣味的人,并且说"敬业即是责任心,乐业即是趣味。我深信人类合理的生活总该如此,我盼望诸君和我一同受用!"④叶圣陶在《苏州园林》中呈现了中国典型的园林建筑的匠心之处,即"务必使游览者无论站在哪个点上,眼前总是一幅完美的图画"⑤,所呈现的苏州园林的亭台轩榭的布局、假山池沼的衬托、花草树木的配合,让人不禁感慨,人在园中就如在画中。所以叶圣陶十分推崇祖国的园林艺术,他说:"谁如果要鉴赏我国的园林,苏州园林就不该错过。"⑥

4. 捍卫领土

中华民族自古便眷恋家园,对脚下的热土饱含深情,捍卫主权与领土完整对中华儿女来说是义不容辞的。

如在《土地的誓言》中,端木蕻良抒发了面对国土沦丧的痛苦以及对故土深切的怀恋,他说:"对于广大的关东原野,我心里怀着挚痛的热爱。我无时无刻

---

① 教育部.语文(八年级 上册)[M].北京:人民教育出版社,2017:52.
② 教育部.语文(八年级 上册)[M].北京:人民教育出版社,2017:52.
③ 教育部.语文(八年级 上册)[M].北京:人民教育出版社,2017:52—53.
④ 教育部.语文(九年级 上册)[M].北京:人民教育出版社,2018:23.
⑤ 教育部.语文(八年级 上册)[M].北京:人民教育出版社,2017:102.
⑥ 教育部.语文(八年级 上册)[M].北京:人民教育出版社,2017:102.

不听见她呼唤我的名字,无时无刻不听见她召唤我回去。"①这饱含深情的语言,正是出于对祖国最赤诚的爱,因此他说:"土地,原野,我的家乡,你必须被解放!你必须站立!"②这些语言无不洋溢着作者对于祖国土地的爱重、护卫之心以及盼望祖国强大的情感。

在《我爱这土地》中,艾青以鸟为意象,直接表达自己真挚、炽热的爱国之情。"为什么我的眼里常含泪水?因为我对这土地爱得深沉……"③这一表达忧郁而深情,成为经典,赤子之心跃然纸上。

在《南乡子·登京口北固亭有怀》中,辛弃疾表达出渴望为国收复山河、建功立业的志向。其中"何处望神州?满眼风光北固楼"④表现出他对国土的爱重,"千古兴亡多少事?悠悠。不尽长江滚滚流"⑤写出古今兴亡不尽而他渴望建功立业。整篇词凸显了作者保卫国家的远大志向及浓厚的爱国情怀。

二、团结统一的价值取向

孔子讲"泛爱众",墨子讲"兼相爱",都是提倡将爱推及他人、他物、他文化,凸显出和合文化追求团结统一的价值取向,以及以"和爱"为原则,提倡化解人与人、国与国、不同文化之间矛盾,呼唤"大爱无疆,润泽人人"⑥的精神。

(一)与人为善

《大学》说:"大学之道,在明明德,在亲民,在止于至善。"⑦什么是"止于至善"?这是说"善"是教育的最高境界,教育能够使人善,便是完成了使命,可以止在这里了。《孟子》认为"人皆有不忍人之心":"今人乍见孺子将入于井,皆有怵惕恻隐之心——非所以内交于孺子之父母也,非所以要誉于乡党朋友也,非恶其声而然也。"⑧什么是"恻隐之心"?它是对他人的同情心与同理心,是人

---

① 教育部. 语文(七年级 下册)[M]. 北京:人民教育出版社,2016:43.
② 教育部. 语文(七年级 下册)[M]. 北京:人民教育出版社,2016:45.
③ 教育部. 语文(九年级 上册)[M]. 北京:人民教育出版社,2018:5.
④ 教育部. 语文(九年级 下册)[M]. 北京:人民教育出版社,2018:138.
⑤ 教育部. 语文(九年级 下册)[M]. 北京:人民教育出版社,2018:138.
⑥ 张立文. 和合学的思维特性与智能价值[J]. 中国哲学史,2018(1):28.
⑦ 杨天宇. 礼记译注[M]. 上海:上海古籍出版社,2004:800.
⑧ 杨伯峻. 孟子译注[M]. 北京:中华书局,1960:79—80.

性中的良善。可见,自古我国便提倡与人为善。

在语文教材中,与人为善主题的选文不在少数,具体见表5-2。

表5-2　与人为善主题篇目概况

篇目		数量统计
七年级上册	《闻王昌龄左迁龙标遥有此寄》《秋天的怀念》《散步》《咏雪》《〈论语〉十二章》《纪念白求恩》《猫》	7篇
七年级下册	《说和做——记闻一多先生言行片段》《回忆鲁迅先生(节选)》《孙权劝学》《阿长与〈山海经〉》《老王》《台阶》《叶圣陶先生二三事》《驿路梨花》《陋室铭》《一棵小桃树》《带上她的眼睛》	11篇
八年级上册	《藤野先生》《回忆我的母亲》《记承天寺夜游》《背影》	4篇
八年级下册	《桃花源记》《〈诗经〉二首》《我一生中的重要抉择》	3篇
九年级上册	《酬乐天扬州初逢席上见赠》《水调歌头(明月几时有)》《故乡》《三顾茅庐》	4篇
九年级下册	《孔乙己》《枣儿》《出师表》	3篇

通过表5-2我们可以看到,在初中语文教材中,直接或间接表达"与人为善"思想的篇目共有32篇,其中七年级18篇,八年级7篇,九年级7篇。其分布是广泛的,就数量而言,七年级是最多的。初中阶段是中学生树立人生观、价值观的重要时期,对于他们来说,"与人为善"这个主题易于理解和认知,对其十分重要。

如《咏雪》讲述了在一个大雪纷飞的冬日里,东晋的谢安,在家里与孩子们讨论诗文之事。谢朗的"撒盐空中差可拟"[①]、谢道韫的"未若柳絮因风起"[②],以及谢安"公大笑乐"[③]的回应,让我们看到了一幅诗礼簪缨之家,长辈与晚辈相处其乐融融的温馨画面。

《〈论语〉十二章》更是直截了当地提出了应与人为善:"有朋自远方来,不

[①]　教育部.语文(七年级 上册)[M].北京:人民教育出版社,2016:29.

[②]　教育部.语文(七年级 上册)[M].北京:人民教育出版社,2016:29.

[③]　教育部.语文(七年级 上册)[M].北京:人民教育出版社,2016:29.

亦乐乎?"①"吾日三省吾身:为人谋而不忠乎? 与朋友交而不信乎? 传不习乎?"②与友人相处当然是最愉快的事,而每天自省于忠、自省于信、自省于习,其中的忠与信,所言皆与待人相关。

郑振铎在《猫》中讲述了一家人与三只小猫的故事,直接表现了自己对第三只小猫的愧疚,也间接表达了自己对人生的思考,即我们应当如何对待那些身份低微、比较弱势的人,比如文中的张妈。作者在文章的结尾写道:"我心里十分地难过,真的,我的良心受伤了,我没有判断明白,便妄下断语,冤枉了一只不能说话辩诉的动物。想到它的无抵抗的逃避,益使我感到我的暴怒、我的虐待,都是针,刺我良心的针!"③"自此,我家永不养猫。"④作者所言甚是心酸。伤及内心,既是因对冤枉第三只小猫的愧疚,也是因对全家平日里对张妈的横加指责和呼来喝去的反思,这是一个知识分子友爱、平等进步思想的体现。

王选的《我一生中的重要抉择》,表达了对普通人的力量及年轻人的肯定,文中写道:"我扶植年轻人真心诚意。我们的中年教师,包括我们的博士生导师,都是靠自己奋斗过来的,都是苦出身,所以我们一贯倡导我们的年轻人做的成果,导师没有做什么工作,导师就不署名。"⑤在此,作者表达了自己对学界论资排辈风气的看法,希望破除不良风气,而此举的目的是更多地帮助年轻人。

(二)珍视和平

自古以来中华民族就崇尚和平,慎用武力。这正是基于"和合"的理想。儒家提倡以德、仁、礼等柔和的方式处理各方关系。孔子讲:"远人不服,则修文德以来之。"⑥"君子敬而无失,与人恭而有礼。四海之内,皆兄弟也……"⑦孟子提倡"以德服人者,中心悦而诚服也"⑧,《大学》讲"修齐治平",就连研究兵法的孙子也继承老子"兵者不祥之器,非君子之器"⑨的思想,主张"不战而屈人之兵,

---

① 教育部.语文(七年级 上册)[M].北京:人民教育出版社,2016:50.
② 教育部.语文(七年级 上册)[M].北京:人民教育出版社,2016:50.
③ 教育部.语文(七年级 上册)[M].北京:人民教育出版社,2016:95.
④ 教育部.语文(七年级 上册)[M].北京:人民教育出版社,2016:95.
⑤ 教育部.语文(八年级 下册)[M].北京:人民教育出版社,2017:87.
⑥ 杨伯峻.论语译注[M].北京:中华书局,1980:172.
⑦ 杨伯峻.论语译注[M].北京:中华书局,1980:125.
⑧ 杨伯峻.孟子译注[M].北京:中华书局,1960:74.
⑨ 陈剑.老子译注[M].上海:上海古籍出版社,2016:117.

善之善者也"①。

语文教材中与珍视和平主题相关的选文有八年级上册的《春望》、八年级下册的《桃花源记》《茅屋为秋风所破歌》、九年级下册的《梅岭三章》《唐雎不辱使命》《十五从军征》。

例如《梅岭三章》,是一位革命者在生死关头的告白。前两章,陈毅以"泉台""烽烟"等意象概括革命征程的艰辛,又以"旌旗""捷报"等意象表现不屈的战斗意志和必胜信心。第三章则着重表现了对和平的向往和憧憬:"投身革命即为家,血雨腥风应有涯。取义成仁今日事,人间遍种自由花。"②凸显了作者为国、为民的情怀,及对人民在血雨腥风散尽后过上安宁自由生活的向往。

又如《十五从军征》,描写了一位老兵的回乡之路和回乡所见。"十五从军征,八十始得归"③,控诉战争的漫长。"遥看是君家,松柏冢累累"④,感叹战争给百姓带来的沉痛苦难。"羹饭一时熟,不知饴阿谁。出门东向看,泪落沾我衣"⑤,集中抒发了作者内心的苦痛,凸显了战争给劳动人民造成的伤害,体现了人们向往和平生活的心情。

(三)追求大同

钱穆曾指出,"中国文化是最能调和的,所以五千年到今天,中国还是个中国,愈衍愈大"⑥。中国人有大爱,儒家将这种追求概括为"天下大同"。

所谓"大同",其根本不在"同",而在"和"。《礼记》中详细描绘了这一理想的社会景象:"大道之行也,天下为公,选贤与能,讲信修睦。"⑦在这样的社会中,人们将家人之间的爱推及所有人,老年人能够善终,年轻人都有事情可做,小孩子能健康成长,鳏寡孤独废疾者,都能够正常生活。男人有事业,女人有归处,好的东西能够被大家所分享。人人愿意为国、为家出力气。所以,在这样的社会中是没有作奸犯科的事情的。人们友善和睦,社会和谐,天下即为一家。

---

① 中国人民解放军军事科学院战争理论研究部《孙子》注释小组.孙子兵法新注[M].北京:中华书局,1977:21.

② 教育部.语文(九年级 下册)[M].北京:人民教育出版社,2018:6.

③ 教育部.语文(九年级 下册)[M].北京:人民教育出版社,2018:137.

④ 教育部.语文(九年级 下册)[M].北京:人民教育出版社,2018:137.

⑤ 教育部.语文(九年级 下册)[M].北京:人民教育出版社,2018:137.

⑥ 钱穆.中国文化精神[M].北京:九州出版社,2012:64—65.

⑦ 杨天宇.礼记译注[M].上海:上海古籍出版社,2004:265.

即如王阳明所说："大人者,以天地万物为一体者也。其视天下犹一家,中国犹一人焉。"

现如今,随着世界多元文化的发展,费孝通提出文化反思的概念,也就是要全面认知本土文化,在与外来文化交流的过程中取长补短,不断完善,做到求同存异、兼收并蓄①,最终实现"各美其美,美人之美,美美与共,天下大同"②的美好愿景。

在语文教材中,最具代表性的表达追求天下大同的选文是八年级下册的《大道之行也》。其中,"选贤与能"③讲的是公平地选拔人才,把真正有才干与品德的人选出来做官,"讲信修睦"④讲的是人与人之间真诚相待,"老有所终,壮有所用,幼有所长"⑤讲的是老年人、壮年人、小孩子各得其所,"男有分,女有归"⑥讲的是男子有良好的职业,女子有好的归宿,这样的社会使得鳏、寡、孤、独、废疾等弱势人群都有所依靠,人们不执着于财富的获得,更看重为社会和他人做出自己的贡献,所以"谋闭而不兴,盗窃乱贼而不作,故外户而不闭"⑦。这就是大同社会的美好。

如果说《礼记》是以平实的语言展望了大同社会,那么陶渊明则是在《桃花源记》中以细腻的笔法勾画出了一幅鲜活生动的大同社会图景。在这里,"土地平旷,屋舍俨然,有良田、美池、桑竹之属。阡陌交通,鸡犬相闻"⑧,展现出物产的丰富、社会的井然有序。"黄发垂髫,并怡然自乐"⑨,说的是老人和孩子都自在快乐,没有什么忧心或烦恼的事情,正类似于《大道之行也》中"老有所终,壮有所用,幼有所长"⑩的描述。人们看到外人到来十分热情,"便要还家,设酒杀

---

① 费孝通.百年中国社会变迁与全球化过程中的"文化自觉"——在"21世纪人类生存与发展国际人类学学术研讨会"上的讲话[J].厦门大学学报(哲学社会科学版),2000(4):10.
② 费孝通.文化与文化自觉[M].北京:群言出版社,2010:208.
③ 教育部.语文(八年级 下册)[M].北京:人民教育出版社,2017:119.
④ 教育部.语文(八年级 下册)[M].北京:人民教育出版社,2017:119.
⑤ 教育部.语文(八年级 下册)[M].北京:人民教育出版社,2017:120.
⑥ 教育部.语文(八年级 下册)[M].北京:人民教育出版社,2017:120.
⑦ 教育部.语文(八年级 下册)[M].北京:人民教育出版社,2017:120.
⑧ 教育部.语文(八年级 下册)[M].北京:人民教育出版社,2017:54.
⑨ 教育部.语文(八年级 下册)[M].北京:人民教育出版社,2017:54.
⑩ 教育部.语文(八年级 下册)[M].北京:人民教育出版社,2017:120.

鸡作食"①,"余人各复延至其家,皆出酒食"②,表现出人与人相处时与人为善、热情好客的特点。在这样的桃花源里,我们看到的是社会秩序的良好、人们生活的安逸,这便是陶渊明心中的"大同"社会。

三、贵和尚中的思维模式

《中庸》讲"和也者,天下之达道也"③。所谓"达道",既是基本法则,也是至高的理想。对"达道"的集中表述便是"贵和尚中"的思维模式。

例如,中医讲究对阴阳平衡的遵守,人的身体若想保持平稳健康,就需要在阴阳相和中互运互化。这样,身体的机能才能保持和谐发展的趋势。再如,中式烹饪讲究调和鼎鼐之道,菜肴要有主料、配料、调料,它们相交相济又水乳交融,如此才会有好的味道。中国人春节要吃饺子,饺子好吃关键在馅上,菜、肉、蛋以及各种调料要调和适中,饺子才会美味。而中国人的宴席也体现着这一理念:大家围着圆桌团团而坐,一起享用,讲究的是团圆、和美、共趣的氛围。而中国的龙文化讲究的是"神通"之道,"神通"即在于多元相和——"角似鹿,头似驼,眼似兔,项似蛇,腹似蜃,鳞似鱼,爪似鹰,掌似虎,耳似牛"④,龙身有鳞,可在水中游行,龙背有翼,可搏击长空。

贵和尚中的思维在语文课本中也有很多体现。如《中国石拱桥》主要介绍了河北赵县的赵州桥和北京丰台区的卢沟桥。赵州桥以雄伟见称,其构造体现着贵和尚中的思维:"大拱的两肩上,各有两个小拱。这个创造性的设计,不但节约了石料,减轻了桥身的重量,而且在河水暴涨的时候,还可以增加桥洞的过水量,减轻洪水对桥身的冲击。同时,拱上加拱,桥身也更美观。"⑤这里所说的美观,即在视觉上产生了对称平衡的审美效果,这与中国传统美学的精神十分符合。卢沟桥则胜在巧夺天工的造型上——"桥面用石板铺砌,两旁有石栏石柱。每个柱头上都雕刻着不同姿态的狮子。这些石刻狮子,有的母子相抱,有

---

① 教育部.语文(八年级 下册)[M].北京:人民教育出版社,2017:54.
② 教育部.语文(八年级 下册)[M].北京:人民教育出版社,2017:56.
③ 杨天宇.礼记译注[M].上海:上海古籍出版社,2004:691.
④ 乔继堂.中国吉祥物[M].北京:中国书籍出版社,2021:91.
⑤ 教育部.语文(八年级 上册)[M].北京:人民教育出版社,2017:97.

的交头接耳,有的像倾听水声,有的像注视行人,千姿万状,惟妙惟肖"①。卢沟桥两侧的石柱上雕刻的石狮体现着对称之美,同时,每只石狮的姿态神情各异,在对称中又显示出微妙的不同之处,在稳定中增添活泼之气,充分体现出和合的旨趣。

又如《苏州园林》一文,文中介绍,苏州园林里的门和窗,其图案设计和雕镂功夫都堪称艺术——"四扇,八扇,十二扇"②,从数量上看都是对称的;颜色极少用彩绘,更多的是淡雅舒适的颜色,"梁和柱子以及门窗栏杆大多漆广漆,那是不刺眼的颜色。墙壁白色。有些室内墙壁下半截铺水磨方砖,淡灰色和白色对衬。屋瓦和檐漏一律淡灰色。这些颜色与草木的绿色配合,引起人们安静闲适的感觉"③。整个苏州园林大致是由白色、淡灰色构成,再加上草木之绿。这些颜色多取色彩之中,如淡灰,便是黑白之中,而绿色也是自然的草木之绿,它们的配合体现出尚中的特点,从视觉上给人以极大的恬静舒适之感。

四、厚德载物的博大胸怀

厚德载物,突显了自古以来中华民族对人的道德修养的重视。管子说:"畜之以道则民和,养之以德则民合。和合故能习,习故能偕,偕习以悉,莫之能伤也。"④道德的含义十分丰富,道既是原理也是精神境界,德既指万物本性也指人的品德。通过提高道德修养,人们可以和睦相处,这样的合体不会使人们受到伤害。墨子从反面说明了和睦相处的重要性:如果一个家庭中父子兄弟互相怨恨作恶,"离散不能相和合"⑤,那么人就会像禽兽一样,而天下大乱。在我们民族的价值观中,道德修养的目标是"和",所以,天地和则美,万物和则生,人身和则康,人人和则善,心灵和则静,家庭和则兴,社会和则安,国家和则强,民族和则亲,世界和则宁,文明和则谐。⑥ 所谓博大胸怀,是对人、对己、对事、对物的极

---

① 教育部.语文(八年级 上册)[M].北京:人民教育出版社,2017:97.
② 教育部.语文(八年级 上册)[M].北京:人民教育出版社,2017:104.
③ 教育部.语文(八年级 上册)[M].北京:人民教育出版社,2017:104.
④ 戴望.管子校正[M]//诸子集成(第6卷).长沙:岳麓书社,1996:50.
⑤ 孙诒让.墨子间诂[M].北京:中华书局,2001:74.
⑥ 参见张立文.尚和合的时代价值[J].浙江学刊,2015(5):5—8.

大包容。只有品德高尚的人才能对他人包容,也唯有道德高尚的民族才能对不同文化兼包并蓄。

语文课本可以说是对中华灿烂文化的一个浓缩,它反映了古往今来文人学者对多种哲学思想的继承和发展,他们结合各自独特的人生经历,将多种思想交汇融合,使中华文化兼容并蓄的发展理念传承下来。

(一)选文所含思想的多维质性

语文教材中有大量经典选篇,它们所呈现的思想光芒是多维的而非单一的。现行中学语文教材中有古代诗文百余篇,其中先秦儒道经典选篇有二十余篇,体现儒道思想的古代诗文有七十余篇。值得注意的是,在中学语文课本中,大部分经典都以"篇"的形式呈现,而孔老作品《〈论语〉十二章》《〈老子〉四章》则是以"章"的形式呈现。儒道二水分流会通,并行不悖,两种文化在争鸣与和合中成为强大的精神力量。

陶渊明、柳宗元、韩愈、欧阳修、苏轼等,他们为人正直,为官刚直,怀有"愿得此身长报国"的伟大志向却壮志难酬,或卷入党争,或遭陷害,或遭贬谪,经历人生剧变后,他们的人生从繁华走向荒野,身份从士人沦为"闲人"。历经生活的磨难,他们却在道家超然物外、佛家空寂永恒等思想中找到新的人生目标,在与官场迥然不同的"清风明月"中找到人生的意义:

在彻底告别官场后,陶渊明写下"怀良辰以孤往,或植杖而耘耔。登东皋以舒啸,临清流而赋诗。聊乘化以归尽,乐夫天命复奚疑"①(《归去来兮辞并序》)。

被贬为永州司马后,柳宗元写道:"心凝形释,与万化冥合。然后知吾向之未始游,游于是乎始。"(《始得西山宴游记》)

在被赐金放还后,李白写道:"人生得意须尽欢,莫使金樽空对月。天生我材必有用,千金散尽还复来。"②(《将进酒》)

在晚年隐居蓝田辋川时,王维写道:"独坐幽篁里,弹琴复长啸。深林人不知,明月来相照。"③(《竹里馆》)

在被贬滁州后,欧阳修写道:"醉翁之意不在酒,在乎山水之间也。山水之

---

① 教育部.语文(选择性必修 下册)[M].北京:人民教育出版社,2020:79.
② 教育部.语文(选择性必修 上册)[M].北京:人民教育出版社,2020:92.
③ 教育部.语文(七年级 下册)[M].北京:人民教育出版社,2016:85.

乐,得之心而寓之酒也。"①(《醉翁亭记》)

在被贬黄州后,苏轼写道:"何夜无月?何处无竹柏?但少闲人如吾两人者耳。"②(《记承天寺夜游》)

他们在山水田园、诗意醉饮中慰藉心灵。他们不是纯儒,已褪去"猛志固常在"的锋芒,他们的归隐不同于道士的遁世为志,而是躬耕明志,他们的超脱也不同于僧人的涅槃寂灭,而是寄情山水。可以这样总结,儒家思想给予他们进取的使命感与勇气,道家与佛学思想留给他们追求文人尊严与生命意义的港湾,三者交融使他们进退自如,始终具有面对人生沉浮的韧性。他们漂泊的经历相似,但所追求的"安顿"又各不相同——在陶渊明为隐逸的田园生活,在李白是狂放不羁的自由精神,在王维是"万事不关心"的澄明心态,在柳宗元是"自肆于山水间"的慰藉,在苏轼是豁达的生活态度。愈是意蕴深厚的文本,愈具有思想的多维性。陶渊明写出了一个"桃花源"的梦幻境界,那里有"芳草鲜美,落英缤纷"③的田园风光,有"黄发垂髫,并怡然自乐"④的仁爱之心,有"便要还家,设酒杀鸡作食"⑤的人间温情,有"来此绝境,不复出焉,遂与外人间隔"⑥的归隐之志。

千百年来,他们的人格及才情受到世人仰慕,究其原因,是他们以"和合"思想为底色,既汲取儒释道思想的有益成分,又在其上达到高度融合,从而使每一部作品都饱满而富有个性。

(二)选文兼承儒道思想

"和实生物"是中国先贤对待自然的基本态度,也是对待各种不同文化的基本思路,先贤秉持"万物并育而不相害"⑦的原则推进儒、释、道等各种文化共生共荣。诸如儒、道,虽然其哲学思考各有不同,但我们认为这是"夫物之不齐,物之情也"⑧,是以包容的态度共生共荣,于是文化与文化之间不再有难以逾越的

---

① 教育部. 语文(九年级 上册)[M]. 北京:人民教育出版社,2018:48.
② 教育部. 语文(八年级 上册)[M]. 北京:人民教育出版社,2017:55.
③ 教育部. 语文(八年级 下册)[M]. 北京:人民教育出版社,2017:54.
④ 教育部. 语文(八年级 下册)[M]. 北京:人民教育出版社,2017:54.
⑤ 教育部. 语文(八年级 下册)[M]. 北京:人民教育出版社,2017:54.
⑥ 教育部. 语文(八年级 下册)[M]. 北京:人民教育出版社,2017:56.
⑦ 杨天宇. 礼记译注[M]. 上海:上海古籍出版社,2004:710.
⑧ 杨伯峻. 孟子译注[M]. 北京:中华书局,1960:126.

鸿沟。语文教材中的选篇对儒道思想兼而有之地进行了呈现。

课本中儒家作品的选篇都非常经典。七年级上册第三单元有《〈论语〉十二章》，八年级上册第六单元有《〈孟子〉二章》，选编了《富贵不能淫》《生于忧患，死于安乐》，八年级下册第六单元有《〈礼记〉二则》，选编了《虽有嘉肴》《大道之行也》，八年级下册还有综合性学习"以和为贵"，九年级上册有综合性学习"君子自强不息"，九年级下册第三单元有《孟子》选篇《鱼我所欲也》。其主题多为勉励勤学与君子立志，如"知之者不如好之者，好之者不如乐之者"[①]的乐学精神，"一箪食，一瓢饮，在陋巷，人不堪其忧，回也不改其乐"[②]的固穷精神，"富贵不能淫，贫贱不能移，威武不能屈"[③]的大丈夫气节，"天下为公，选贤与能，讲信修睦"[④]的大同理想。它们体现着儒家涵摄在仁义礼智信等道德范畴内的和合思想，强调情与礼的调和，提倡追求君子人格，运用道德规范成就"人和"。

课本也选编了经典的道家作品。八年级上册第六单元有《愚公移山》，讲的是绝圣弃智。八年级下册第六单元有《〈庄子〉二则》，选编了《北冥有鱼》《庄子与惠子游于濠梁之上》，讲的是不为物累的逍遥精神，如"水击三千里，抟扶摇而上者九万里"[⑤]的绝对自由，"鲦鱼出游从容，是鱼之乐也"[⑥]的不受外物所支配的纯然快乐，体现了道家追求天地之始、万物本然状态的和合。人要效法自然，保持纯然的心境，顺应天性，以"挫其锐，解其分，和其光，同其尘"[⑦]的不露锋芒的态度面对世界，这就是"与人和者，谓之人乐；与天和者，谓之天乐"[⑧]。显然，庄子把"天和"作为一种人生理想，而把"天乐"看作人间快乐的至高境界。"相较于儒家对'人和'的积极主动地推进，可以说，老子和庄子思想中的'和'是'天和'的无为而无不为地演绎"[⑨]。也可以说，儒、道两家都将"和"视为最终归宿和理想境界，但在"为"与"不为"上各有偏好。

---

① 教育部. 语文(七年级 上册)[M]. 北京:人民教育出版社,2016:51.

② 教育部. 语文(七年级 上册)[M]. 北京:人民教育出版社,2016:51.

③ 教育部. 语文(八年级 上册)[M]. 北京:人民教育出版社,2017:127.

④ 杨天宇. 礼记译注[M]. 上海:上海古籍出版社,2004:265.

⑤ 教育部. 语文(八年级 下册)[M]. 北京:人民教育出版社,2017:116.

⑥ 教育部. 语文(八年级 下册)[M]. 北京:人民教育出版社,2017:117.

⑦ 陈剑. 老子译注[M]. 上海:上海古籍出版社,2016:210.

⑧ 陈鼓应. 庄子今注今译[M]. 北京:商务印书馆,2007:396.

⑨ 杨黎. 和合之美:先秦儒家理想人格的美学研究[M]. 武汉:湖北人民出版社,2016:173.

第六章　语文教材选篇的和合文化解读:以儒道经典为例

在儒家的思想体系中,和合的精神主要体现为人与社会的和谐、人与人的和谐、人与内心的和谐,各种对立因素在冲突中走向融合,最终达到统一,由此显示出和合文化的多样性和发展性。

第一节　初中语文教材中儒家经典选文概述

在中国的传统文化中,儒家经典占据了重要地位,两千多年来一直备受关注,使一代代学子在学习与研读中受到极大鼓舞。可以说,儒家经典也是认知中华民族精神的一把钥匙。王余光讲:"我们阅读传统经典,不仅是为了获取知识,也是为了一个悠久文化的传承与发展。这或许是寻求一个完善、独立的自我与品格的最好途径。"①这就讲出了在语文教学中学习经典的重要意义,即有利于文化的传承与发展。

一、初中语文教材中儒家经典选文统计

在部编本初中语文教材中,儒家经典的选篇包含了劝人勤学、与人为善、尊重社会规则等内容,其篇目可见表6-1。

---

① 王余光.论阅读传统经典[J].北京大学学报(哲学社会科学版),2001(1):116.

表 6-1 初中语文教材中儒家经典篇目统计情况

	篇目	主要内容	位置(单元或课)	出处
七年级上册	《〈论语〉十二章》	勤于学问 与人相处 学习方法 淡泊名利 坚守志气	第三单元第 11 课	《论语》
	"有朋自远方来"	与人相处	综合性学习	《论语》 《吕氏春秋》 《世说新语》
八年级上册	《〈孟子〉二章》 (《富贵不能淫》《生于忧患, 死于安乐》)	不畏强暴 坚守气节 砥砺前行 奋发图强	第六单元第 21 课	《孟子》
	"人无信不立"	诚信做人	综合性学习	《论语》
八年级下册	《〈诗经〉二首》 (《关雎》《蒹葭》)	追求爱情或 理想	第三单元第 12 课	《诗经》
	《〈礼记〉二则》 (《虽有嘉肴》《大道之行也》)	实践出真知 大同理想	第六单元第 22 课	《礼记》
	"以和为贵"	与人相处	综合性学习	《论语》
九年级上册	"君子自强不息"	奋发图强	综合性学习	《周易》
九年级下册	《鱼我所欲也》	坚守正义	第三单元第 9 课	《孟子》
	《曹刿论战》	战略战策 取信于民	第六单元第 20 课	《左传》

通过统计我们知道,初中语文课本中的儒家经典选文共涉及 10 课,其中综合性学习以儒家经典为主要内容的有 4 课,出处有《论语》《孟子》《礼记》《左传》等,而出自《论语》《孟子》的内容最多。除七年级下册没有分布外,其余五册分布较为平均。就每篇/课的思想内容来说,可分为做人、做事、治学等几类。从中可以看出儒家经典篇目的语文教学价值,除了文言字词、特殊句式等语言知识,这些选文还能帮助学生理解坚守正义的理想人格、积极进取的处世态度、

勤奋好学的治学理念，使学生在做人、做事、治学等方面都能受到儒家思想的有益补给。

二、初中语文教材中儒家经典选文教学内容概述

儒家经典所包含的教育内容是丰富的，主要包括仁、义、礼、智、信、恕、忠、孝、悌等内容。从前文的统计我们可以知道，这些内容可以划分为三大类——做人，做事，治学。

(一) 做人

儒生素来重视做人，子夏在《论语·八佾》中问诗，就表达了其对做人的重视："子夏问曰：'"巧笑倩兮，美目盼兮，素以为绚兮。"何谓也?' 子曰：'绘事后素。' 曰：'礼后乎?' 子曰：'起予者商也! 始可与言《诗》已矣。'"①子夏问老师《诗经》里"巧笑倩兮，美目盼兮，素以为绚兮"这句话的意思，孔子没有直接说出自己的想法，而是转过头来，说了一句好像跟这个没有太大关系的话：画画的时候，先要有一个干净的底板。子夏马上明白老师的意思——美女首先因为是美女，所以笑起来很美；绘画也是如此，首先要底板干净，然后再画得漂亮。那么，对于人来说，其根本是仁，是底板，之后才是礼，是锦上添花。可见孔子所赞成的"礼后"，就是凸显做人为先、遵礼为后的思路。

初中语文教材中讲述做人道理的儒家经典选文如下，见表6-2。

---

① 杨伯峻. 论语译注 [M]. 北京：中华书局，1980：25.

表 6-2　讲述做人道理的儒家经典选文统计情况

	篇目	课文关键语句	思想内容	位置 （单元或课）	出处
七年级上册	《〈论语〉十二章》	贤哉,回也!一箪食,一瓢饮,在陋巷,人不堪其忧,回也不改其乐。贤哉,回也! 饭疏食,饮水,曲肱而枕之,乐亦在其中矣。不义而富且贵,于我如浮云。 三军可夺帅也,匹夫不可夺志也。①	淡泊名利坚守志气	第三单元第11课	《论语》
八年级上册	《〈孟子〉二章》（《富贵不能淫》《生于忧患,死于安乐》）	居天下之广居,立天下之正位,行天下之大道。得志,与民由之;不得志,独行其道。富贵不能淫,贫贱不能移,威武不能屈。此之谓大丈夫。②	不畏强暴坚守气节	第六单元第21课	《孟子》
	"人无信不立"	人而无信,不知其可也。	诚信做人	综合性学习	《论语》
九年级下册	《鱼我所欲也》	生,亦我所欲也;义,亦我所欲也。二者不可得兼,舍生而取义者也。③	坚守正义	第三单元第9课	《孟子》

由以上统计可知,讲述做人道理的儒家经典课文有 3 篇,另有综合性学习 1

① 教育部.语文(七年级 上册)［M］.北京:人民教育出版社,2016:51—52.
② 教育部.语文(八年级 上册)［M］.北京:人民教育出版社,2017:126—127.
③ 教育部.语文(九年级 下册)［M］.北京:人民教育出版社,2018:48.

课,均出自《论语》或《孟子》,根据其思想内容可分为以下三类。

1. 淡泊名利

在孔子看来,物质的享乐不是生活的真义所在,摆脱物欲是做人的一种境界,淡泊名利则是其具体化的表述。如《〈论语〉十二章》中有:"贤哉,回也! 一箪食,一瓢饮,在陋巷,人不堪其忧,回也不改其乐。贤哉,回也!"①孔子给学生颜回极高的评价,称其为贤。而颜回贤的表现即其对生活的要求很低——所食寡淡、所居简陋,这样的生活一般人无法忍受,颜回却乐在其中。孔子两次感叹"贤哉,回也",充分表达了对颜回的赞赏。

此外,《〈论语〉十二章》有言:"饭疏食,饮水,曲肱而枕之,乐亦在其中矣。不义而富且贵,于我如浮云。"②这里讲了孔子所认可的生活方式,食物就是粗食,所饮就是白水,睡觉就弯着胳膊作枕头,在这样的生活中孔子感到舒适满足,因为在他看来,常人所看重的富贵如果是在不义中取得的,那就如同浮云一般,是不值得留恋的。

对古圣先贤来说,生活的享乐、富贵与权力的获得并不是生活的意义。孔子的这些教导在物质生活极为丰富的今天是具有现实意义的。对于现在的中学生来说,大多数人生活在衣食无忧的成长环境中,他们知道攀比享乐是不对的,但是深层道理何在? 孔子的观点能给他们带来启发:人生的追求不该停留在物质层面,无论是孔子还是颜回,都在物质之外找到了快乐与满足,而唯有在物质之外,人才能真正洞察生活的意义。

2. 坚守志气

孔子看重人的志气,《〈论语〉十二章》有:"三军可夺帅也,匹夫不可夺志也。"③这是说军队的力量不在于将帅,而在于军人的志气。

孟子更以志气为首要,他的主要观点是做人必须坚守气节与正义。

《〈孟子〉二章》其一是《富贵不能淫》。景春认为公孙衍和张仪骁勇善战,他们是有大丈夫气节的英雄。孟子却不赞同,他认为这两个人急功近利,不过是小人得志,根本谈不上气节,真正的大丈夫是生活在广阔的地方,站在正确的位置,行正确的道,坚守仁、礼、义,当有机会实现理想的时候,就和百姓一起合

---

① 教育部.语文(七年级 上册)[M].北京:人民教育出版社,2016:51.
② 教育部.语文(七年级 上册)[M].北京:人民教育出版社,2016:52.
③ 教育部.语文(七年级 上册)[M].北京:人民教育出版社,2016:52.

守正道,当无法实现理想抱负的时候,就独自走正道,这样的大丈夫,"富贵不能淫,贫贱不能移,威武不能屈"①。大丈夫不会为富贵、贫贱、威武所迷乱,大丈夫的选择是坚定不移的。

《鱼我所欲也》中有:"生,亦我所欲也;义,亦我所欲也。二者不可得兼,舍生而取义者也。"②这是说,生命当然是人人都珍视的,道义也是被人们看重的,但如果一定要在两者之间做出取舍,大丈夫定会取义而舍生。由此,学生便能够理解何谓坚守志气、正义、气节,深深受到孔孟思想的感染。

3. 诚信做人

语文教材八年级上册将"人无信不立"作为综合性学习内容的主题。"人无信不立"出自《论语》"人而无信,不知其可也"③,表达了孔子认为做人要正直的观点。本课开篇就讲:"'信',即诚信,是中华民族的传统美德之一,也是社会主义核心价值观之一。"④这一课中设置了几项任务,其一是"引经据典话诚信",要求学生引用经典讲一讲古人关于诚信的名言和故事,其二是"环顾身边思诚信",其三是"班级演讲说诚信",要求学生结合身边的事例谈谈诚信做人。学生通过了解古人的诚信典故、审视今人的诚信观念,以及讲述自己对诚信的看法,将会对何为诚信、怎样诚信有更深刻的认识。

(二) 做事

儒家提倡舍生取义、兼济天下的刚健有为、不断进取的入世精神,主张与人为善,在做事中磨砺奋斗,从政时要心悦诚服,其理想社会是秩序井然的大同社会。

初中语文教材中讲述做事道理的儒家经典选文如下,见表6-3。

① 教育部.语文(八年级 上册)[M].北京:人民教育出版社,2017:126.
② 教育部.语文(九年级 下册)[M].北京:人民教育出版社,2018:48.
③ 杨伯峻.论语译注[M].北京:中华书局,1980:21.
④ 教育部.语文(八年级 上册)[M].北京:人民教育出版社,2017:47.

表 6-3　讲述做事道理的儒家经典选文统计情况

	篇目	课文关键语句	主要内容	位置 (单元或课)	出处
七年级 上册	《〈论语〉十二章》	有朋自远方来,不亦乐乎? 人不知而不愠,不亦君子乎?① 吾日三省吾身:为人谋而不忠乎? 与朋友交而不信乎? 传不习乎?②	与人相处	第三单元 第 11 课	《论语》
	"有朋自远方来"	伯牙绝弦 割席断交	与人相处	综合性学习	《论语》 《吕氏春秋》 《世说新语》
八年级 上册	《〈孟子〉二章》 (《富贵不能淫》《生于忧患,死于安乐》)	故天将降大任于是人也,必先苦其心志,劳其筋骨,饿其体肤,空乏其身,行拂乱其所为,所以动心忍性,曾益其所不能。③ 人恒过,然后能改,困于心,衡于虑,而后作;征于色,发于声,而后喻。入则无法家拂士,出则无敌国外患者,国恒亡。④ 然后知生于忧患而死于安乐也。⑤	砥砺前行,奋发图强	第六单元 第 21 课	《孟子》

① 教育部.语文(七年级 上册)[M].北京:人民教育出版社,2016:50.
② 教育部.语文(七年级 上册)[M].北京:人民教育出版社,2016:50.
③ 教育部.语文(八年级 上册)[M].北京:人民教育出版社,2017:127.
④ 教育部.语文(八年级 上册)[M].北京:人民教育出版社,2017:127—128.
⑤ 教育部.语文(八年级 上册)[M].北京:人民教育出版社,2017:128.

续表

	篇目	课文关键语句	主要内容	位置 (单元或课)	出处
八年级 下册	《〈诗经〉二首》	关关雎鸠,在河之洲。窈窕淑女,君子好逑。① 蒹葭苍苍,白露为霜。所谓伊人,在水一方。溯洄从之,道阻且长。溯游从之,宛在水中央。②	追求爱情或理想	第三单元第12课	《诗经》
	《〈礼记〉二则》 (《虽有嘉肴》《大道之行也》)	大道之行也,天下为公。选贤与能,讲信修睦。③	大同理想	第六单元第22课	《礼记》
	"以和为贵"	礼之用,和为贵。④	与人相处	综合性学习	《论语》
九年级 上册	"君子自强不息"	天行健,君子以自强不息。⑤	奋发图强	综合性学习	《周易》

---

① 教育部. 语文(八年级 下册)[M]. 北京:人民教育出版社,2017:63.

② 教育部. 语文(八年级 下册)[M]. 北京:人民教育出版社,2017:64.

③ 教育部. 语文(八年级 下册)[M]. 北京:人民教育出版社,2017:119.

④ 杨伯峻. 论语译注[M]. 北京:中华书局,1980:8.

⑤ 周振甫. 周易译注[M]. 北京:中华书局,2013:4.

续表

	篇目	课文关键语句	主要内容	位置 （单元或课）	出处
九年级 下册	《曹刿论战》	一鼓作气，再而衰，三而竭。①	战略战策	第六单元 第20课	《左传》
		公曰："衣食所安，弗敢专也，必以分人。"对曰："小惠未遍，民弗从也。"公曰："牺牲玉帛，弗敢加也，必以信。"对曰："小信未孚，神弗福也。"公曰："小大之狱，虽不能察，必以情。"对曰："忠之属也。可以一战。战则请从。"②	取信于民		

由以上统计可知，讲述做事道理的儒家经典选文有5篇，另有综合性学习3课，它们的来源比较广泛，有《论语》《孟子》《诗经》《礼记》等，根据其思想内容可分为以下三类。

1. 奋发图强

千百年来，在不同的历史时期，在各种不同的人生际遇中，奋发图强的精神鼓励着一代代中华儿女迎难而上，奋勇向前。

语文教材八年级上册《〈孟子〉二章》中的《生于忧患，死于安乐》，先列举了舜、傅说、胶鬲、管仲、孙叔敖、百里奚等古圣先贤在贫穷困苦中成长、终成大业的事例，提出磨砺使人奋进的观点，然后说明人在忧患中奋进的道理："故天将

① 教育部. 语文（九年级 下册）[M]. 北京：人民教育出版社，2018：125.
② 教育部. 语文（九年级 下册）[M]. 北京：人民教育出版社，2018：124—125.

降大任于是人也,必先苦其心志,劳其筋骨,饿其体肤,空乏其身,行拂乱其所为,所以动心忍性,曾益其所不能。"①这是说将要从事伟大事业的人,先要经历内心的苦痛、身体的饥困、生活的贫穷、行为错乱,经历过这些,他的内心受到激荡,性情势必隐忍坚毅,从而具备很多原来所不具备的能力。

个人也好,国家也好,都会经历过失、迷茫、改过、忧虑,然后有所作为。所以在忧患和安乐面前,我们要知道,忧患的价值是能催人奋进,而安乐往往会使人沉溺其中而无所作为,这就是"生于忧患,死于安乐"②。

九年级上册把"君子自强不息"列为综合性学习内容的主题,开篇就讲:"'天行健,君子以自强不息。'这句话出自《周易》,意思是天道运行刚健有力,永无止息,而君子处事,也应该遵循天道,刚毅坚韧,持之以恒,努力奋进。这是我国传统文化的精髓,也是中华民族生生不息的精神源泉之一。"③之后,罗列经典中有关"自强不息"的语段,并以祖逖闻鸡起舞、范仲淹断齑画粥等历史故事举例,最后请同学们以"自强不息"为主题开展演讲活动。这类内容正是要告诉学生们奋发图强的做事道理,使他们明白,中国人民自古便是勤劳奋进的,中华民族之所以能屡经风雨依然团结向前,正是因为我们懂得于磨砺中前行的道理。

2. 与人为善

在儒家学者看来,如何与人相处既体现着一个人做人的道德水平,也体现着他做事的原则性。而儒家所提倡的基本原则是与人为善、以和为贵、坚守正义。

语文教材七年级上册《〈论语〉十二章》中有:"有朋自远方来,不亦乐乎?人不知而不愠,不亦君子乎?"④这是说,朋友从远方而来,相处相乐,即使别人不了解、不理解自己,也不感到恼火,这便是君子之行。"吾日三省吾身:为人谋而不忠乎?与朋友交而不信乎?传不习乎?"⑤这是说,在与人相处时,应当多多反思自己。孔子的学生曾子就是这样行事的,每天多次反思:替别人出谋划策尽

① 教育部.语文(八年级 上册)[M].北京:人民教育出版社,2017:127.
② 教育部.语文(八年级 上册)[M].北京:人民教育出版社,2017:127.
③ 教育部.语文(九年级 上册)[M].北京:人民教育出版社,2018:40.
④ 教育部.语文(七年级 上册)[M].北京:人民教育出版社,2016:50.
⑤ 教育部.语文(七年级 上册)[M].北京:人民教育出版社,2016:50.

心竭力了吗？跟朋友交往真诚相待了吗？老师传授的知识复习了吗？这样的反思精神体现出其处处反省自己而不苟责他人的处事原则。七年级上册语文课本将"有朋自远方来"列为综合性学习内容的主题。"伯牙绝弦"的故事展现了伯牙与锺子期之间深厚的友谊。"割席断交"讲述了管宁坚守淡泊之志并与华歆断交的故事，由此向学生说明有关为人处世的一个道理：真诚地对待朋友，但在面对大是大非时要坚守原则，宁可失去朋友也不可以苟同趋赴。

此外，对待所爱之人、所求之志要怀抱善意。语文教材八年级下册中有《〈诗经〉二首》。其一《关雎》，是描写男女恋爱的情诗，以雎鸠相向合鸣的意象表达对爱情的向往。"窈窕淑女，君子好逑"，"窈窕淑女，寤寐求之"，"求之不得，寤寐思服"，"悠哉悠哉，辗转反侧"，"窈窕淑女，琴瑟友之"，"窈窕淑女，钟鼓乐之"①等，都是以男子口吻诉说对淑女的爱慕思恋，其中"寤寐思服""辗转反侧"表达出爱之强烈，"琴瑟友之""钟鼓乐之"又在强烈之上强调着爱情的美好，这种爱慕是饱含着善意的。其二《蒹葭》，有人认为这是写求爱而不得的诗，也有人认为它是写追求理想的诗。而无论是哪一种，我们都可以透过诗句看出"我"对伊人的执着追求与美好向往。随着蒹葭颜色的变化和露水蒸发，伊人或在水一方，或在水中央，或在水之涘，或在水中沚，说明随着时间推进，伊人在远去，而"我"的追求之心是坚定的，对于伊人的向往是真诚的。

另外，八年级下册综合性学习内容之一是"以和为贵"，其中节选了六尺巷的故事，呈现了清康熙年间礼部尚书、文华殿大学士张英与邻居礼让谦和、以和为贵的相处，通过经典呈现和活动，使学生们明白：与人相处时要心怀善意、胸怀宽广。

3. 追求大同

儒家学者胸怀天下，无论做事、做人，还是推行仁义礼教，都是为了规范社会秩序，从而实现大同社会的美好愿景。语文教材八年级下册有《〈礼记〉二则》，其中一则是《大道之行也》，勾画了大同社会的美好景象。所谓"天下为公，选贤与能，讲信修睦"②，是说选拔人才要公正公平，以贤能为用，人与人之间的交往以诚信为原则。所谓"故人不独亲其亲，不独子其子，使老有所终，壮有

---

① 教育部.语文(八年级 下册)[M].北京：人民教育出版社,2017:63.
② 杨天宇.礼记译注[M].上海：上海古籍出版社,2004:265.

所用,幼有所长,矜寡孤独废疾者,皆有所养;男有分,女有归"①,是说社会充满关爱,人们尊老爱幼,弱势人群都能受到照顾,壮年男女各得其所。所谓"货恶其弃于地也,不必藏于己;力恶其不出于身也,不必为己"②,是说人们不贪图财物,只愿成为有用的人,为他人多做贡献,如果人人如此,整个社会便没有作奸犯科之人,家家户户都很安全,这样的社会便是大同社会。

此外,九年级下册的《曹刿论战》呈现了战前曹刿与鲁庄公之间的对话:"公曰:'衣食所安,弗敢专也,必以分人。'对曰:'小惠未遍,民弗从也。'公曰:'牺牲玉帛,弗敢加也,必以信。'对曰:'小信未孚,神弗福也。'公曰:'小大之狱,虽不能察,必以情。'对曰:'忠之属也。可以一战。战则请从。'"③这段对话不是讨论战事,而是在说如何治国待民。其中"衣食所安,弗敢专也,必以分人","牺牲玉帛,弗敢加也,必以信","小大之狱,虽不能察,必以情"是从政之道。在鲁庄公看来,这是通往大同社会的路径。而在曹刿看来,前两者都是小恩惠,不足挂齿,最后一项是说君主能够明察秋毫,对案件进行合理审判,这是取信于民的表现。

(三) 治学

儒生精于学问,勤于治学。如孔子喜读《易经》,反复翻看,使穿竹简的皮绳都断了好几回,后人便以"韦编三绝"来形容他的用功。

语文教材中讲述治学道理相关的儒家经典选文如表6-4所示。

---

① 杨天宇. 礼记译注[M]. 上海:上海古籍出版社,2004:265.
② 杨天宇. 礼记译注[M]. 上海:上海古籍出版社,2004:265.
③ 教育部. 语文(九年级 下册)[M]. 北京:人民教育出版社,2018:124—125.

表6-4　讲述治学道理的儒家经典选文统计情况

	篇目	课文关键语句	主要内容	位置（单元或课）	出处
七年级上册	《〈论语〉十二章》	学而时习之，不亦说乎？① 吾十有五而志于学，三十而立，四十而不惑，五十而知天命，六十而耳顺，七十而从心所欲，不逾矩。② 温故而知新，可以为师矣。③ 学而不思则罔，思而不学则殆。④ 知之者不如好之者，好之者不如乐之者。⑤ 三人行，必有我师焉。择其善者而从之，其不善者而改之。⑥ 逝者如斯夫，不舍昼夜。⑦ 博学而笃志，切问而近思，仁在其中矣。⑧	勤于学问学习方法	第三单元第11课	《论语》

① 教育部. 语文（七年级 上册）[M]. 北京：人民教育出版社，2016：50.

② 教育部. 语文（七年级 上册）[M]. 北京：人民教育出版社，2016：51.

③ 教育部. 语文（七年级 上册）[M]. 北京：人民教育出版社，2016：51.

④ 教育部. 语文（七年级 上册）[M]. 北京：人民教育出版社，2016：51.

⑤ 教育部. 语文（七年级 上册）[M]. 北京：人民教育出版社，2016：51.

⑥ 教育部. 语文（七年级 上册）[M]. 北京：人民教育出版社，2016：52.

⑦ 教育部. 语文（七年级 上册）[M]. 北京：人民教育出版社，2016：52.

⑧ 教育部. 语文（七年级 上册）[M]. 北京：人民教育出版社，2016：52.

续表

	篇目	课文关键语句	主要内容	位置（单元或课）	出处
八年级下册	《〈礼记〉二则》（《虽有嘉肴》《大道之行也》）	虽有嘉肴，弗食，不知其旨也；虽有至道，弗学，不知其善也。是故学然后知不足，教然后知困。知不足，然后能自反也；知困，然后能自强也。故曰：教学相长也。①	学习方法	第六单元第22课	《礼记》

通过上述统计可知,初中语文课本中有 2 篇选自儒家经典的课文讲了治学道理,分别是七年级上册的《〈论语〉十二章》和八年级下册《〈礼记〉二则》之《虽有嘉肴》,课文所表达的思想内容大致可分为以下两类。

1. 勤于学问

孔子一生勤于学问,对学生的要求也是如此。《论语》中有大量关于勤学的论述,能带给中学生有益的思考。比如"学而时习之,不亦说乎"②,说的是跟随老师学习又经常温习,这是何等的愉快啊——这种乐学的态度是勤学;"三人行,必有我师焉。择其善者而从之,其不善者而改之"③,说的是孔子总能发现他人的优点,优点就学下来,如果他人有缺点,便审视自己,为的是使自己变得更好——这种善学的品质是勤学;"逝者如斯夫,不舍昼夜"④,说的是时间像流水一般转瞬即逝,一去不回,孔子感慨学习的时光易逝,劝人爱惜时间——这种惜时如金的思考也是一种勤学的表现。乐学、善学、惜时,便是孔子做学问的基本态度,中学生可在此处受到感染和启发。

2. 探索方法

儒家学者向来就看重对学习方法的探索,七年级上册的《〈论语〉十二章》

① 教育部.语文(八年级 下册)[M].北京:人民教育出版社,2017:119.
② 教育部.语文(七年级 上册)[M].北京:人民教育出版社,2016:50.
③ 教育部.语文(七年级 上册)[M].北京:人民教育出版社,2016:52.
④ 教育部.语文(七年级 上册)[M].北京:人民教育出版社,2016:52.

与八年级下册《〈礼记〉二则》中的《虽有嘉肴》向学生们呈现了优秀的学习方法。

（1）循序渐进

孔子说："吾十有五而志于学，三十而立，四十而不惑，五十而知天命，六十而耳顺，七十而从心所欲，不逾矩。"①这段话之所以成为经典，是因为孔子非常详细地讲述了自己在每个年龄阶段的学习修养内容，呈现出学识随年龄增长而渐进、思想逐步提高的过程。自幼立志于学，青年有所成就，壮年达到无惑，中年乐天知命，老年能接纳不同意见从而收放自如。通过这个过程我们可以发现，学习的过程是漫长的，人会随着年龄的增长而不断进步，道德境界的提高也不是一朝一夕的事情，要经过长时间的磨砺和学习，这个过程是循序渐进的。这也告诉我们，学习知识不能贪多求快，要遵循自然规律和学习规律，不能勉强而为之。这种科学的学习态度能够给中学生提供学习方法方面的指导。

（2）温故知新

孔子曰："温故而知新，可以为师矣。"②在孔子看来，学习新知识的前提是温习旧知识，知旧再更新，才能学有所得，有这样思想的人是可以当老师的。这可使学生们懂得复习的重要性。

（3）学思并举

孔子曰："学而不思则罔，思而不学则殆。"③这是说，一味地学而不思考，就会感到迷惑而无所适从，只是思考却不学习，就会精神疲倦而无所得。子夏曰："博学而笃志，切问而近思，仁在其中矣。"④这是说，人在广泛学习的过程中也就坚定了志向，人善于思考，善于提问，以此来思考身边的人与事，这个过程就培育了"仁"的品德。在此，博学、笃志、切问、近思都是说要想取得学业的进步，就一定要善于思考。学生学习这些内容，再结合自己的学习经历，就会发现，学习知识与勤于思考是同等重要的。

---

① 教育部.语文（七年级 上册）[M].北京：人民教育出版社，2016：51.
② 教育部.语文（七年级 上册）[M].北京：人民教育出版社，2016：51.
③ 教育部.语文（七年级 上册）[M].北京：人民教育出版社，2016：51.
④ 教育部.语文（七年级 上册）[M].北京：人民教育出版社，2016：52.

（4）兴趣为先

孔子曰："知之者不如好之者，好之者不如乐之者。"①这是说，了解怎么学习的人不如喜爱学习的人，喜爱学习的人又不以学习为乐的人。这里强调的是"乐学"的重要性，也就是把学习当作一种快乐来对待，这样的理念能让学生体会到学习兴趣的重要性。

（5）实践出真知

《礼记》讲："虽有嘉肴，弗食，不知其旨也；虽有至道，弗学，不知其善也。"②这句话从生活说到学习：人只有真正品尝美食，才能晓得其中的滋味；人只有真正沉下心来学习，才能知道什么是最高深最美好的道理。这是为什么呢？"学然后知不足，教然后知困。知不足，然后能自反也；知困，然后能自强也。故曰：教学相长也。"③也就是说，学生只有通过学习才能知道不足在哪里，教师只有通过亲自教学才能知道困惑在哪里，清楚了不足与困惑，才能在反思中进步发展，所以说教与学是在实践中互相促进的。由此学生会明白：实践出真知。

第二节　初中语文教材儒家经典选文中的和合文化解读

儒家认为，"和合"是做人、做事、治学的基本准则。孔子推崇"君子和而不同"④，孟子提倡"天时不如地利，地利不如人和"⑤，史伯主张"和实生物"⑥，《周易》讲究"保合大和"⑦，《礼记》提出"和也者，天下之达道也"⑧。可以看出，"和合"几乎是个人生存与社会发展的出发点与归宿，这一主旨在语文课本中也有鲜明的体现。

①　教育部.语文（七年级　上册）[M].北京：人民教育出版社,2016:51.
②　教育部.语文（八年级　下册）[M].北京：人民教育出版社,2017:119.
③　教育部.语文（八年级　下册）[M].北京：人民教育出版社,2017:119.
④　杨伯峻.论语译注[M].北京：中华书局,1980:141.
⑤　杨伯峻.孟子译注[M].北京：中华书局,1960:86.
⑥　上海师范大学古籍整理组.国语[M].上海：上海古籍出版社,1978:515.
⑦　周振甫.周易译注[M].北京：中华书局,2013:3.
⑧　杨天宇.礼记译注[M].上海：上海古籍出版社,2004:691.

在儒家文化看来，人作为群体的一分子，从外部来讲要通过祭祀之礼乐达到与天地和合，从内部来说要通过礼乐之教化达到群体内部及人内心的和合。儒家学者所推崇的和合，其意义有三：第一，聚合多种异质的东西，形成统一体；第二，多种异质的东西在这个统一体中取得平衡；第三，达成平衡是为了新事物的诞生。这三个意义可以归纳为四个词：相异、平衡、统一、新生。这四个词语概括了天地万物的繁育，也揭示了处在天地之中的人类如何与天地、社会、他人、自我相和相生。

天地、国家、社会、族群、人的自我合为一体是儒家文化的核心命题，儒家"十三经"便是以此为主要内容的。教材是面向青少年、承担着传承文化使命与体现教育理念及国家意志的重要载体，而教育的目的是引导学生从自然之人成为社会之人。语文教材所选儒家经典主要传递的是人与自我、人与人、人与社会之间的和合理念，通过古圣先贤的智慧引导学生如何为人处世、面对心灵，从而成为和谐之人。

一、心灵的和合

在儒家学者看来，人唯有遵守礼方能实现与自我的和合，才不会因贫困而自我贬低，亦不会因富贵而自恃傲慢。《礼记·曲礼上》有云："人有礼则安，无礼则危……"①"夫礼者，自卑而尊人，虽负贩者，必有尊也，而况富贵乎？富贵而知好礼，则不骄不淫；贫贱而知好礼，则志不慑。"②富贵而不倨傲，贫贱而心有志向，这便是人内心的和合。要达到这种境界，需要通过教化学习。

（一）选文内容概述

初中语文教材中以人内心和合为主题的儒家经典选文如下，见表6-5。

---

① 杨天宇.礼记译注[M].上海：上海古籍出版社，2004：3.
② 杨天宇.礼记译注[M].上海：上海古籍出版社，2004：3.

表 6-5　以人内心和合为主题的儒家经典选文统计情况

	篇目	课文关键语句	思想内容	位置 （单元或课）	出处
七年级 上册	《〈论语〉十二章》	贤哉,回也! 一箪食,一瓢饮,在陋巷,人不堪其忧,回也不改其乐。贤哉,回也!① 饭疏食,饮水,曲肱而枕之,乐亦在其中矣。不义而富且贵,于我如浮云。②	淡泊名利——贫且乐	第三单元 第11课	《论语》
		学而时习之,不亦说乎? 有朋自远方来,不亦乐乎? 人不知而不愠,不亦君子乎?③ 知之者不如好之者,好之者不如乐之者。④	致力于学——勤且乐		
		三军可夺帅也,匹夫不可夺志也。⑤	坚守志气——微且志		
八年级 上册	《〈孟子〉二章》 (《富贵不能淫》《生于忧患,死于安乐》)	居天下之广居,立天下之正位,行天下之大道。得志,与民由之;不得志,独行其道。富贵不能淫,贫贱不能移,威武不能屈。此之谓大丈夫。⑥	不畏强暴坚持气节	第六单元 第21课	《孟子》

---

① 教育部. 语文(七年级 上册)[M]. 北京:人民教育出版社,2016:51.
② 教育部. 语文(七年级 上册)[M]. 北京:人民教育出版社,2016:52.
③ 教育部. 语文(七年级 上册)[M]. 北京:人民教育出版社,2016:50.
④ 教育部. 语文(七年级 上册)[M]. 北京:人民教育出版社,2016:51.
⑤ 教育部. 语文(七年级 上册)[M]. 北京:人民教育出版社,2016:52.
⑥ 教育部. 语文(八年级 上册)[M]. 北京:人民教育出版社,2017:126—127.

续表

	篇目	课文关键语句	思想内容	位置 (单元或课)	出处
九年级 下册	《鱼我所欲也》	生，亦我所欲也；义，亦我所欲也。二者不可得兼，舍生而取义者也。①	坚守正义	第三单元 第9课	《孟子》

由以上统计可知，语文教材中讲述人内心和合的儒家经典选文共3篇，分别是七年级上册的《〈论语〉十二章》、八年级上册《〈孟子〉二章》中的《富贵不能淫》，以及九年级下册的《鱼我所欲也》。它们分别出自儒家经典《论语》和《孟子》，比较平均地分布在七年级、八年级、九年级，就所论内容来看可大致分为两类。其一，心有所乐。饭疏食、居陋巷却乐在其中，从而获得内心的快乐。其二，心有坚守。或守志，或守气节，从而实现内心的安顿。两者都是在讲人如何面对自我、面对心灵，以及在环境异变或不如人意时，如何获得心灵的和合。

(二) 心灵和合之要旨

张立文认为，现代社会由于生活节奏加快，人们在获得更多物质享受的同时，也面临更多的精神困惑，以及比以往更多的冲突和危机：人类首先面对的是人与自然的冲突，比如环境破坏、生态危机，人们在享受便利生活的同时，却不一定得到更多的快乐体验；人在社会中生存，要面对因社会交往所引发的人与社会及与社会中的他人的冲突；生活在信息技术高度发达年代的人们，难免会因压力、心灵失衡而产生心灵危机。

在这些冲突与危机当中，尤其以人心灵的、精神的冲突与危机最应当得到重视。近年来，青少年群体的心理问题越来越引起人们的关注，张立文认为，青少年产生心理问题的重要原因之一是一些人对生活的意义、生命的价值没有一个明确的认识，在错综复杂的现实生活面前关上了自己心灵的窗户，找不到一种让心灵宁静和安顿的方法。② 翻阅语文教材中的儒家经典选文，特别是孔孟

---

① 教育部.语文(九年级 下册)[M].北京:人民教育出版社,2018:48.
② 张立文.和合学与文化创新[M].北京:人民出版社,2020:242.

经典,会明白古圣先贤正是在文字中教诲后人如何在艰难的环境中坚守内心,从而在淡泊中收获快乐,于坚守中安顿心灵。

1. 乐在其中

孔子主张发愤忘食、立己达人,以实现天下、家国、社会、人际的和合,然而这一切的前提条件是,人们是出于自愿自觉的追求,而非沽名钓誉,出于内心的需求直道而行,而非被迫为之。唯有如此,才能在艰苦的生活中获得内心的快乐。孔子所提出的"发愤忘食,乐以忘忧"及"安贫乐道"等思想,其关键都在一个"乐"字。在课文《〈论语〉十二章》中,体现出这一价值取向的文字有四段,大体可分为两类。

(1)淡泊名利——贫且乐

孔子重视从内心感受的升华中获得乐趣,《〈论语〉十二章》中有两段文字可以印证此观点,一为孔子称赞颜回,一为孔子表达志向:

子曰:"贤哉,回也! 一箪食,一瓢饮,在陋巷,人不堪其忧,回也不改其乐。贤哉,回也!"①

子曰:"饭疏食,饮水,曲肱而枕之,乐亦在其中矣。不义而富且贵,于我如浮云。"②

这两段文字的表述非常相似,都是说贤人往往能够在饮食简单、居所简陋的条件下生活,寻常人以此为忧,他们却能够乐在其中。两段话表面看来似乎是在强调淡泊以明志、在艰难困苦中励志,但仔细读来又会发现,其重点皆在一个"乐"字,强调的是无论环境如何,贤者皆能自得其乐,因为他们的快乐是来自内心,而非建立在他人或外物之上,这种快乐无关外物、不涉他人,故而是纯粹而长久的。为何孔子如此看重人内心的快乐且如此强调于贫困中依然快乐呢?归其原因,在于他强调人的内心不应受制于外物与他人。联系孔子与子贡的对话,我们便能深入地理解这种内心的快乐:"子贡曰:'贫而无谄,富而无骄,何如?'子曰:'可也,未若贫而乐,富而好礼者也。'"子贡问老师:"一个人如果贫穷却不谄媚、富贵却不骄纵,如何?"孔子的回答是:"可以,但还是不如贫困却依然快乐,富贵却依然尊重礼节。"由此可以看出"贫而无谄"与"贫而乐"之间的

---

① 教育部.语文(七年级 上册)[M].北京:人民教育出版社,2016:51.

② 教育部.语文(七年级 上册)[M].北京:人民教育出版社,2016:52.

差别。"贫而无谄"固然是守住了气节,贫困却有志气,不谄媚他人,然而这仍是在内心中对"贫"与"富"区别对待,坚守中似多了几分怨意。"贫而乐"则不同,它是在心中对于"贫"与"富"没有任何区别对待,换言之,贫富等一,不变的是内心的快乐。正因内心不受贫富之影响,才能同一对待,贫也依然快乐,富也依然守礼。"未若"表达出孔子的意见,他所强调的是从内心放下对贫富的执着,获得无关于外物的内心的快乐。此种乐是孔子所追求的人生价值的真义——觉悟内心的贞固,即对"内圣"的追求,这也是孔子的高明之处。

(2)致力于学——勤且乐

孔子从社会规范的角度出发,十分看重文化的教育功能,主张学而不厌、诲人不倦。其所谓"勤学"并非"苦学"或"苦中做乐",因为在他看来,学习本身就是充满乐趣的,其韦编三绝的经历也是出于其内心对于《周易》的喜爱,因此孔子追求的勤学境界是以"乐"为主旨的。课文《〈论语〉十二章》中有如下两段文字可以印证此观点:

子曰:"学而时习之,不亦说乎?……"①

子曰:"知之者不如好之者,好之者不如乐之者。"②

孔子主张边学习边回顾,认为这是最快乐的事,又在求知、爱好知识、以知识为乐之间做比较,认为"乐之"是学习的最佳状态和最高境界。可见,孔子所说的勤学,不是为了谋食或出仕,而是为了内心的快乐,以学为乐、以勤为乐才是重点。在这一点上,勤而乐与贫而乐是贯通一致的,都是指向人内心的快乐。所以孔子多次称赞颜回为贤者,不单单是因为他的勤学淡泊,更是因为他的内心纯洁,为后来的学生树立了一个忘忧乐学的榜样。

2. 坚守内心

所谓坚守内心,是在身与心、外物与精神之间发生矛盾时,人能够始终如一地以内心为主,或坚守志向,或坚守气节,或坚守正义,从而使生命意义超脱于见闻知觉。语文课本中的孔孟选文都有内容可证:

(1)子曰:"三军可夺帅也,匹夫不可夺志也。"③(《〈论语〉十二章》)

(2)居天下之广居,立天下之正位,行天下之大道。得志,与民由之;不得

---

① 教育部.语文(七年级 上册)[M].北京:人民教育出版社,2016:50.

② 教育部.语文(七年级 上册)[M].北京:人民教育出版社,2016:51.

③ 教育部.语文(七年级 上册)[M].北京:人民教育出版社,2016:52.

志,独行其道。富贵不能淫,贫贱不能移,威武不能屈。此之谓大丈夫。①(《〈孟子〉二章》)

(3)生,亦我所欲也;义,亦我所欲也。二者不可得兼,舍生而取义者也。②(《鱼我所欲也》)

在孔子看来,军队可以撤换头领,但男儿志向不可丢。在这里,"帅"是外物,"志"是内在的固守,这是守志。在孟子看来,大丈夫的气节在于不为外物所左右,"富贵不能淫,贫贱不能移,威武不能屈"③,无论是面对以富贵为诱,以贫贱为吓,还是以威武为压,心中的气节都是不能为之改变的,这才是守节。再者,孟子认为义重于生,当二者发生矛盾时,当舍生而取义,也即"生,亦我所欲也;义,亦我所欲也。二者不可得兼,舍生而取义者也"④,这就是守义。

那么,为什么在儒家学者看来,任何外物,包括生命都无法与心中的志向、气节、正义相比呢?孟子的解释是内外有别:"仁义礼智,非由外铄我也,我固有之也……"⑤这是说仁义礼智等美好品德,不是因外在要求、外在约束而获得的,而是人的内心本就有的,这里强调的是内心胜于外在约束,人的内心要对自己有所要求,也便是心中要保有志向、气节、正义。那么,心有所求,如何得到心的调和呢?孟子的解释是"求其放心":"仁,人心也;义,人路也。舍其路而弗由,放其心而不知求,哀哉!人有鸡犬放,则知求之;有放心而不知求。学问之道无他,求其放心而已矣。"⑥这是说仁在心、义为路,如果不走正道就失去了本心,失去本心而不知寻找(只知贪图生存、富贵)是最悲哀的,因此做学问别无他路,只有求得本心而获得心安而已。孟子说的是治学,同时也是在说为人、从政,坚守内心的志、节、义,便是心中有仁、行走正道,也就能获得内心的安顿,这便是心的和合。

其实在《鱼我所欲也》中也可以找到这样的解释:"一箪食,一豆羹,得之则生,弗得则死。呼尔而与之,行道之人弗受;蹴尔而与之,乞人不屑也。万钟则

① 教育部.语文(八年级 上册)[M].北京:人民教育出版社,2017:126—127.
② 教育部.语文(九年级 下册)[M].北京:人民教育出版社,2018:48.
③ 教育部.语文(八年级 上册)[M].北京:人民教育出版社,2017:126—127.
④ 教育部.语文(九年级 下册)[M].北京:人民教育出版社,2018:48.
⑤ 杨伯峻.孟子译注[M].北京:中华书局,1960:259.
⑥ 杨伯峻.孟子译注[M].北京:中华书局,1960:267.

不辩礼义而受之,万钟于我何加焉! 为宫室之美、妻妾之奉、所识穷乏者得我与? 乡为身死而不受,今为宫室之美为之;乡为身死而不受,今为妻妾之奉为之;乡为身死而不受,今为所识穷乏者得我而为之;是亦不可以已乎? 此之谓失其本心。"①这是说,饥饿之人不愿意接受嗟来之食,乞丐不愿意接受侮辱之食,而有些人却贪图享乐而接受不符合道义的高官厚禄,这就是失去本心。可见,孟子所讲的心有坚守,其实就是在讲本心,而唯有坚守志、节、义才能守住本心,获得身心的和谐。

二、人与人的和合

儒家学者认为,天、地、人为三才,三者的理想关系是和合。其中,人因天、地之盛而生,居于天、地之中,但其作用是主导和核心,人与人、人与社会达到和合,才能成就三才的和合。而人的和合,"其关键又在于有礼有乐,在于实行礼乐之教,正是在这一个意义上,儒家文化通常又被人们称之为礼乐文化"②。对人施以教化,使其知美向善,便能促进人与人的和合。语文教材中的儒家经典选文,多体现着与人为善、以和为贵的思想。

(一)选文内容概述

初中语文教材中讲述人与人和睦相处、与人为善、以和为贵的儒家经典选文如下,见表6-6。

---

① 教育部.语文(九年级 下册)[M].北京:人民教育出版社,2018:48—49.
② 杜吉刚.阴阳同构与礼乐之用——儒家"和合"观念内在结构分析[J].南昌航空工业学院学报,2007(1):64.

表 6-6　以与人为善、以和为贵为主题的儒家经典选文统计情况

	篇目	课文关键语句	主要内容	位置（单元或课）	出处
七年级上册	《〈论语〉十二章》	有朋自远方来，不亦乐乎？① 人不知而不愠，不亦君子乎？②	以诚待友 与人为善	第三单元 第 11 课	《论语》
		吾日三省吾身：为人谋而不忠乎？与朋友交而不信乎？传不习乎？③	以忠侍君 以信待友		
	"有朋自远方来"	伯牙绝弦 割席断交	交友之道	综合性学习	《论语》《吕氏春秋》《世说新语》
八年级上册	"人无信不立"	人无信不立	诚信待人	综合性学习	《论语》
八年级下册	《〈诗经〉二首》	关关雎鸠，在河之洲。窈窕淑女，君子好逑。④ 蒹葭苍苍，白露为霜。所谓伊人，在水一方。溯洄从之，道阻且长。溯游从之，宛在水中央。⑤	以诚待人	第三单元 第 12 课	《诗经》
	"以和为贵"	礼之用，和为贵 七尺巷的故事	与人为善 以和为贵	综合性学习	《论语》

① 教育部.语文（七年级 上册）[M].北京：人民教育出版社,2016:50.
② 教育部.语文（七年级 上册）[M].北京：人民教育出版社,2016:50.
③ 教育部.语文（七年级 上册）[M].北京：人民教育出版社,2016:50.
④ 教育部.语文（八年级 下册）[M].北京：人民教育出版社,2017:63.
⑤ 教育部.语文（八年级 下册）[M].北京：人民教育出版社,2017:64.

续表

篇目		课文关键语句	主要内容	位置 (单元或课)	出处
九年级 下册	《曹刿论战》	公曰:"衣食所安,弗敢专也,必以分人。"对曰:"小惠未遍,民弗从也。"公曰:"牺牲玉帛,弗敢加也,必以信。"对曰:"小信未孚,神弗福也。"公曰:"小大之狱,虽不能察,必以情。"对曰:"忠之属也。可以一战。战则请从。"①	取信于民	第六单元 第20课	《左传》

通过以上统计可知,语文课本中讲述人与人相处之道的儒家经典选文共有3篇,另有综合性学习3课,其主旨思想涵盖忠、信、诚、善等多个方面,具体包括交友、侍君、待民、与普遍的他人相处:第一,以诚信待友,以道义择友;第二,以忠侍君;第三,取信于民;第四,与人为善,以和为贵。这类课文能够帮助学生学习与人相处之道,以达到人与人的和合之境。这类内容相对平均地分布在七、八、九三个年级的课本上,其出处主要是《论语》《吕氏春秋》《世说新语》《左传》等。

(二)人与人的和合之要旨

张立文认为,人与人的冲突会引发道德危机,如果人们都把眼光放在对利益的追求上,在与他人发生利益冲突时,就只会想到维护自己的利益,这是可悲的。所以儒家学者讲"己欲立而立人,己欲达而达人"②,"己所不欲,勿施于人"③,即在与人相处时要推己及人,只有懂得转换视角,从他人的角度出发进行

---

① 教育部.语文(九年级 下册)[M].北京:人民教育出版社,2018:124—125.
② 杨伯峻.论语译注[M].北京:中华书局,1980:65.
③ 杨伯峻.论语译注[M].北京:中华书局,1980:123.

思考,才能在冲突之后走向和合,才能摆脱那副由自己戴上的枷锁。① 在语文课本中,儒家经典选文对人与人和合的呈现如下。

1. 交友之和

孔子讲交友之道,既要诚信待友,又要以道义择友,既要重感情,又要讲原则,如此以获得身心的和合。

(1)诚信待友

在孔子的道德观念中,诚信是做人做事的基本原则。所谓"诚",是指真诚,对待朋友如同对待自己一般;所谓"信",是信守承诺、不欺骗、不自欺。儒家主张以诚与信对待朋友,课文《〈论语〉十二章》有如下两段文字:

子曰:"……有朋自远方来,不亦乐乎?……"②

曾子曰:"吾日三省吾身:为人谋而不忠乎? 与朋友交而不信乎? 传不习乎?"③

这两段话分别谈到了对待朋友的真诚和守信:有志同道合的朋友从远方来,会发自肺腑地喜悦,这是对朋友的真诚;曾子每天反思自己很多次,其中一个反思就是对待朋友是否足够诚实,是否足够守信。孔子带领学生周游列国,在传播文化时也以身示范,在对待朋友时,他的做法是"与朋友交,言而有信"。这些事例都是其主张诚信待友的证明。

(2)以道义择友

孔子讲:"益者三友,损者三友。友直,友谅,友多闻,益矣。友便辟,友善柔,友便佞,损矣。"④这是说交友要讲原则,要交正直、宽容、博学的人,这样才会有好处,而不能结交那些表面逢迎、背后狡诈、经常说三道四的人,这是有损的。这一观点与孔子所讲"君子和而不同"其实源于同一理念,都是在说原则,做人应以和而不同为原则,交友则要以结交正直、宽容、见多识广的人为原则。

对于中学生来说,如何有原则地选择朋友既是语文学习的内容也是生活所必需的能力。七年级上册的综合性学习"有朋自远方来"讲述了"伯牙绝弦"和"割席断交"的故事,意在指导中学生如何在交友中坚守原则。伯牙善琴,锺子

---

① 张立文.和合学与文化创新[M].北京:人民出版社,2020:241.
② 教育部.语文(七年级 上册)[M].北京:人民教育出版社,2016:50.
③ 教育部.语文(七年级 上册)[M].北京:人民教育出版社,2016:50.
④ 杨伯峻.论语译注[M].北京:中华书局,1980:175.

期善赏,二人为友亦为知音,后来锺子期去世,伯牙伤心不已,于是摔坏了琴,从此不再弹琴,表现出对友人深厚的情感。管宁和华歆也是朋友,管宁为人正直,视富贵如草芥,而华歆看重的是金钱,锄草时见金便拾,读书时见到达官贵人路过便饶有兴致地围观,管宁这时意识到,自己与这位朋友的价值观截然不同,遂与华歆断交,认为与这样的人做不了朋友。这两个故事能告诉学生,真正的朋友应当是志同道合的,能够一起进步,如果没有精神上的彼此认同,只是表面亲热,也就无法真正理解彼此,也无法成为真正的朋友,这便是择友之道。

2. 忠君之和

孔子的学生曾子说:"夫子之道,忠恕而已矣。"这是说,孔子学术的核心内容是忠恕。所谓"忠",就是忠贞尽心;所谓"恕",就是宽以待人、推己及人。

孔子与子贡在《论语·雍也》中的一段问答,很好地诠释了孔子的"忠君"思想:"子贡曰:'如有博施于民而能济众,何如? 可谓仁乎?'子曰:'何事于仁!必也圣乎! 尧舜其犹病诸! 夫仁者,己欲立而立人,己欲达而达人。能近取譬,可谓仁之方也已。'"①这是说,如果能做到"己欲立而立人,己欲达而达人",就不只是仁爱,而是达到圣人的境界了。而即便是尧舜这样的先贤,也很难做到。所谓"己欲立而立人,己欲达而达人",是指自己有所立、有所追求,同时也帮助别人(包括君主)有所立、有所追求。可见孔子所说的"忠",是包括忠君在内的普遍忠诚,这种忠诚从自己的追求出发,推及别人,不是愚忠,而是发自内心地为别人考虑。因为自己正直善良,所追求的是仁义之事,当然愿意帮助志同道合的人实现其理想,进而实现"博施于民而能济众"的仁政理想。

课文《〈论语〉十二章》中有曾子语"吾日三省吾身",其每日所省之首便是是否"为人谋而不忠",也就是反省自己在做事时有没有推己及人,达到"己欲立而立人,己欲达而达人"的和合境界。

3. 待民之和

儒家主张以德治天下、以民为本、民贵君轻。《礼记·哀公问》载,孔子曰:"古之为政,爱人为大。"②《孟子》讲:"民为贵,社稷次之,君为轻。"③可见,在儒家看来,人是治国之本,爱民是待民之道,唯有如此,才能实现"大道之行"的和

---

① 杨伯峻. 论语译注[M]. 北京:中华书局,1980:65.
② 杨天宇. 礼记译注[M]. 上海:上海古籍出版社,2004:657.
③ 杨伯峻. 孟子译注[M]. 北京:中华书局,1960:328.

合之治。

那么,如何体现出爱民呢?儒家认为"取信于民"是重要的内容:"君子信而后劳其民;未信,则以为厉己也。"①君子需要首先取信于民,然后才能发号施令;没有信,一切治理都会被民"以为厉己",即折磨。因此,凡举战争,劳民伤财,能免则免,非要发动战争时,君主首先要反思自己的待民之道。

九年级下册的《曹刿论战》,虽以"论战"为题,但开篇先讲了待民之道。出战之前,曹刿不谈战事,先向鲁庄公提问"何以战",也就是凭借什么作战。这是在讨论儒家学者所讲的"君子信而后劳其民",即君主确实取信于民了吗?接下来两人的对话就体现了取信于民的内容:"公曰:'衣食所安,弗敢专也,必以分人。'对曰:'小惠未遍,民弗从也。'公曰:'牺牲玉帛,弗敢加也,必以信。'对曰:'小信未孚,神弗福也。'公曰:'小大之狱,虽不能察,必以情。'对曰:'忠之属也。可以一战。战则请从。'"②可见,鲁庄公能够将衣食分享于人、依礼祭祀,然而在曹刿看来,这些都只是小的恩惠,并未惠及百姓,无法依此取信于民。鲁庄公所说的明察秋毫、秉公办案得到了曹刿的认可,认为这是恪尽职守、为民办事,这才答应随君出征。这篇文章很短,学生初读时可能会疑惑为何论"战"却从"信"这一话题谈起,而一旦他们理解了儒家学者所提倡的"待民以和"思想,便能够更加深入地理解全文思想。

4. 与人为善,以和为贵

在普遍的人际关系中,儒家倡导与人为善。正是基于对"礼之用,和为贵"的合理演绎,语文课本八年级下册的综合性学习内容之一是"以和为贵",该课内容十分清晰地呈现出"和"的多层内涵,探"和"之义,寻"和"之用,讨论"和"之佳境。

课本先是向学生展示了丰富的文献材料,例如《论语》中的"君子和而不同""礼之用,和为贵",《左传》中的"以水济水,谁能食之",《尚书》中的"协和万邦",《礼记》中的"和也者,天下之达道也"。这些资料有助于学生理解"和"作为道德判定标准的内涵。之后,本课选录了"六尺巷"的故事,通过张英"一纸书来只为墙,让他三尺又何妨。长城万里今犹在,不见当年秦始皇"③的打油诗,

---

① 杨伯峻. 论语译注[M]. 北京:中华书局,1980:201.
② 教育部. 语文(九年级 下册)[M]. 北京:人民教育出版社,2018:124—125.
③ 教育部. 语文(八年级 下册)[M]. 北京:人民教育出版社,2017:131.

让学生们感受到邻里和睦的美好境界是由谦恭礼让带来的。

三、天下的和合

在儒家学者看来,如果身份有别、社会有序、人民和合,便能够实现理想社会。而在社会的运行过程中,"礼"起到定名分、统秩序的作用。

《礼记·曲礼上》对此有详细的阐释:

"夫礼者,所以定亲疏、决嫌疑、别同异、明是非也。"①

"礼,不逾节,不侵侮,不好狎。修身,践言,谓之善行。行修,言道,礼之质也。"②

"道德仁义,非礼不成;教训正俗,非礼不备;分争辨讼,非礼不决;君臣、上下、父子、兄弟,非礼不定;宦学事师,非礼不亲;班朝治军,莅官行法,非礼威严不行;祷祠祭祀,供给鬼神,非礼不诚不庄。是以君子恭敬、撙节、退让以明礼。"③

就是说,人通过教化,可以明确自己的身份,从而确定人与人之间的关系,君臣、上下、父子、兄弟各有其位,大家都按照规矩办事,而社会秩序井然。所以,在儒家学者看来,为人而不知礼,则不到和合,虽能言说,却与不会说话的禽兽无异。而圣人的作用是什么呢? 那就是"为礼以教人,使人以有礼,知自别于禽兽"④。

当然,在人类社会中,有礼,仅仅是等级秩序的明确,形成一种规范。要想进一步达到和谐,还需要感动人心的"乐"。如此,才能在情感上实现人们对自我、对社会的认同。所以《礼记·乐记》有云:"乐者,天地之和也;礼者,天地之序也。和,故百物皆化;序,故群物皆别。"⑤这是说,礼是用来确定社会秩序的,其使万物有所区别,而乐是感化人心的,它使天、地、人达到和谐。《礼记·乐记》云:"乐者为同,礼者为异。同则相亲,异则相敬。乐胜则流,礼胜则离。"⑥

---

① 杨天宇. 礼记译注[M].上海:上海古籍出版社,2004:2.
② 杨天宇. 礼记译注[M].上海:上海古籍出版社,2004:2.
③ 杨天宇. 礼记译注[M].上海:上海古籍出版社,2004:2—3.
④ 杨天宇. 礼记译注[M].上海:上海古籍出版社,2004:3.
⑤ 杨天宇. 礼记译注[M].上海:上海古籍出版社,2004:476.
⑥ 杨天宇. 礼记译注[M].上海:上海古籍出版社,2004:473.

这是说,礼与乐各有作用,两者要达到平衡才能起到规范社会的作用,过于重礼则失去了人情,过于重乐又无以明确秩序。可见,有礼则社会有序,有乐则上下相和,礼与乐相辅相成,构成了儒家思想以文育人的主要内容。

人们受到礼乐教化,从自然人走向社会人,遵守社会秩序,具有高尚的品格,从而实现整个社会的和谐与井然有序。语文教材八年级下册有课文《〈礼记〉二则》,其中一则是《大道之行也》,文中勾画了大同社会的美好图景。文中所称的"大同",就本质而言正是"和合",确切地表达出儒家学者对天下和合的向往。这样的社会公正公平,在用人制度上"选贤与能",于是便不会荒废人才;人们的相处"讲信修睦",这便极大提高了人们的诚信度;人们对待他人"不独亲其亲,不独子其子"①,而是"天下为公",所以老、幼、矜、寡、孤、独、废疾者都有生活的保障;在物质与精神之间,人们更看重精神的追求,所以"货恶其弃于地也,不必藏于己;力恶其不出于身也,不必为己"②。这样,便不会有人作奸犯科、谋取不义之财,人们可以户门不闭、安居乐业,文中称"是谓大同"③,这便是人们和合共建的理想社会。

第三节　初中语文教材中道家经典选文概述

道家崇尚自然,追求自由,热爱生命。在中国哲学史上,就思想的深刻性来说,老庄无论是在先秦还是后世,都是为人们所称颂的。老庄的智慧告诉我们,尊重自然,遵循规律,人与自然的隔膜才能消除。人的行为与宇宙规律保持同频,人类才能长久地生存。世界是一个命运共同体。中学语文教材为道家精神的呈现提供了空间。教师正确解读道家经典文本中的和合精神,使青年一代坚定文化自信,这也是为全球命运共同体的发展贡献中国智慧。

儒家思想的要旨在于"仁",这一观念具有浓厚的道德色彩,也是学生易于理解的思想。而道家思想以"道"为核心,把人生的主体诉求归结为"顺应自然",认为人应当"顺任天性""无为而为""绝圣弃智",对于学识和人生经验尚

---

① 教育部.语文(八年级 下册)[M].北京:人民教育出版社,2017:119—120.
② 教育部.语文(八年级 下册)[M].北京:人民教育出版社,2017:120.
③ 教育部.语文(八年级 下册)[M].北京:人民教育出版社,2017:120.

浅的中学生来说,难免会将其错误地理解成一种"弱者哲学",认为这只是人生失败后的无奈选择,甚至有精神胜利的倾向。其实,任何对道家思想的简单化归结都是片面的。道家精神之所以是智慧的,就在于其能指导人们在面对逆境时调适心情,以多元的角度看待人生价值,在得意时也懂得"祸兮福所倚,福兮祸所伏",得与失往往是相辅而存的,这就意味着,人在自以为"得"的同时,可能也失去了其他更好的机会。[①]

一、初中语文教材中道家经典选文统计

现行初中语文教材有古文 70 余篇,其中有道家经典选文 4 篇(3 课),有 36 篇诗文涉及道家思想。其中,道家经典选文主要是以故事的形式呈现其和合思想。具体篇目可见表 6-7。

表 6-7　初中语文教材中道家经典篇目统计情况

	篇目	思想内容	位置(单元或课)	出处
七年级上册	《杞人忧天》	切勿忧人忧天 笃守虚静	第六单元第 22 课	《列子》
八年级上册	《愚公移山》	坚持不懈 生生不息 以愚和天	第六单元第 22 课	《列子》
八年级下册	《〈庄子〉二则》 (《北冥有鱼》 《庄子与惠子游于 濠梁之上》)	绝对自由 不为物累 和于天 和于心	第六单元第 21 课	《庄子》

通过上表可知,在初中语文课本中,共有 4 篇道家经典选文,其中《杞人忧天》《愚公移山》均选自《列子》,《北冥有鱼》和《庄子与惠子游于濠梁之上》合而为《〈庄子〉二则》,选自《庄子》。它们分别被安排在七年级上册、八年级上

---

① 赵萍. 庄子语文教育思想研究[M].北京:清华大学出版社,2019.

册、八年级下册,且均以故事的形式呈现,就思想内容而言,主要体现出绝圣弃智、笃守虚静,以及与天相通、天人之和、内心和合的思想。

二、初中语文教材中道家经典选文教学内容概述

《列子》开创了道家的贵虚派。《列子》一书记载了许多民间故事和寓言神话,《杞人忧天》和《愚公移山》这两篇寓言故事被选入语文教材。

绝对自由,天人合一,物我两忘,不为物累,是庄子最重要的思想。《北冥有鱼》和《庄子与惠子游于濠梁之上》这两篇课文体现了上述思想。

(一)《杞人忧天》

《杞人忧天》讲的是一个杞国人担心天地崩裂的故事,讽刺庸人自扰的行为,讲述了不必做无用的担忧的道理。文章语言简要,形象鲜明,寓意深刻。通过单元导语、预习提示、课后思考,我们可以对该课的教学内容做如下梳理。

1. 寓意

该课的"预习"提示:"寓言一般比较短小,常常用假托的故事寄寓意味深长的道理,给人以启示。"①"阅读课文,联系以往的阅读经验,体会寓言这种文体的特点。"②课后的"思考探究"第三题为:"人们常用'杞人忧天'讽刺那些不必要的担忧,也有人认为其中传达出强烈的忧患意识。你同意哪一种理解呢?"③通过预习和课后的思考探究可知,这篇课文的主要教学内容应是解释"不必担忧"这个道理。

2. 视野

该单元的导语提示:"本单元课文有童话、诗歌、神话和寓言等,都富于想象力,引人遐思,能引导我们换一种眼光来看世界。"④结合这一提示,立足本课寓意可知,教师需要通过本课的教学,引导学生以更为开阔的视野看待人生与世界。如果对于学习与生活总是不必要地担忧,甚至是过于焦虑,生活中将充满烦恼。这一视野的开阔对于中学生来说,不仅将有利于其自我开解,而且有利

---

① 教育部.语文(七年级 上册)[M].北京:人民教育出版社,2016:124.
② 教育部.语文(七年级 上册)[M].北京:人民教育出版社,2016:124.
③ 教育部.语文(七年级 上册)[M].北京:人民教育出版社,2016:127.
④ 教育部.语文(七年级 上册)[M].北京:人民教育出版社,2016:111.

于其进一步领会祖国传统文化的智慧与力量。

3.快速阅读的方法

教材中该单元的导语提示："本单元学习快速阅读，力争每分钟不少于 400 字。阅读时，尽量扩大一次性进入视野的文字数量，寻找关键词语以带动整体阅读，提高阅读速度。还要调动自己的体验，发挥联想和想象，把握作者的思路，深入理解课文。"①通过这一提示可知，"快速阅读"是本课学习的一项目标，而教师在教学时，要特别注意这一教学内容，引导学生掌握快速阅读的方法：抓住"忧"这一关键词，以一字一词带动整体阅读。

(二)《愚公移山》

《愚公移山》是一则寓言，讲述了愚公以坚韧不拔的精神感动天帝的故事，既赞颂了坚韧不拔、不畏艰险的精神，又体现了道家"以诚通天"的思想。故事语言简洁，思想寓意深厚。我们可结合单元导语、预习提示、课后思考对该课教学内容进行如下梳理。

1.人的品格与人生志趣

教材中该单元的导语提示："人应该有怎样的品格与志趣？本单元的几篇古代诗文从不同角度回答了这一问题。""阅读这些经典作品，要用心去感受古人的智慧与胸襟。"②可见，在这个单元里，教学的主要任务是展现课文中人的品格与人生志趣，使学生在阅读中发现古人的智慧。本课"预习"提示："面对家门前的高山，一位年近九旬的老翁居然决心与全家人'毕力平险'，对此，你怎么看？"③可见，《愚公移山》的教学应展现愚公不畏困难、坚持不懈的品格。

2.寓意

课后的"思考探究"有三道题目：一、简析文中人物对愚公移山这件事的不同态度；二、通过形成鲜明对比的对愚公与智叟的不同描写，分析课文寓意；三、通过对重点对话的理解，体会愚公与智叟的不同心理。通过这些题目我们可以看出，本课的重要教学内容是通过这两个形成鲜明对比的人物，体会故事寓意。

3.文言知识

本课的"预习"提示"结合注释，阅读本文"，课后"积累拓展"要求学生解释

---

① 教育部.语文(七年级 上册)[M].北京:人民教育出版社,2016:111.
② 教育部.语文(八年级 上册)[M].北京:人民教育出版社,2017:125.
③ 教育部.语文(八年级 上册)[M].北京:人民教育出版社,2017:129.

"且""止""苦""诚"四字在指定语句中的不同含义。可见,理解"且""止""苦""诚"等词义(即一字多义),是本课工具性的教学内容。

(三)《北冥有鱼》

《北冥有鱼》呈现出道家绝对自由的思想,通过单元导语、预习提示、课后思考,我们可以对该课的教学内容做如下梳理。

1. 精神自由

教材中该单元的导语开篇就讲:"憧憬美好的社会生活,反思现实的生存状态,是经典作品中的永恒主题。本单元所选课文,都是传统的名家名篇。其中有对精神自由的渴望,有对学习生活、理想社会的期望,有'不平则鸣'的呐喊,有对民生疾苦的同情。这些诗文有情趣,有理趣,表现了古人的哲思和情怀。"[①]显然,《北冥有鱼》体现了庄子对精神自由的渴望,既有情趣又有理趣,这一对人生的思考是本课重要的教学内容。

2. 鹏之形象

本课"预习"提示:"庄子笔下的'鹏'这一形象对后世影响深远。搜集与'鹏'有关的文学形象、诗词名句、成语典故,与同学交流。"[②]在本课中,鲲鹏在从鱼变鸟、从北向南飞的过程中,体现出精神的绝对自由。所以,鲲鹏的形象也是本课重要的教学内容之一。

3. 文言知识

教材中该单元的导语提示:"学习本单元,要在反复诵读的基础上,培养文言语感;注意积累常用文言词语和句式,欣赏课文中精彩的语句……"[③]课后"积累拓展"有题目解释加点词语。理解"怒""志"等词义,属工具性的教学内容。

(四)《庄子与惠子游于濠梁之上》

《庄子与惠子游于濠梁之上》与《北冥有鱼》被安排在同一课,其教学内容比较相近。

---

① 教育部.语文(八年级 下册)[M].北京:人民教育出版社,2017:115.
② 教育部.语文(八年级 下册)[M].北京:人民教育出版社,2017:116.
③ 教育部.语文(八年级 下册)[M].北京:人民教育出版社,2017:115.

1.不为物累的精神境界

依据单元导语,本课的教学内容之一是精神上的自由,立足文本可知,庄子在此呈现的是不为外物所累的精神自由。

2.对"鱼之乐"的理解

本课课后"思考探究"有:"熟读《庄子与惠子游于濠梁之上》,复述这则故事,并回答下列问题。1.庄子与惠子的论辩十分巧妙,试说说巧妙在哪里。2.庄子为什么说他知道'鱼之乐'？谈谈你的理解。"[①]这两个问题的关键词,一为论辩,二为鱼之乐,但事实上都是在讨论"鱼之乐"的审美理想,而这一理想背后又是庄子对不累于外物的哲学思考。探讨"鱼之乐"的审美与哲思,是重要的教学内容之一。

3.文言知识

教材中该单元的导语提示:"学习本单元,要在反复诵读的基础上,培养文言语感;注意积累常用文言词语和句式,欣赏课文中精彩的语句……"[②]课后"积累拓展"有题目解释加点词语。理解"安""循"等词义,属工具性的教学内容。

第四节 初中语文教材道家经典选文中的和合思想概述

儒道两家都崇尚和合精神,都希望达到人与自然、人与社会、人与自身的和谐境界。但不同的是,儒家所提倡的和合之道是通过"仁"的道德修养和"礼"的约束实现,而道家所提倡的是顺应自然之道,顺应事物发展的自身规律,认为自然本身就是在和合的阴阳二气之下产生和运行的,生长于自然的人也要顺应自然规律,"顺应自然"既是方法,也是结果,都表现为和合。前文所提及的四篇课文,其所讲要旨可以概括为笃守虚静、以愚通天、绝对自由、不为物累。

① 教育部.语文(八年级 下册)[M].北京:人民教育出版社,2017:118.
② 教育部.语文(八年级 下册)[M].北京:人民教育出版社,2017:115.

一、笃守虚静

"虚"的概念源于《老子》,见表6-8。

表6-8 《老子》之"虚"

出　处	内　容
《老子》第三章	虚其心,实其腹①
《老子》第五章	虚而不屈,动而愈出。多闻数穷,不如守中②
《老子》第十六章	致虚极,守中督③

老子以"道"为虚静,认为人需要以"虚"体"道",这与人们平常的认知有所不同,即在体悟"道"的道路上,理智、言辩是最无用的。

庄子继承老子的观点,又有所创新,他延伸了"虚"的词义形式及内容,将"虚"与"无""静"相联系,扩大了"虚"的内涵④,具体如表6-9所示。

表6-9 《庄子》之"虚"

出　处	内　容
《庄子·外篇·天道》	圣人之心静乎!天地之鉴也,万物之镜也。夫虚静恬淡寂漠无为者,天地之本,而道德之至,故帝王圣人休焉。休则虚,虚则实,实者备矣。虚则静,静则动,动则得矣。静则无为,无为也则任事者责矣⑤
《庄子·外篇·刻意》	夫恬惔寂漠虚无无为,此天地之本而道德之质也⑥

---

① 陈剑.老子译注[M].上海:上海古籍出版社,2016:12.
② 陈剑.老子译注[M].上海:上海古籍出版社,2016:18.
③ 陈剑.老子译注[M].上海:上海古籍出版社,2016:56.
④ 赵萍.庄子虚无思想管窥——以阅读教学为中心[M].哈尔滨:黑龙江人民出版社,2020.
⑤ 陈鼓应.庄子今注今译[M].北京:商务印书馆,2007:393.
⑥ 陈鼓应.庄子今注今译[M].北京:商务印书馆,2007:459.

庄子理解"虚"是从自然现象出发的，如以水作为思考的切入点：水在清晰照见外物时一定是静止的，那么人呢，是不是可以理解为，人只有在内心安静澄明时，才能对世界有正确的思考。道家认为，道德修养的最高境界是虚静、恬淡、寂漠、无为。原理何在呢？因为人的内心虚空才能安静，安静之后才产生内趋动力，而无涉外界的内趋动力使人真正有所收获。人的内心虚静，表现在外便是无为。在上者无为，在下者才能各尽本责。

在道家看来，人无须为他人或天下思虑，笃守虚静是人的至善品质。语文教材七年级上册课文《杞人忧天》讲的就是这个道理：杞国有个担忧天会塌下来的人，他在忧虑中不吃不睡，别人见他如此，便劝告他不必担忧，因为天由气体积聚，不会塌下来，即便是日月星辰，也不过是气体积聚的东西中那些能发光的，即使掉下来，也不会有什么伤害，杞人听了这些才如释重负。这个小故事来自道家经典《列子》。杞人的故事很可笑，其中的道理也看似很简单，貌似儿童都能理解，而作者究竟要说明一个什么道理呢？忧天是显而易见的可笑的行为，那么忧人呢？忧天下呢？在道家学者看来，这些都是可笑的、不必要的。而关键就在一个"忧"字。道家学者认为，宇宙、社会、生命，其毁成都是一样的，天地从不忧虑什么，只是按照规律运行，四季、昼夜、寒暑，万物都运行于大的造化当中，生活于宇宙中的人类也应当学习万物虚静的态度，不必为天、为人而忧虑。这也从侧面反映出，道家认为儒家推行圣人之德的礼乐教化是非必要的。故事中对杞人忧天时"身亡所寄，废寝食者"的描述，也暗讽积极推行礼乐的人滔滔不绝引经据典、教化他人的样子，认为为人忧虑、教化他人，与杞人一样，都是在浪费心智。

二、以愚通天

在常人看来，愚意味着愚昧、无知，是弱的表现，而道家学者却称颂"愚"的状态，甚至认为"愚"是比"智"更高一级的智力和品德。老子首先提出"绝圣弃智"的观点。

《老子》第十九章有："绝圣弃智，民利百倍；绝仁弃义，民复孝慈；绝巧弃利，盗贼无有。"①

这是说,社会污浊的根源是"圣"与"智",如果绝圣弃智,社会就能恢复安定,人民也会复归淳朴。所以,老子提倡"使有什伯人之器而不用"②,"虽有舟舆,无所乘之"③,"使人复结绳而用之"④,回到"邻国相望,鸡犬之声相闻,民至老死不相往来"⑤的理想境地。许多人因此而判定老子思想具有落后性。庄子的贡献在于他不仅全面继承了老子"绝圣弃智"的思想,而且深入地解释了这一思想的根源,让人们看到了其先进性。

庄子从自然无为却自然运行有道的事实出发,对种种"有为"进行反思,提出绝圣弃智的观点:"故绝圣弃知,大盗乃止"⑥,"上诚好知而无道,则天下大乱矣"⑦。庄子认为,人们对智慧的过分崇拜和对知识的过分追求,给人们造成了太多的困扰,其根源在于这些智慧和知识充满了人为的"成心"。⑧ 联系到人,人天然具有学习能力,一旦有意安排,过分追求,自然的智慧也就随之消失,正如邯郸学步、东施效颦,学习未必等同于好事,过度或方法不当时,学习反而会使人失掉天然本性,本性中的智慧也就丧失了。天与人的关系是此消彼长的,正所谓"其耆欲深者,其天机浅"⑨,多一分人机就少一分天机,过于依赖人为,过度精于算计,自然赋予的智慧就会消减殆尽。⑩

庄子所说的"绝圣弃智",所绝弃的并非圣人和智慧,而是要抛弃聪明智巧。所谓"学不学",是学他人所不学。正如郭象所言:"效之则失我,我失由彼,则彼为乱主矣。夫天下之大患者,失我也。"⑪这些思考为后来道家的发展带来重要启示。

八年级上册的《愚公移山》选自《列子》。愚公想要把家门前的太行、王屋

① 陈剑.老子译注[M].上海:上海古籍出版社,2016:69.
② 陈剑.老子译注[M].上海:上海古籍出版社,2016:280.
③ 陈剑.老子译注[M].上海:上海古籍出版社,2016:280.
④ 陈剑.老子译注[M].上海:上海古籍出版社,2016:280.
⑤ 陈剑.老子译注[M].上海:上海古籍出版社,2016:280.
⑥ 陈鼓应.庄子今注今译[M].北京:商务印书馆,2007:305—306.
⑦ 陈鼓应.庄子今注今译[M].北京:商务印书馆,2007:310.
⑧ 赵萍.庄子"不言之教"思想的语文教育镜鉴[J].语文建设,2018(5):70—73.
⑨ 陈鼓应.庄子今注今译[M].北京:商务印书馆,2007:199.
⑩ 赵萍,张学鹏.颓然天放:苏轼书法中庄子"无"的思想体现[J].中国书法,2019(10):176—178.
⑪ 郭庆藩.庄子集释[M].北京:中华书局,1961:356—357.

两座大山移走。这自然是相当困难的,难到常人根本无法实现。他的这种精神使天帝为之动容,故事最终的结果是天帝命两位神仙搬走两座大山,帮助愚公实现了心愿。这则寓言短小精悍,却表达出丰富的思想内涵:既赞颂愚公不畏艰难的精神,又通过"子又有子,子又有孙;子子孙孙无穷匮"①传达出道家的生生不息思想,还含蓄地表达出对"绝圣弃智"的哲学思考。

(一)智者不智

在这则故事中,有两个人物需要关注,一为愚公,一为智叟。他们分别是愚与智的化身,显然,依照道家思想特点,我们可以推断,作者支持的是愚,反对的是智。《庄子》中也有大量对话发生在愚者与智者之间,通过文本对比我们可以发现其共性表述及价值取向:

> 河曲智叟笑而止之曰:"甚矣,汝之不惠! 以残年余力,曾不能毁山之一毛,其如土石何?"②(《愚公移山》)

> 蜩与学鸠笑之曰:"我决起而飞,抢榆枋,时则不至而控于地而已矣,奚以之九万里而南为?"③(《庄子·逍遥游》)

两段文字均出自道家经典文献,其表述极为相似,都描写了"智"者对"愚"者的嘲笑,一笑一言,十分耐人寻味。以蜩与学鸠为例,清代学者林云铭说:"蜩,小蝉;学鸠,学飞之小鸠也。笑人倒是此辈,若鹏必不轻易笑人。"两相对比高下立见,小鸟之小,小的并非身体,而是心胸。"他们拘限于自己的生活世界,并养成一种自以为是的心态……这就决定了他们不可能有更高的精神追求,不可能理解大鹏何以'九万里图南',反而'笑之'。"④

《庄子》中多处可见对于"笑"的无奈。《庄子·天地》讲:"大声不入于里耳,《折杨皇荂》,则嗑然而笑。是故高言不止于众人之心,至言不出,俗言胜也。"⑤是说世俗人满足于粗俗小调,听到便动容大笑、津津有味。老子的表述更见其态度:"上士闻道,勤而行之;中士闻道,若存若亡;下士闻道,大笑之。不笑

---

① 教育部.语文(八年级 上册)[M].北京:人民教育出版社,2017:130.
② 教育部.语文(八年级 上册)[M].北京:人民教育出版社,2017:130.
③ 陈鼓应.庄子今注今译[M].北京:商务印书馆,2007:12.
④ 杨锋刚.庄子《逍遥游》思想旨趣辨正[J].大连理工大学学报(社会科学版),2015(4):120.
⑤ 陈鼓应.庄子今注今译[M].北京:商务印书馆,2007:383.

不足以为道。"①在《愚公移山》中,智叟的一笑一言与蜩和学鸠出于同心,都是局限于自己短浅的目光而嘲笑他人,这样的笑在道家看来既是无知又是荒唐,这便是智者不智。

(二) 愚者非愚

愚公移山的举动看似愚蠢,但在道家文献中,这些看似的愚者却往往是智慧的化身。面对智者的嘲讽,他们往往是无声无息的。例如《北冥有鱼》中的鲲鹏,它是鱼时无声地沉于深渊,它化作鸟,在漫天的巨浪中腾空而起,扶摇直上九万里,它俯视众生,看到了野马与尘埃,体会到了"生物之以息相吹"。在整个过程中,我们听到巨浪滔天,羽翅拍击,冷风呼啸,却没有听到鲲鹏得意洋洋的感叹,似乎它自己对此毫无知觉,尤其是在遭到蜩和学鸠嘲笑时,鲲鹏也丝毫没有辩解。② 至此,鲲鹏之默与蜩和学鸠之笑形成鲜明的对比。愚者面对智者的嘲讽,要么以静默回之,要么以批判的方式反驳,在道家文献之中其反驳的表述也有许多相似之处,如:

> 北山愚公长息曰:"汝心之固,固不可彻,曾不若孀妻弱子。虽我之死,有子存焉。子又生孙,孙又生子;子又有子,子又有孙;子子孙孙无穷匮也,而山不加增,何苦而不平?"河曲智叟亡以应。③ (《愚公移山》)

> 惠子谓庄子曰:"魏王贻我大瓠之种,我树之成而实五石,以盛水浆,其坚不能自举也;剖之以为瓢,则瓠落无所容。非不呺然大也,吾为其无用而掊之。"

> 庄子曰:"夫子固拙于用大矣。宋人有善为不龟手之药者,世世以洴澼绕为事。客闻之,请买其方以百金。聚族而谋曰:'我世世为洴澼绕,不过数金;今一朝而鬻技百金,请与之。'客得之,以说吴王。越有难,吴王使之将,冬与越人水战,大败越人,裂地而封之。能不龟手,一也;或以封,或不免于洴澼绕,则所用之异也。今子有五石之瓠,何不

① 陈剑.老子译注[M].上海:上海古籍出版社,2016:155.
② 赵萍.无——《北冥有鱼》的解读密钥[J].语文教学通讯,2021(5B):62—66.
③ 教育部.语文(八年级 上册)[M].北京:人民教育出版社,2017:130.

虑以为大樽而浮乎江湖，而忧其瓠落无所容？则夫子犹有蓬之心也夫！"①(《庄子·逍遥游》)

愚公对智叟说"汝心之固，固不可彻"，说的是你顽固到不可理喻的地步了。庄子对惠子说："夫子固拙于用大矣。""夫子犹有蓬之心也夫！"②是说你拙于大用之见，心窍还是不通。可见，在道家看来，智者所谓的智慧不过是机巧算计，都是出于世俗价值观的小智，并非真正的大智慧，而真正的智应当是"通"的，通于内心且通于天性。

(三) 以诚通天

在道家学者看来，愚者能够笃守内心的虚静，不使用人为的谋略，不精于算计，保有天性。因此从内心与道德上来讲，他们拥有超脱世俗的真正智慧，这种对天性的顺从，可以称之为"诚"，这样的人"既通于性又通于天"。在《愚公移山》中，需要注意的是移山之结果，亦即移山之事实：

> 操蛇之神闻之，惧其不已也，告之于帝。帝感其诚，命夸娥氏二子负二山，一厝朔东，一厝雍南。自此，冀之南，汉之阴，无陇断焉。③

文中言，太行、王屋两座大山并不是愚公或其子孙孙移走的，而是两位神仙在天帝的命令下移走的。为什么天帝会发出这一道命令？文中讲得很明确："帝感其诚。"是天帝感知到愚公内心的诚，为之感动，于是做了这一决定。在道家学者看来，无论是愚还是智，都不能算是人的道德，而"诚"才是。诚既是人内心通达的状态，也是天人合一的必然要素。那么，为什么愚公拥有"诚"而智叟没有呢？罗晓晖、冯胜兰在解读《愚公移山》时认为，在我们的生活中，愚与诚存在着微妙的关联，我们常常认为一个比较笨的人可能更可信，他更实诚，而一个过于聪明的人往往比较精明，甚至于狡猾。所以他们在论著中提出，"诚"的是愚公，而不是智叟，《愚公移山》这个文本最核心的就是提出了"诚"是"感动上天、接近神灵"的方式。④ 可以说，道家思想的核心内容之一便是愚与诚。

---

① 陈鼓应.庄子今注今译[M].北京:商务印书馆,2007:34.
② 陈鼓应.庄子今注今译[M].北京:商务印书馆,2007:34.
③ 教育部.语文(八年级 上册)[M].北京:人民教育出版社,2017:130.
④ 罗晓晖,冯胜兰.文本解读与阅读教学讲谈[M].上海:华东师范大学出版社,2018:27.

三、绝对自由

庄子推崇绝对自由,追求独与天地精神往来,与世俗处却不遣是非。[①] "逍遥游"这个浪漫的故事是整部《庄子》的开头。《逍遥游》的开篇就是"北冥有鱼",语文教材八年级下册选录了这一经典名篇。

鲲鹏代表着两种动物,一为鱼,二为鸟,这一组合的出现绝非偶然,它们是庄子精心选取的意象。对人来说,鱼与鸟的意义非凡,无论是庄子"梦为鸟而厉乎天,梦为鱼而没于渊"[②]的真情流露,还是"海阔凭鱼跃,天高任鸟飞"等俗语,我们都能看出,鱼和鸟象征着自由。卓然不群的庄子也经常以鱼自喻。在本篇课文中,鲲鹏的逍遥是通过无言、无形、无心而获得的。

(一)无言

作为全篇主角的鲲鹏,它没有任何言语上的表达。是鱼时默默沉于深渊,化为飞鸟,腾空而起于漫天巨浪之中,扶摇直上九万里,俯视众生,见野马尘埃,体悟"生物之以息相吹"。整个过程充满惊涛骇浪,却完全不见鲲鹏的惊叹,似乎它自己对此毫无知觉,即便当蜩和学鸠嘲讽它"奚以之九万里而南为"的时候,它也未做分毫辩解。

(二)无形

在有形的世界里,一切事物当然都受制于时空,"鲲鹏虽大,斥鷃虽小,之于无限空间,则在伯仲之间;朝菌虽夭,大椿虽寿,之于无限时间,亦可相视而笑"[③]。庄子为了突破经验世界种种有形的限制,以浪漫的想象赋予鲲鹏无穷大的形体,让它经历无穷的变化、遨游于无限的宇宙之中,以无形打破有形的羁绊。在中国思想史上,第一个认识到个体的有限性及时空的无穷无限的就是庄子。[④]

---

① 赵萍.庄子思想的自由与规范之和解[J].贵州师范学院学报,2020(1):46—53.
② 陈鼓应.庄子今注今译[M].北京:商务印书馆,2007:233.
③ 孙以楷,甄长松.庄子通论[M].北京:东方出版社,1995:139.
④ 陈鼓应.庄子浅说[M].北京:中华书局,2017:85.

（三）无心

冯友兰曾说："庄周的保全自己的办法和理论是，抱一种他认为是旁观、'超然'的态度，对事物的变化漠然无动于衷……这种办法和理论就是庄周所讲的'逍遥游'。"①我们能看出，"超然""漠然""无动于衷"都直指人的内心，这也是冯友兰比较强调的。这是说，"心"若"有待"②，那"三千里"水击、"九万里"扶摇、"六月"海运之息就不是自然景象，而是鲲鹏处心积虑谋求的，南飞也就成了"有心"之举，这不是逍遥。反之，"心"若"无待"，也就是鲲鹏无心于变，无心于飞，无心与他人比较，内心并不为外物所撼动，那么其南飞就纯然是顺任海天之气象，内心毫无刻意谋求，这便是"无心"之举，是"乘天正而高兴，游无穷于放浪；物物而不物于物"③。事实上，《庄子》的其他篇章中也反复提到对"无心"的追求，如"不以心损道，不以人助天"④，"无以人灭天，无以故灭命"⑤，"其者欲深者，其天机浅"⑥，其思想是通而为一的。

四、不为物累

庄子的人生哲学首先是一部关于人如何逍遥的哲学，然而其笔墨最多处又在于不逍遥，原因是庄子身处乱世，早已深刻地洞察到人世间唯逍遥最难！北宋学者王雱以"无累"解"逍遥"，认为至人的逍遥在于能够泛然自得而不累于物，故而"至人知道，内冥诸心"⑦。初中语文课本中《北冥有鱼》和《庄子与惠子游于濠梁之上》，都表达着道家哲学"不为物累"的思想。什么是"不为物累"？也就是人的内心不被外物牵绊。

---

① 冯友兰.三松堂全集 第八卷［M］.郑州：河南人民出版社,2000：354.

② "有待""无待"并非《庄子》的直接表述，原文是说列子乘风"犹有所待者也"，若乘正以游无穷"彼且恶乎待哉！"（参见陈鼓应.庄子今注今译［M］.北京：商务印书馆,2007：20.）郭象据此在注中直接以"有待"和"无待"进行表述（参见郭庆藩.庄子集释［M］.北京：中华书局,1961：20.），自此正式提出了这两个概念。当然，这样的表述是否妥当，目前在学界众说不一。例如刘笑敢教授就曾直接提出质疑（参见刘笑敢.试论"有待"、"无待"不是庄子的哲学范畴［J］.哲学研究,1981（5）：62—64.）。

③ 余嘉锡.世说新语笺疏［M］.北京：中华书局,1983：220.

④ 陈鼓应.庄子今注今译［M］.北京：商务印书馆,2007：199.

⑤ 陈鼓应.庄子今注今译［M］.北京：商务印书馆,2007：496.

⑥ 陈鼓应.庄子今注今译［M］.北京：商务印书馆,2007：199.

⑦ 王雱.南华真经新传（卷一）［M］.上海：商务印书馆,1923：6.

(一)鲲鹏无累于外物

《北冥有鱼》所描述的鲲鹏是庄子笔下的得道者。鲲鹏之逍遥在于其内心丝毫不受外界牵累。生命的变化,例如生死,在常人看来是难以接受的,然而庄子认为,生死的变化与寒暑的轮转一样,都是客观规律而已。面对规律,人无法改变,所能做的是顺其自然,这就是鲲鹏的内心所想。在庄子看来,真正阻碍人幸福的,不是外在的什么,而是人内心的牵累。"王阳明说:'破山中贼易,破心中贼难。'人人皆有个'心中贼',这在庄子的字典里叫'成心',即今之所谓偏见。"①人一旦有了成心,便有了是非之分。以满足为善,以不尽人意为恶,俗人是也。以低飞为善,以高飞为恶,小鸟是也。以有风为善,以无风为恶,列子是也。甚至将是非强加给社会,"择善而固执之"②,儒家是也。鲲鹏则"乘物以游心"而心无所累。所以,什么是理想生活?庄子的回答是与物俱化:"立于宇宙之中,冬日衣皮毛,夏日衣葛绤;春耕种,形足以劳动;秋收敛,身足以休食;日出而作,日入而息,逍遥于天地之间而心意自得。"③

(二)濠梁之鱼乐在不求

所谓"不求",是指对于外界没有所求。《庄子与惠子游于濠梁之上》所呈现的鱼之乐正是因为濠梁之鱼不求于外。庄子认为鱼在水中的快乐是毋庸置疑的:"鯈鱼出游从容,是鱼之乐也。"这一判断十分明确,但问题在于,鱼在水中的快乐,究竟是人的主观判断,还是鱼客观的快乐呢?简单来说,到底是鱼真的快乐还是人认为鱼快乐呢?庄子认为,这种快乐是客观存在的,是属于鱼的、真正的快乐。庄子为何做出这样的判断?体验过人间疾苦的庄子明白,人只有在内心真正自由时,才能突破人间的羁绊,获得至乐。对于鱼来说,也是这样。它们对外毫无所求,在水中自由嬉戏。真正让它们快乐的不一定是水,也未必是同伴,而是它们返璞归真、知足自适、无思无虑的心。鱼在水中忘我的样子,几乎与庄子随俗游世的生活态度一致。

---

① 孙以楷,甄长松.庄子通论[M].北京:东方出版社,1995:103.
② 杨天宇.礼记译注[M].上海:上海古籍出版社,2004:703.
③ 陈鼓应.庄子今注今译[M].北京:商务印书馆,2007:855.

第五节 语文教材选篇中的和合文化解读：
以《庄子与惠子游于濠梁之上》为例

《庄子》中关于"和"的内容非常丰富,其现存的33篇中涉及"和"字的有57处,几乎都在讲顺任天性以成为至人、获得至乐、达到和合。这一思想在语文教材八年级下册的《〈庄子〉二则》中得到集中体现。本章以其中一则《庄子与惠子游于濠梁之上》为例,梳理"和合"思想,阐明其教学价值——濠梁观鱼的故事,其主旨不在辩论,而是通过鲦鱼之乐表达庄子对人生苦乐的觉解,说的是人内心的和合。庄子在此呈现出鱼之乐、人之乐,进而反思人的现实之苦,以及从苦到乐的转化、从鱼乐到人乐的进路。作为中学语文教材的选篇,它能启发中学生进行有关现实的积极思考。[①]

一、辩之消解与和合之洞见

《庄子·秋水》中描绘了这样的一个场景：

> 庄子与惠子游于濠梁之上。庄子曰："鲦鱼出游从容,是鱼之乐也。"惠子曰："子非鱼,安知鱼之乐?"庄子曰："子非我,安知我不知鱼之乐?"惠子曰："我非子,固不知子矣;子固非鱼也,子之不知鱼之乐,全矣。"庄子曰："请循其本。子曰'汝安知鱼乐'云者,既已知吾知之而问我,我知之濠上也。"[②]

从内容看,这则故事很简单:庄子与朋友惠子游玩于濠梁,看到水中的鱼逍遥自在,庄子认为鱼是快乐的,而惠子不以为然,两人就"子非鱼""子非我"展开对话。这一故事引发后世极大的兴趣与关注,受郭象注和成玄英疏的影响,很多学者认为本篇的核心在于"辩"。从故事的内容、形式看,说其核心在"辩"似乎也不为错。但通过庄惠二人的既有思想、全书指向及本篇表述,我们可以看出,庄子并非以"辩"为论说重点。所以明代道士陆西星把故事中的辩论视为

---

① 赵萍,袁森林.濠梁观鱼:洞见庄子之苦乐观——解读《庄子与惠子游于濠梁之上》[J].语文教学通讯,2022(4B):57—61.

② 陈鼓应.庄子今注今译[M].北京:商务印书馆,2007:513.

"枝叶之谈",在《南华真经副墨》中说:"庄子到此,方以正对曰:请循其本。言我今与子反复辩论,取给于口,皆为枝叶之谈,非本论也。"这一判断是十分中肯的。

(一) 辩之消解

1. "辩"并非庄子的求知方式

世人在讨论庄惠二人孰胜孰负的问题时,往往忽略了庄子反对言辩的一贯态度。

庄子继承了老子天道自然无为的思想,而"言"最大的局限在于其出自人为而非自然,语言本身不仅不具有认识功能,还可能因为破坏人内心的绝对自然状态,而使人与"道"渐行渐远。① 因此,庄子认为圣人之意不可言传——"道不可言,言而非也。"②庄子对外在的言论持否定态度,对辩论也没什么好感。庄子说"辩不若默"③。表面上看辩论是人与人交流沟通的过程,但在庄子看来,"辩"并没有促进人与人之间的理解与沟通。因为从事实层面说,是则是,非则非,辩论能改变事实吗? 无论谁是谁非,辩论都没有实质性意义——"是若果是也,则是之异乎不是也,亦无辩;然若果然也,则然之异乎不然也亦无辩。"④

这个故事里与庄子对话的是惠子(惠施)。惠子是战国名家学派的开山鼻祖,他在历史上最为著名的一点就是擅雄辩,熊十力这样评价:"惠施巍然巨子,其以天才之科学家,而精哲学,善言名理,诚旷代之孤雄。"⑤惠子对于自己的辩才很以为然,当别人向他提出宇宙万象之复杂问题时,他往往不加推辞就回应,"遍谈万物的道理,一说就不停"⑥,甚至能够以"卵有毛""鸡三足""火不热""目不见""狗非犬"等怪论说服他人,可见其辩才之了得。

在惠子看来,辩论是才能,是事业,然而在庄子看来这却是困扰。庄子不仅反思名家之辩,也反对儒墨争鸣。"儒墨小言,滞于竞辩,徒有词费,无益教方。"⑦在先秦时期百家争鸣的情况下,庄子看到了"辩"的弊端——在很多情况

① 赵萍.庄子"不言之教"思想的语文教育镜鉴[J].语文建设,2018(5):70—73.
② 陈鼓应.庄子今注今译[M].北京:商务印书馆,2007:668.
③ 陈鼓应.庄子今注今译[M].北京:商务印书馆,2007:657.
④ 陈鼓应.庄子今注今译[M].北京:商务印书馆,2007:106.
⑤ 熊十力.原儒[M].长沙:岳麓书社,2013:42.
⑥ 傅佩荣.庄子"鱼乐"的启发[J].法制资讯,2011(7):20.
⑦ 郭象注,成玄英疏.庄子注疏[M].北京:中华书局,2011:27.

下,人与人的沟通并不能在辩论中向好,反而由辩导致是非之争,引发天下大乱。

在这个故事中,庄子为了讲清什么是摆脱外物的纯然快乐,不得不借助"辩"的方式,在对话的情境中"将生命主体于逍遥状态下的精神体验,以'情境再现'的方式呈现出来"①。正因如此,逻辑也好,输赢也好,都不是庄子真正关心的,其真意也不在"辩"。

2.他心是否可知,并非一个辩题

从文章内容来看,庄、惠的分歧是"他人之心是否可知"②。人与鱼显然不是同类,庄子能否感知鱼的快乐?惠子与庄子当然是同类,但他们是不同的个体,正所谓"人心隔肚皮",人与人能否互相理解?庄子对此持"可知"的态度,惠子则持"怀疑"的态度。之所以说这并不是一个辩题,是基于以下原因:

其一,在庄子看来,人不但可以感知鱼的快乐,诸如鲲鹏、蜩与学鸠等动物的心理,人也可以感知。在他的笔下,人不仅可与有生命的鱼沟通,还可以体认无生命却给生命以滋养的日月天地、宇宙万物③,因为"天地与我并生,而万物与我为一"④,甚至可以实现"独与天地精神往来而不敖倪于万物"⑤的融通。"是否可知"在此并不是庄子想辩论的问题,顶多可算作谈话的内容。

其二,不仅是庄子,在许多文人眼中,万物都是可以沟通亲近的。李白说:"相看两不厌,只有敬亭山。"(《独坐敬亭山》)辛弃疾说:"我见青山多妩媚,料青山见我应如是。"(《贺新郎·甚矣吾衰矣》)李清照说:"水光山色与人亲,说不尽,无穷好。"(《怨王孙·湖上风来波浩渺》)在先贤心中,"世界中的一草一木都成了人的朋友,这种与万物相融相印的心理状态,是一种诗意的情怀"⑥,与物合一着实不是一个问题,也没有必要展开辩论。

---

① 程相占,孟令恺.庄子"游鱼之乐"的生态审美意蕴阐释[J].江苏行政学院学报,2019(1):33—34.

② 杨国荣.庄子的思想世界[M].北京:生活·读书·新知三联书店,2017:160.

③ 程相占,孟令恺.庄子"游鱼之乐"的生态审美意蕴阐释[J].江苏行政学院学报,2019(1):28—35.

④ 陈鼓应.庄子今注今译[M].北京:商务印书馆,2007:88.

⑤ 陈鼓应.庄子今注今译[M].北京:商务印书馆,2007:1016.

⑥ 周立新.庄子:一条游回世间的鱼——《庄子与惠子游于濠梁之上》解读[J].语文教学通讯,2019(10B):61.

其三,对于名家学者惠施来说,其理论中本就有"泛爱万物,天地一体"①的拟论,根据黄克剑的研究,"这拟论与庄子所谓'天地与我并生,而万物与我为一'(《庄子·齐物论》)之说至少在表层意味上并无抵牾,只是濠梁之辩中的惠施违离了他的拟论,而庄子则恪守了天地万物与其并生不二的信念"②。可见,"他心是否可知"的问题并非庄子在本篇呈现之要旨。

3. 庄惠之"辩"并未碰头

从庄惠对话的内容来看,庄子提出"鱼乐"的话题,惠子其实并未回应,反而提出了一个认知与分析的话题。朱于国这样评论,庄子轻松地谈论快乐,而惠子却分析着认知,"两个人就像是两条道上跑的马车,互相没有交集,只是自说自话,除了形式上的交锋,在内容上都是两个路向"③。所以陈鼓应认为,庄子是艺术家,偏于美学观赏,而惠子是逻辑家,看重对知识论的判断,两人的论说从认知活动上看"从未碰头",从观赏事物的方面看,两人所说的也不相干。④ 可见,二人之间确实发生了对话,但并不是严格意义上的辩论。

(二) 和合之洞见

和合于道家而言是天地之始、万物之本,老子讲:"道生一,一生二,二生三,三生万物。万物负阴而抱阳,冲气以为和。"⑤这段经典的有关万物起源的论述,说明了世界起源于道,道又化育出阴阳二气,阴阳二气在相交相和的激荡中产生新的生命。这样一来,世界便始终处于平衡稳定之中,和合是过程,也是结果。

1. 庄子意在内心的和合

庄子继承了老子的和合思想又有所创新。他认为,既然和合是万物之本,那么自然也应当是人做事的原则。人如果以符合天道的本性处世,便能获得内心的融洽,从而达到与万物发展相似的平缓境界。所以庄子讲:"阴阳和静,鬼

---

① 陈鼓应. 庄子今注今译[M]. 北京:商务印书馆,2007:1019.
② 黄克剑. 庄惠之辩[J]. 哲学研究,2017(8):32.
③ 朱于国. 心与认知的哲学难题——《庄子与惠子游于濠梁》解读[J]. 中学语文教学,2012(2):39.
④ 陈鼓应. 庄子浅说[M]. 北京:中华书局,2017:17.
⑤ 陈剑. 老子译注[M]. 上海:上海古籍出版社,2016:161.

神不扰，四时得节，万物不伤，群生不夭，人虽有知，无所用之，此之谓至一。"①这是说，天地之间阴阳协调，鬼神安宁，四季正常运转，万物都不受伤害，一切生灵自然生长，人们即使有智慧有知识，也没处可用，这样，人与万物便达到至一的佳境，这便是和。因此，在道家学者看来，和合之境的起始便是人们的清静无为、修养性情、绝圣弃智、顺任天性。内心和合，便能与天性、天道和合。

庄子的哲学是人生哲学，这部人生哲学又首先是关于人如何逍遥的哲学。在濠梁观鱼的故事中，提到"乐"字共有五处。庄子之所以提出这个话题，是因为他在惠子身上体察到"苦"。而无论从庄惠的对话，还是二人的处境，都可以看出，庄子真正关心的是人的内心是否达到了和合。

2. 庄子体察到惠子的痛苦

与庄子淡泊的态度不同，作为名家学派的创始人，惠子在政治上始终是积极进取的，他乐于推行自己的学术思想和政治主张（合纵抗秦）。作为战国时期政治舞台上最为活跃的人物之一，惠子的政治生涯始于魏国，在魏国的时间也最长。濠梁乃楚地，惠子一生在楚国的时间比较短。《战国策·楚策》中记载惠子来楚，大约有两次。第一次在魏惠王后元二年，惠施作为魏国宰相出使于楚，楚王极重视惠施的来访，亲自相迎。惠施此行甚为得意。此时的惠施应当无闲情逸致与庄子游山玩水。第二次在魏惠王后元十三年，其时张仪在魏，与惠施发生争论，惠施被张仪排挤驱逐至楚，楚王听从了冯郝的建议——"逐惠子者，张仪也。而王亲与约，是欺仪也"，没有收留他，这和当年惠施为相初访楚国时所受的礼遇判若云泥。孙以楷据此判断："惠施与庄周的'濠上之辨'，即发生在这个时候。"②这是比较准确的。此时的惠子中年失官，再度适楚，心境别是一番。庄子看出朋友的苦恼，于是取譬于鱼，借"鲦鱼出游从容"之乐劝慰惠子：人生之乐不在名利，去官犹去天刑，人生至乐在于逍遥自在。这对曾以梁"吓"庄子的惠子来说，与其说是劝慰，不如说是讽刺。惠子热衷于功用名利，他认为人生之乐应当寄于社会同乐之中。"你庄周只是自乐其乐，谁知你真快乐还是假快乐"③。就这一点来说，惠子未必全错，而庄子所说快乐不在名利也没有错。

①　陈鼓应.庄子今注今译[M].北京:商务印书馆,2007:468.

②　孙以楷,甄长松.庄子通论[M].北京:东方出版社,1995:115.

③　孙以楷,甄长松.庄子通论[M].北京:东方出版社,1995:115.

于是惠子回避了"鱼乐"这一话题,转而提出"子非鱼,安知鱼之乐",这也是对庄子理念的质疑。

二人理念相去甚远,庄子终未能说服惠施,而惠施不久就去了宋国继续其宦海生涯。

二、和合理念:觉知"鱼之乐"

庄子对鱼乐的描述是"鲦鱼出游从容,是鱼之乐也"。这使人不得不思考:快乐的感觉,到底是鱼切实感受到的,还是人认为的呢?

(一)乐:鲦鱼出游从容,是鱼之乐也

庄子认为,"鱼之乐"是鱼切实感受到的快乐。这是因为,在痛苦的人生体验中,庄子了悟人生乐趣在于内心,鱼就是这样——鱼在水中返归天真,无思无虑,逍遥无为。这与庄子随俗游世的生活态度几乎吻合,所以庄子特别偏爱鱼。据统计,鱼这一意象在《庄子》全书中出现"四十余次"①。一向卓然不群的庄子甚至愿意以鱼自居,从"梦为鸟而厉乎天,梦为鱼而没于渊"②的真情表露中,我们能够感受到,"鱼乐"完全符合庄子对于"乐"的判断标准,孙以楷甚至认为"庄子是一个'鱼化'的形象"③。鱼乐,即鱼固有之乐,其特点在率性、天真、无为、不求于外。

1. 率性之乐

对于鱼来说,顺应天性的第一要义就是在水中嬉戏。成玄英说:"夫鱼游于水,鸟栖于陆,各率其性,物皆逍遥。"④邵雍曰:"此尽己之性,能尽物之性也。非鱼则然,天下之物皆然。"⑤显然,庄子所欣赏的首先是鱼在水中的率性之乐。

2. 天真之乐

对于鱼来说,天真之乐表现为在水中从容游玩。王夫之说:"人自乐于陆,

① 魏义霞.鱼在《庄子》中的象征意义——"北冥有鱼"与庄子的动物情结[J].黑龙江社会科学,2006(3):40.
② 陈鼓应.庄子今注今译[M].北京:商务印书馆,2007:233.
③ 孙以楷,甄长松.庄子通论[M].北京:东方出版社,1995:118.
④ 郭庆藩.庄子集释[M].北京:中华书局,1961:606.
⑤ 胡远濬.庄子诠诂[M].合肥:黄山书社,2014:147.

鱼自乐于水,天也。天者,含万化而未有极者也。"①《庄子·马蹄》载:"马,蹄可以践霜雪,毛可以御风寒,龁草饮水,翘足而陆,此马之真性也。"②对于马而言,能够在草野风雪中自由奔跑,对于鱼而言,能够在水中畅游,都是出于其天性与真性的天真之乐。

3. 无为之乐

庄子以"鲦鱼出游从容"描写鱼之乐。在这六字之中,"游""从容"都与"无为"有关。其一,"游"在庄子笔下,至人常常"游"于逍遥之虚。庄子解释道,"逍遥,无为也"③。可见,逍遥游便是无为之游,而鲦鱼之游就包含了这层含义。其二,"从容"在庄子笔下,君子往往静默不动,能够"从容无为而万物炊累焉"④。崔基勋说,"鲦鱼从容无为,自如自在地在水里游"⑤,这就是无为之乐。

4. 不求之乐

鱼之所以快乐,是因为其内心不受任何外物所累。《庄子·大宗师》写"鱼相造乎水,人相造乎道。相造乎水者,穿池而养给;相造乎道者,无事而生定"⑥,而什么是"穿池而养给"? 这是说鱼安适知足,它只要有水就感觉足够了,满足了,所以能悠然自得,这就是不求之乐。

(二)苦:子非鱼,安知鱼之乐

惠子对庄子思想质疑的直接表达是"子非鱼,安知鱼之乐"。在庄子看来,这种求证无疑也是一种苦,因为惠子处处求证,他的人生已然违背了天性。荀子曾批评庄子"蔽于天而不知人"⑦(《荀子·解蔽》),认为庄子完全忽视人的主观能动性,盲目强调自然天性。事实上,庄子并不是忽视人的主观能动性,他是看到世人太看重人的主观能动性、太有为,反而陷入"与接为构,日以心斗"⑧的纠缠,所以要承受无法解免的"天刑"。因此,"庄子试图在乱世中重建人的本然

---

① 王夫之.庄子解[M]//王夫之.船山遗书.北京:北京出版社,1999:3993.
② 陈鼓应.庄子今注今译[M].北京:商务印书馆,2007:288.
③ 陈鼓应.庄子今注今译[M].北京:商务印书馆,2007:439.
④ 陈鼓应.庄子今注今译[M].北京:商务印书馆,2007:320.
⑤ 崔基勋.论庄子的知与乐——以"濠梁之辩"为中心[J].上饶师范学院学报,2019,39(4):35.
⑥ 陈鼓应.庄子今注今译[M].北京:商务印书馆,2007:228.
⑦ 安小兰.荀子[M].北京:中华书局,2007:218.
⑧ 陈鼓应.庄子今注今译[M].北京:商务印书馆,2007:52.

面目,为世人特别是士阶层寻找一条精神解脱的途径"①。

1. 鱼之苦:相濡以沫

庄子笔下的鱼大概可做如下归类:第一种鱼率性而游,我们可以将其理解为快乐的鱼,如濠梁之鱼;第二种鱼困于涸泽,明明已经危在旦夕却又靠相濡以沫求得生存,呈现出鱼之苦——"泉涸,鱼相与处于陆,相呴以湿,相濡以沫,不如相忘于江湖"②。在庄子看来,泉水干涸,鱼处于陆,其天性遭扼,此为一苦。天真不再的鱼又难以忘记鱼水之乐,采取了有为,以唾液之湿供给生存,呈现出苟延残喘、生命艰难的绝望与痛苦,此为一苦。至此,庄子展示出了一种违背本性的鱼之苦,是为人的一面镜子。

2. 人之苦:物欲情欲

人的生存也与鱼的处境类似,具有迥然相异的两种状态。第一种是至乐,这种状态中的人活得率性逍遥;第二种是痛苦,这种状态中的人往往被名利所困,得不到时汲汲于得到,得到之后又惶恐不安。从整体上来说,人生所面临的苦是多于乐的。庄子说,人生数载,除去病、死、忧患,"其中开口而笑者,一月之中不过四五日而已矣"③。可见,于人而言,乐是短暂的,苦却是长久的。

庄子曾深切体验过痛苦,所以他始终以哲人的慧识思考着个人痛苦的来源:

(1)物欲之苦

人们一生的操劳奔忙皆为富贵名利,然而这些最诱人的东西却给人带来最多的痛苦,因为人们得到了就会害怕失去,放弃则又感到可惜,为了得而不失,终日惶惶不安:"其寐也魂交,其觉也形开,与接为构,日以心斗。缦者,窖者,密者。小恐惴惴,大恐缦缦。"④可见,人们日夜难安正是因为无休止的追逐,以及无止无尽的物欲,庄子不禁发问:"终身役役而不见其成功,苶然疲役而不知其所归,可不哀邪!"⑤终生碌碌无为,这样活着也不知是为什么,这是最大的哀苦啊。

① 孙以楷,甄长松.庄子通论[M].北京:东方出版社,1995:4.
② 陈鼓应.庄子今注今译[M].北京:商务印书馆,2007:209.
③ 陈鼓应.庄子今注今译[M].北京:商务印书馆,2007:895.
④ 陈鼓应.庄子今注今译[M].北京:商务印书馆,2007:52.
⑤ 陈鼓应.庄子今注今译[M].北京:商务印书馆,2007:58.

（2）情欲之苦

喜怒哀乐之情与生俱来，很少有人能够摆脱情欲，当人陷入其中时，庄子描述了这一状态："乐未毕也，哀又继之。"①其实，情欲与物欲往往关联，因为人的喜怒哀乐往往是由富贵名利引起的，这样一来，人就会患得患失，精神承受着负累，从而陷入无穷的忧虑痛苦之中，此为情欲之苦。

惠子受到物欲与情欲的牵绊。对他来说，君主重用他便是快乐，君主罢免他就是痛苦。相较于庄子的逍遥于物外，惠子的局限是显而易见的。所以庄子曾评价惠子"犹有蓬之心"②（《庄子·逍遥游》），说惠子心窍不通，是愚蠢的。

3. 士之苦：天刑

在庄子看来，士人最大的苦恼在于侍奉君主。《人间世》便讲了叶公子高身为人臣的两难处境。叶公子高是楚国的"士"，被楚王派往齐国谈判，他很烦恼，因为觉得自己实在难以胜任。本身他就不善言辞，齐国又一贯刁难使臣。文中这样预估叶公子高的处境："事若不成，则必有人道之患；事若成，则必有阴阳之患。"③这是说，无论他出使谈判成功与否，都是祸患。为什么这样说呢？因为如果谈判不成，他一定会被君主责罚，这是人道之患；如果谈判成功，虽然将免受责罚，但压力过大又一定会引发人体阴阳的错乱，这是阴阳之患。果然，叶公子高苦不堪言。他说自己在人道与阴阳的祸患中煎熬，内心无比痛苦："今吾朝受命而夕饮冰，我其内热与！吾未至乎事之情，而既有阴阳之患矣；事若不成，必有人道之患。"④

显然，出使齐国的事如果办不好，叶公子高一定会被楚王惩罚，忍受"人道之患"，但若事情办成了，沟通两国的劳心费力也将是他必须承受的，从此他须奔跑于两国之间，终日思虑，身心疲惫，导致身体的阴阳之气失衡，这就是"阴阳之患"。"'朝受命而夕饮冰'形象地表现出在官场中讨生活的困境，而人道之患和阴阳之患的两难处境更说明世事的艰辛与进退维谷的境遇。"⑤

又如，在庄子看来，惠子被魏王逐出，这是一个摆脱困境的绝好时机，惠子

① 陈鼓应. 庄子今注今译[M]. 北京：商务印书馆，2007：677.
② 陈鼓应. 庄子今注今译[M]. 北京：商务印书馆，2007：34.
③ 陈鼓应. 庄子今注今译[M]. 北京：商务印书馆，2007：145.
④ 陈鼓应. 庄子今注今译[M]. 北京：商务印书馆，2007：145.
⑤ 刘笑敢. 庄子之苦乐观及其现代启示[J]. 社会科学，2008（7）：15.

应当为自己终于获得自由而感到高兴,可他却郁郁寡欢,陷入自我纠缠,"即人生目的非人化所引起的行为悖谬"①,庄子称之为"天刑"。

> 无趾语老聃曰:"孔丘之于至人,其未邪? 彼何宾宾以学子为? 彼且蕲以諔诡幻怪之名闻,不知至人之以是为己桎梏邪?"

> 老聃曰:"胡不直使彼以死生为一条,以可不可为一贯者,解其桎梏,其可乎?"

> 无趾曰:"天刑之,安可解!"②

在这段文字中,庄子讲了无趾被刖足的事情,对士人来说这是身体的刑戮,当然不幸。但像孔子这类的士人,终日建言立说,希望自己的名声传于天下,他们不仅没感觉到痛苦反而很快乐。这是内心的桎梏,更为不幸,这就是天刑。相较于身体的刑戮,天刑更是无法解脱的。在庄子看来,诸如惠子、孔子、墨子,"知其不可奈何"③,却"强以仁义绳墨之言炫暴人之前者"④,所遭受的正是天刑。因此,庄子认为:"惠施多方,其书五车,其道舛驳,其言也不中。"⑤

三、和合的达成路径:由"苦"到"乐"之化解

在庄子看来,涸鱼与惠子的痛苦根源在于其被外物所累,沉迷于欲望的满足,正所谓"其耆欲深者,其天机浅"⑥,如果他们能够相忘于江湖,几近无情,懂得藏身,则能化苦为乐。

(一)由"苦"到"乐"之化解

1. 相忘:相濡以沫,不如相忘于江湖

对于涸鱼来说,"相呴以湿,相濡以沫,不如相忘于江湖"⑦。郭象注曰:"与其不足而相爱,岂若有余而相忘!"⑧相忘是忘记彼此,恩情断绝。郭象所注的

---

① 孙以楷,甄长松.庄子通论[M].北京:东方出版社,1995:103.
② 陈鼓应.庄子今注今译[M].北京:商务印书馆,2007:181.
③ 陈鼓应.庄子今注今译[M].北京:商务印书馆,2007:145.
④ 陈鼓应.庄子今注今译[M].北京:商务印书馆,2007:129.
⑤ 陈鼓应.庄子今注今译[M].北京:商务印书馆,2007:1019.
⑥ 陈鼓应.庄子今注今译[M].北京:商务印书馆,2007:199.
⑦ 陈鼓应.庄子今注今译[M].北京:商务印书馆,2007:209.
⑧ 郭庆藩.庄子集释[M].北京:中华书局,1961:242.

"有余"就是成玄英所说的"江湖浩瀚,游泳自在,各足深水,无复往还"①。鱼儿忘记彼此,回到适于自己生存的江湖中去,各自逍遥。

在这则故事中,鱼只是个意象,隐喻了人,是说人如果能忘掉外物,达到"忘乎物,忘乎天,其名为忘己,忘己之人,是之谓入于天"②的境界,就是符合天道的。"要想入于天而得道,忘得越干净越彻底达到的境界就越高远越自由。"③

2. 无情:不以好恶内伤其身

庄子认为忘则无情。所谓无情,就是不过分强调对外物的好恶之情,因而内心不会被外物所撼动,身体就不会被伤害。④ 他说,"吾所谓无情者,言人之不以好恶内伤其身"⑤。对于这种人生状态,陈鼓应引用王博的观点说,"无情"代表着一种重生的态度。庄子一再强调"无情",就是不以好恶内伤其身,也就是不以之伤害自己的生命。

为什么人们不必对外物过于看重呢? 庄子说:"死生存亡,穷达贫富,贤与不肖毁誉,饥渴寒暑,是事之变,命之行也;日夜相代乎前,而知不能规乎其始者也。"⑥人们一生中所面对的外部人事之变不过这里所说的十六种,它们有如日夜寒暑之交替,是人力不可改变的。郭象曰:"虽天地神明、国家圣贤,绝力至知而弗能违也。"⑦即使天地神明、国家圣贤也不可能改变外部世界的规律,既然无可奈何则宜安之若命,则哀乐不入内心,从而保持内心的平静与愉快。

3. 藏身:不厌深眇

庄子认为惠子积极入仕的态度不仅损害内心,而且将身体置于危险之境地,他说:"鸟兽不厌高,鱼鳖不厌深。夫全其形生之人,藏其身也,不厌深眇而已矣。"⑧鸟兽飞于天,鱼鳖游于水,飞得越高、藏得越深则越安全、越快乐。对于人,特别是文人而言,"远迹尘俗,深就山泉",藏身于外,最为安全,最为快乐,也

---

① 郭庆藩.庄子集释[M].北京:中华书局,1961:242.

② 陈鼓应.庄子今注今译[M].北京:商务印书馆,2007:366.

③ 魏义霞.鱼在《庄子》中的象征意义——"北冥有鱼"与庄子的动物情结[J].黑龙江社会科学,2006(3):42.

④ 赵萍.庄子"绝对自由"思想之于现代语文教育的启示[J].贵州师范学院学报,2018(7):78—84.

⑤ 陈鼓应.庄子今注今译[M].北京:商务印书馆,2007:193.

⑥ 陈鼓应.庄子今注今译[M].北京:商务印书馆,2007:184.

⑦ 郭庆藩.庄子集释[M].北京:中华书局,1961:213.

⑧ 陈鼓应.庄子今注今译[M].北京:商务印书馆,2007:686.

是最为适宜的。

(二) 从"鱼乐"到"人乐"之达成

紧随"濠梁观鱼"的便是"人间至乐"。庄子在《至乐》开篇就提问道:"天下有至乐无有哉?"①又道:"今俗之所为与其所乐,吾又未知乐之果乐邪,果不乐邪?"②人在世间是否有纯然的快乐呢? 庄子所崇尚的至乐与俗人之乐有何分别呢?"这里已经表明他所论的'乐',与'俗之所乐'的境界是不同的。"③

1. 俗乐

普通人的快乐,是俗乐,"所尊者,富贵寿善也;所乐者,身安厚味美服好色音声也;所下者,贫贱夭恶也;所苦者,身不得安逸,口不得厚味,形不得美服,目不得好色,耳不得音声"④。这是说,富贵、长寿、安逸、华服、美味、好色、好音,是普通人快乐的来源,得到就快乐,得不到就忧惧。对于惠子这样的士人来说,他们虽已摆脱了俗乐,却把思虑、辩说当作快乐,"知士无思虑之变则不乐,辩士无谈说之序则不乐"⑤。显然,无论是普通人还是士人,都是把快乐寄托在外物上。当人的精神被外物掌控,而外物的满足是没有尽头的,人就将永远生活在"若不得者,则大忧以惧"⑥的痛苦之中。由此庄子感叹道,"今俗之所为与其所乐,吾又未知乐之果乐邪"⑦。可见,深受外物影响的俗人之乐并非庄子之乐。

2. 至乐

庄子提出"至乐"的概念,他说:"吾以无为诚乐矣,又俗之所大苦也。故曰:'至乐无乐,至誉无誉。'"⑧所谓"以无为诚乐",成玄英的解释是"用虚淡无为为至实之乐"⑨。可以这样理解,"至乐"就是无为之乐,而"无为"不是什么都不做,而是强调在做事时懂得顺应自然规律。正如老子所说:"圣人处无为之事,行不言之教。"⑩圣人眼中的无为之至乐,在惠子看来却是痛苦,双方思想大相径

---

① 陈鼓应. 庄子今注今译[M]. 北京:商务印书馆,2007:519.

② 陈鼓应. 庄子今注今译[M]. 北京:商务印书馆,2007:519.

③ 张尚仁. 庄子哲学的快乐论[J]. 江汉论坛,2012(1):64.

④ 陈鼓应. 庄子今注今译[M]. 北京:商务印书馆,2007:519.

⑤ 陈鼓应. 庄子今注今译[M]. 北京:商务印书馆,2007:733.

⑥ 陈鼓应. 庄子今注今译[M]. 北京:商务印书馆,2007:519.

⑦ 陈鼓应. 庄子今注今译[M]. 北京:商务印书馆,2007:519.

⑧ 陈鼓应. 庄子今注今译[M]. 北京:商务印书馆,2007:520.

⑨ 郭庆藩. 庄子集释[M]. 北京:中华书局,1961:612.

⑩ 陈剑. 老子译注[M]. 上海:上海古籍出版社,2016:7.

庭。庄子说"至乐无乐,至誉无誉"。成玄英解释道:"俗以富贵荣华铿金枪玉为上乐,用美言佞善为令誉,以无为恬淡寂寞虚夷为忧苦。故知至乐以无乐为乐,至誉以无誉为誉也。"①这是说,庄子对于快乐的判断与世俗不同,庄子认为最大的快乐就是无所谓快乐,最高的荣誉就是不追求荣誉。

面对惠子对鱼乐的一步步质疑问难,庄子之所以用"我知之濠上也"终止了对话,是因为他已经意识到,二人理念相去甚远,道不同不相为谋,他无法解救惠子沉迷于外物的心灵。

3.孔颜之乐与鱼之乐

濠梁观鱼所表达的和合思想几乎就能够呈现出庄子的人生价值观。而孔子对个体生存体验的思考可能不及庄子,但其也十分重视人内心的和合。

我们将颜回的"一箪食,一瓢饮,在陋巷,人不堪其忧,回也不改其乐"②(《论语·雍也》)和孔子的"其为人也,发愤忘食,乐以忘忧,不知老之将至"③(《论语·述而》)合而称为"孔颜乐处",这里面包含着安贫乐道、隐忍救世的使命感,是对人的社会价值的肯定。与孔子不同,庄子追问的是个人如何从世俗中解脱,使生命在逆境中得以安置,而答案就是像鱼一般从容游世,相忘于江湖。

需要指出的是,孔子固然认可个人的社会价值,但是,对于世俗的功利主义,孔子向来是鄙视的,他说:"君子无终食之间违仁,造次必于是,颠沛必于是。"④在儒家的价值体系中,他们将生死、贫富、贵贱等看得很通透,认为快乐始终在精神世界,例如"饭疏食饮水,曲肱而枕之,乐亦在其中矣"⑤。而在庄子看来,这样处世恐怕还不够,若想获得真正的快乐,当有人之形,而无人之情,返归本真,素朴无为。可以这样进行总结——"孔颜乐处"和"濠梁鱼乐"是孔庄人生价值论的最高部分,"是对人生意义在精神尽处的觉解"⑥。

(三)达成"和合"之意义

庄子和合思想的最大特点之一,就是没有附着任何因果报应的色彩,也没

① 郭庆藩.庄子集释[M].北京:中华书局,1961:612.
② 杨伯峻.论语译注[M].北京:中华书局,1980:59.
③ 杨伯峻.论语译注[M].北京:中华书局,1980:71.
④ 杨伯峻.论语译注[M].北京:中华书局,1980:36.
⑤ 杨伯峻.论语译注[M].北京:中华书局,1980:70—71.
⑥ 孙以楷,甄长松.庄子通论[M].北京:东方出版社,1995:126.

有传递诸如道教的"承负"或佛教的"轮回"观念。庄子只是从自然运行的角度看待人的境遇,这一理性态度使人们意识到,和合并非由任何神秘力量所赋予,而是由人自己内心决定的。解读庄子和合思想的根本意义在于,使这一古老智慧在新时代以庄子自己的方式继续发挥价值。

《庄子与惠子游于濠梁之上》能够给我们怎样的启示呢?

1. 认清世界的客观性,避免对苦乐做狭隘的理解

庄子告诉我们,发生在个人身上的苦乐,并非针对个人而发生,它们有如四时交替,是客观存在不可回避的,因此我们不必使喜怒滋扰内心。而庄子思想又可能被人们错误地理解为"阿 Q 精神"。事实上,庄子思想与阿 Q 精神在本质上就大不相同。庄子是对"人间世"做出最为客观的剖析,而不是逃避现实。刘笑敢认为,这是阿 Q 精神完全没法相比的。① 对于年轻人来说,无论我们怎样努力,都只能掌握个人这一环节,我们无法掌握或操控努力的结果。面对无法控制的外在事实,与其日夜焦虑,不如清醒面对,让内心在愉悦中得到休养,从而更有意义地继续前行。

2. 认识到个人之有限性

面对宇宙万物,个人的生命、能力、认识都是十分有限的。庄子说,"吾生也有涯,而知也无涯。以有涯随无涯,殆已"②。这是说,生命有限而知识无穷,当我们以有限追逐无限,必然会殚精竭虑,损害身体,这是对生命的戕害。因此,在追求真理的道路上,也应在追求知识与保护生命健康之间找到适当的平衡。

3. 认识到人生境界之无限性

虽然人生有限,但人的精神境界可以无限提升。庄子笔下的至人、神人、圣人,无一不是以精神的和合成就了至高的人生境界。普通人或许难以达到和合之境,但至少可以在提升境界的过程中得到很多精神的滋养。

---

① 刘笑敢. 庄子哲学及其演变[M]. 北京:中国社会科学出版社,1988:163—167.
② 陈鼓应. 庄子今注今译[M]. 北京:商务印书馆,2007:113.

参考文献

一、专著

[1]安小兰.荀子[M].北京:中华书局,2007.

[2]北京大学哲学系美学教研室.西方美学家论美和美感[M].北京:商务印书馆,1980.

[3]陈鼓应.庄子今注今译[M].北京:商务印书馆,2007.

[4]陈鼓应.庄子浅说[M].北京:中华书局,2017.

[5]陈剑.老子译注[M].上海:上海古籍出版社,2016.

[6]曹明海.语文教学本体论[M].济南:山东人民出版社,2007.

[7]程俊英.诗经译注[M].上海:上海古籍出版社,1985.

[8]程颢,程颐.二程集[M].北京:中华书局,1981.

[9]许慎,段玉裁.说文解字注[M].上海:上海古籍出版社,1981.

[10]戴建业.文献考辨与文学阐释——戴建业自选集[M].武汉:华中师范大学出版社,2012.

[11]冯友兰.中国现代哲学史[M].广州:广东人民出版社,2019.

[12]冯友兰.中国哲学简史[M].赵复三,译.南京:译林出版社,2018.

[13]费孝通.文化与文化自觉[M].北京:群言出版社,2010.

[14]郭庆藩.庄子集释[M].北京:中华书局,1961.

[15]郭象,成玄英.庄子注疏[M].北京:中华书局,2011.

[16]顾黄初,李杏保.二十世纪前期中国语文教育论集[C].成都:四川教育出版社,1991.

[17]顾嘉祖,陆昇,郑立信.语言与文化[M].上海:上海外语教育出版社,2002.

[18]高本汉.中国语言学研究[M].贺昌群,译.北京:商务印书馆,1934.

[19]高名凯.语言论[M].北京:商务印书馆,1995.

[20]皇侃.论语义疏[M].北京:中华书局,2013.

[21]洪堡特.论人类语言结构的差异及其对人类精神发展的影响[M].姚小平,译.北京:商务印书馆,1997.

[22]胡立根.语文教育价值的叩问与追求[M].广州:广东教育出版社,2012.

[23]康有为.论语注[M].北京:中华书局,1984.

[24]董仲舒.春秋繁露·天人三策[M].长沙:岳麓书社,1997.

[25]李泽厚,刘纲纪.中国美学史:先秦两汉编[M].合肥:安徽文艺出版社,1999.

[26]周振甫.周易译注[M].北京:中华书局,2013.

[27]李杏保,顾黄初.中国现代语文教育史[M].成都:四川教育出版社,1997.

[28]李民,王健.尚书译注[M].上海:上海古籍出版社,2016.

[29]李学.和合语文课程研究[M].武汉:华中科技大学出版社,2012.

[30]刘凤苞.南华雪心编[M].北京:中华书局,2013.

[31]刘笑敢.庄子哲学及其演变[M].北京:中国社会科学出版社,1988.

[32]黎靖德.朱子语类[M].北京:中华书局,1986.

[33]吕叔湘.吕叔湘论语文教学[M].济南:山东教育出版社,1987.

[34]罗晓晖,冯胜兰.文本解读与阅读教学讲谈[M].上海:华东师范大学出版社,2018.

[35]倪文锦.文化强国与语文教材改革[M].北京:语文出版社,2015.

[36]潘庆玉.语文教育哲学导论:语言哲学视阈中的语文教育[M].北京:教育科学出版社,2009.

[37]钱穆.中国文化精神[M].北京:九州出版社,2012.

[38]孙诒让.墨子间诂[M].北京:中华书局,2001.

[39]孙以楷,甄长松.庄子通论[M].北京:东方出版社,1995.

[40]孙博,刘琦.古典文学的美与审美[M].长春:吉林文史出版社,2004.

[41]申小龙.中国语言的结构与人文精神——申小龙论文集[M].北京:光明日报出版社,1988.

［42］何晏,邢昺.论语注疏［M］//《十三经注疏》整理委员会.十三经注疏.北京:北京大学出版社,1999.

［43］上海师范大学古籍整理组.国语［M］.上海:上海古籍出版社,1978.

［44］王文彦,蔡明.语文课程与教学论［M］.北京:高等教育出版社,2006.

［45］王坤庆.教育哲学——一种哲学价值论视角的研究［M］.武汉:华中师范大学出版社,2006.

［46］武玉鹏,韩雪屏,等.语文课程教学问题史论［M］.北京:中国社会科学出版社,2013.

［47］伍铁平.语言与思维关系新探［M］.上海:上海教育出版社,1986.

［48］夏丏尊.夏丏尊教育名篇［M］.北京:教育科学出版社,2007.

［49］徐元诰.国语集解［M］.北京:中华书局,2002.

［50］荀悦.申鉴［M］.沈阳:辽宁教育出版社,2001.

［51］熊十力.原儒［M］.长沙:岳麓书社,2013.

［52］杨伯峻.论语译注［M］.北京:中华书局,1980.

［53］杨伯峻.孟子译注［M］.北京:中华书局,1960.

［54］杨伯峻.春秋左传注［M］.北京:中华书局,1981.

［55］杨国荣.庄子的思想世界［M］.北京:生活·读书·新知三联书店,2017.

［56］杨天宇.礼记译注［M］.上海:上海古籍出版社,2004.

［57］杨黎.和合之美:先秦儒家理想人格的美学研究［M］.武汉:湖北人民出版社,2016.

［58］叶圣陶.叶圣陶教育文集(第三卷)［M］.北京:人民教育出版社,1994.

［59］叶圣陶.叶圣陶语文教育论集［M］.北京:教育科学出版社,2021.

［60］余嘉锡.世说新语笺疏［M］.北京:中华书局,1983.

［61］于漪.于漪语文教育论集［M］.北京:人民教育出版社,1996.

［62］张岱年.中国人的人文精神［M］.哈尔滨:哈尔滨出版社,2021.

［63］张立文.和合学与文化创新［M］.北京:人民出版社,2020.

［64］张立文.和合学——21世纪文化战略的构想［M］.北京:中国人民大学出版社,2016.

［65］张立文.和合哲学论［M］.北京:人民出版社,2004.

［66］张公瑾,丁石庆.文化语言学教程［M］.北京:教育科学出版社,2004.

[67]张志公.张志公文集(3) 语文教学论集[M].广州:广东教育出版社,1991.

[68]中国人民解放军军事科学院战争理论研究部《孙子》注释小组.孙子兵法新注[M].北京:中华书局,1977.

[69]中国叶圣陶研究会.和合文化传统与现代化:第三届海峡两岸中华传统文化与现代化研讨会论文集[M].北京:人民教育出版社,2006.

[70]宗白华.宗白华散文[M].北京:人民文学出版社,2022.

[71]宗白华.美学的散步[M].合肥:安徽教育出版社,2006.

[72]朱熹.四书章句集注[M].杭州:浙江古籍出版社,2013.

[73]朱自清.诗言志辨[M].长沙:岳麓书社,2011.

[74]朱义禄.儒家理想人格与中国文化[M].沈阳:辽宁教育出版社,1991.

[75]朱熹.朱子全书(第六册)[M].上海:上海古籍出版社,合肥:安徽教育出版社,2002.

[76]朱绍禹.语文教育学[M].北京:中央广播电视大学出版社,1987.

[77]王永智.和合:中华文化的独特品质[M].北京:中国大百科全书出版社,2020.

二、期刊论文

[1]倪文锦.中国百年语文教材的文化选择[J].中学语文教学,2008(8):73-75.

[2]朱于国.心与认知的哲学难题——《庄子与惠子游于濠梁》解读[J].中学语文教学,2012(2):39-42.

[3]乐爱国.历代对《论语》"君子和而不同,小人同而不和"的解读——以朱熹的诠释为中心[J].社会科学研究,2021(6):138-143.

[4]陈秉公.论中华传统文化"和合"理念[J].社会科学研究,2019(1):1-7.

[5]陈立旭.和合文化的内涵与时代价值[J].浙江社会科学,2018(2):83-92.

[6]陈梦稀.教学价值辨析[J].湘潭大学学报(哲学社会科学版),2004(4):157-159.

[7]陈科华."和而不同"如何可能?[J].伦理学研究,2014(6):32-37.

[8]程思远.二论世代弘扬中华和合文化精神[J].中华文化论坛,1998(1):

29-35.

[9]程红兵,郑桂华,孙宗良,等.实施人格教育:语文教育实现自身价值的必然[J].中学语文教学,2008(1):72-74.

[10]程相占,孟令恺.庄子"游鱼之乐"的生态审美意蕴阐释[J].江苏行政学院学报,2019(1):28-35.

[11]崔基勋.论庄子的知与乐——以"濠梁之辩"为中心[J].上饶师范学院学报,2019,39(4):34-38.

[12]戴世平,陈杰思.中国传统哲学和谐辩证法十题[J].学术探索,2000(3):21-24.

[13]邓嗣明.传统审美文化与语文的情感教育[J].湖北教育学院学报(哲社版),1994(3):88-95.

[14]董根洪.儒家真精神——"时中"[J].孔子研究,2003(4):16-24,64.

[15]杜吉刚.阴阳同构与礼乐之用——儒家"和合"观念内在结构分析[J].南昌航空工业学院学报,2007(1):61-65.

[16]费孝通.百年中国社会变迁与全球化过程中的"文化自觉"——在"21世纪人类生存与发展国际人类学学术研讨会"上的讲话[J].厦门大学学报(哲学社会科学版),2000(4):5-11.

[17]傅佩荣.庄子"鱼乐"的启发[J].法制资讯,2011(7):20-22.

[18]冯平.哲学的价值论转向[J].哲学动态,2002(10):6-10.

[19]顾之川.初中语文统编教材的价值追求与语文品格[J].课程·教材·教法,2019(7):94-98.

[20]龚晓林.建国以来语文教学价值取向变迁的回顾与思考[J].教学与管理,2012(7):47-50.

[21]高美红.从汉民族的审美意向看汉语的对称与和谐之美[J].武警工程学院学报,2001(3):41-43.

[22]高建新.陶渊明人格价值再认识[J].内蒙古社会科学,2001(2):64-66.

[23]郭方园.中华优秀传统文化中的和谐辩证思维方法意蕴探析[J].福建省社会主义学院学报,2021(4):42-50.

[24]韩雪屏.发掘语文课程的传统文化教育因素——兼谈语文教材中的传统文化建构[J].语文建设,2015(16):8-11.

[25]韩军.限制科学主义 张扬人文精神——关于中国现代语文教学的思考[J].语文学习,1993(1):12-15.

[26]胡雪峰.基于审美鉴赏的《〈诗经〉二首》教学设计[J].语文教学与研究,2019(1):132-135.

[27]黄海澄,王玉梁,郑国平,等.在杭州召开的价值与认识问题讨论会部分发言(摘要)[J].哲学研究,1986(7):24-41.

[28]黄克剑.庄惠之辨[J].哲学研究,2017(8):29-38.

[29]季羡林."天人合一"新解[J].传统文化与现代化,1993(1):9-16.

[30]李煜晖.再议《五石之瓠》中的人物形象[J].语文学习,2022(2):14-21.

[31]刘梦溪."和而不同"是中国文化的大智慧[J].北京观察,2015(3):71-73.

[32]刘长林."和实生物"与中国文化的未来[J].孔子研究,1996(3):91-100.

[33]刘笑敢.试论"有待"、"无待"不是庄子的哲学范畴[J].哲学研究,1981(5):62-64.

[34]刘笑敢.庄子之苦乐观及其现代启示[J].社会科学,2008(7):12-22.

[35]刘大为.语言知识、语言能力与语文教学[J].全球教育展望,2003(9):15-20,60.

[36]李永.元语言理论视野下的汉语语文教学[J].河北师范大学学报(教育科学版),2010(10):85—89.

[37]李福燕.试论中国古典诗词的中和追求与构建社会主义和谐社会的关系[J].湖北第二师范学院学报,2011(5):1-5.

[38]乐黛云."和实生物,同则不继"与文学研究[J].解放军艺术学院学报,2003(4):17-20.

[39]罗安宪.多元和合是中国哲学的根本[J].中国人民大学学报,2019(3):9-15.

[40]柳宏,张强.《论语》"礼之用和为贵"章歧解辨析及教学策略[J].孔子研究,2019(4):20-29.

[41]马志强.论汉语语言的和谐美[J].中州学刊,1998(3):112-114.

[42]石中英.略论教育问题的主观性[J].教育研究,1996(11):45-48.

[43]孙绍振.对话背后的个性和难得的抒情——读《子路、曾皙、冉有、公西华侍坐》[J].语文建设,2013(1):41-43.

[44]孙衍明.先言后文,言文一体,三文并举——以《庄子与惠子游于濠梁之上》为例谈文言文教学思路[J].语文教学通讯,2020(2B):48-49.

[45]汤一介.略论儒学的和谐观念[J].社会科学研究,1998(3):78-81.

[46]童庆炳.语文教学改革的哲学思考[J].语文建设,2003(8):4-7.

[47]童庆炳.寻找艺术情感的快适度——"乐而不淫,哀而不伤"新解[J].中华活页文选(教师版),2007(7):16-18.

[48]王君.曹刿论战——平民参政的传奇——《曹刿论战》再读[J].中学语文,2009(Z1):95-97.

[49]汪守军.中国和合文化的核心意涵及其时代价值[J].湖北省社会主义学院学报,2019(1):58-63.

[50]王尚文.语文与传统文化:从课程说到教材[J].语文建设,2015(7):5-7.

[51]王本华.构建以核心素养为基础的阅读教学体系——谈统编语文教材的阅读教学理念和设计思路[J].课程·教材·教法,2017(10):35-42.

[52]王育平,吴志杰.中国传统"和合"文化探源[J].南京理工大学学报(社会科学版),2009(1):86-91.

[53]王战戈.论儒家"和为贵"思想的现代意蕴及其价值[J].齐鲁学刊,2015(5):20-24.

[54]王璐.论语言、思维、文化的关系——自历史生成论视角[J].东岳论丛,2009(11):42-44.

[55]王余光.论阅读传统经典[J].北京大学学报(哲学社会科学版),2001(1):110-116.

[56]王汉澜,马平.浅谈教育的价值[J].华东师范大学学报(教育科学版),1991(1):27-32.

[57]魏义霞.鱼在《庄子》中的象征意义——"北冥有鱼"与庄子的动物情结[J].黑龙江社会科学,2006(3):40-44.

[58]卫倩平.语文教学的价值追求对教学改革的启示[J].教学与管理,2011(30):103-104.

[59]吴格明.离开了思维,语文就成了一堆孤立的词句和文化碎片[J].中学语文教学,2017(8):4-8.

[60]肖培东.教读也是为自读——《〈论语〉十二章》教学思考[J].语文建设,

2018(25):29-33.

[61]徐江.《鱼我所欲也》课堂实录[J].语文教学通讯,2010(11):32-36.

[62]徐晓华.从语文教材管窥古代士人的人格境界[J].文学教育,2009(2):18-19.

[63]徐倩.价值取向·思维方式·审美趣味——论中学语文教学面向中国传统文化取材的三个标准[J].湖北函授大学学报,2015(6):130-131.

[64]徐艳丽.洒脱中的圆融,平和中的叛逆——陶渊明人格之我见[J].九江学院学报,2009(2):7-9.

[65]许享厚.《"孟子"二章》教学要点[J].云南师范大学学报(哲学社会科学版),1986(2):91-93.

[66]袁贵仁.价值与认识[J].北京师范大学学报(社会科学版),1985(3):47-57.

[67]杨国荣.从孔子看儒家的人格学说[J].天津社会科学,1992(1):57-60,21.

[68]杨锋刚.庄子《逍遥游》思想旨趣辨正[J].大连理工大学学报(社会科学版),2015(4):117-122.

[69]张岱年.漫谈和合[J].社会科学研究,1997(5):55.

[70]张岱年.中国文化的基本精神[J].党的文献,2006(1):94-95.

[71]张岱年.理论价值和超前预见——推荐《和合学概论——21世纪文化战略构想》[J].中国图书评论,1998(6):12.

[72]张立文.和合学的思维特性与智能价值[J].中国哲学史,2018(1):26-31.

[73]张立文.中国文化的精髓——和合学源流的考察[J].中国哲学史,1996(Z1):43-57.

[74]张立文.中国伦理学的和合精神价值[J].浙江大学学报(人文社会科学版),1999(1):96-100.

[75]张立文.和合方法的诠释[J].中国人民大学学报,2002(3):22-27.

[76]张立文.和合艺术哲学论纲[J].文史哲,2002(6):39-46.

[77]张立文.尚和合的时代价值[J].浙江学刊,2015(5):5-8.

[78]张江元.语文教育价值导向新变化——基于统编本语文教材的分析[J].语文建设,2018(3):4-8.

［79］张秋玲.语文学科教学内容的基本特点［J］.课程·教材·教法,2016(1): 82-87.

［80］张秋玲.语文课程核心价值的审辨［J］.课程·教材·教法,2018(1): 67-72.

［81］张国庆.论中和之美［J］.文艺研究,1988(3):18-29.

［82］张尚仁.庄子哲学的快乐论［J］.江汉论坛,2012(1):64-68.

［83］张涛,赵丽.中学语文教学应重视挖掘文本的教学价值［J］.现代教育科学·普教研究,2011(3):107,26.

［84］张学松.论中国古典诗词的和谐意蕴及其现代意义［J］.中州学刊,2009 (3):212-217.

［85］庄文中.论"三老"语文工具观［J］.课程·教材·教法,2010(11):3-9.

［86］郑国民.语文课程价值取向之思考［J］.语文建设,2003(4):4-5,33.

［87］郑桂华.20年来语文教材文化研究的路径及突破空间［J］.全球教育展望, 2015(1):92-99.

［88］郑桂华.2022年版语文课程标准中课程目标的价值追求［J］.中学语文教学,2022(5):8-13.

［89］郑小九.愚公移山精神的道家底蕴［J］.道德与文明,2015(1):69-73.

［90］周立新.庄子:一条游回世间的鱼——《庄子与惠子游于濠梁之上》解读［J］.语文教学通讯·初中,2019(10B):60-61.

三、学位论文

［1］吕高超.语文阅读教学的文化价值研究［D］.济南:山东师范大学,2017.

［2］余青霞.人教版中学语文教材中儒道经典选文的研究［D］.广州:广州大学,2016.

［3］张世颖.中学语文教材中儒道经典选篇现状与教学研究——以人教版新课标中学语文教材为例［D］.四平:吉林师范大学,2014.

［4］张瑞.人教版中学语文教材中涉道作品的教学研究［D］.重庆:重庆师范大学,2018.

四、文件

[1]中华人民共和国教育部.义务教育语文课程标准(2022 年版)[M].北京:北京师范大学出版社,2022.

[2]中华人民共和国教育部.普通高中语文课程标准(2017 年版)[M].北京:人民教育出版社,2018.

[3]中华人民共和国教育部.义务教育语文课程标准(2011 年版)[M].北京:北京师范大学出版社,2012.

五、作者自引文献

[1]赵萍.庄子语文教育思想研究[M].北京:清华大学出版社,2019.

[2]赵萍.庄子虚无思想管窥——以阅读教学为中心[M].哈尔滨:黑龙江人民出版社,2020.

[3]赵萍.和合文化:培养语文思维能力的活水[J].唐山师范学院学报,2022(6):132-136.

[4]赵萍,袁森林.濠梁观鱼:洞见庄子之苦乐观——解读《庄子与惠子游于濠梁之上》[J].语文教学通讯,2022(4B):57-61.

[5]赵萍.无——《北冥有鱼》的解读密钥[J].语文教学通讯,2021(5B):62-66.

[6]赵萍.庄子思想的自由与规范之和解[J].贵州师范学院学报,2020(1):46-53.

[7]赵萍.庄子绝圣弃智思想对写作教学的启发[J].唐山师范学院学报,2019(1):132-135.

[8]赵萍.传统语文教学"自得"思想梳理[J].唐山师范学院学报,2018(2):149-153.

[9]赵萍.庄子"绝对自由"思想之于现代语文教育的启示[J].贵州师范学院学报,2018(7):78-84.

[10]赵萍.庄子"不言之教"思想的语文教育镜鉴[J].语文建设,2018(5):70-73.

[11]赵萍,张学鹏.颓然天放:苏轼书法中庄子"无"的思想体现[J].中国书法,
  2019(10):176-178.

[12]赵萍.春秋时期赐物背后的权力赏赐[J].求索,2011(8):251-253.

[13]赵萍.《管子》的赏赐思想[J].管子学刊,2011(3):14-17.